应用型创新人才培养电子商务系列规划教材

E-commerce

企业战略管理

主　编　谭白英　熊莎莎
副主编　曹　雨　赵　晶

应用型创新人才培养电子商务系列规划教材
编委会

前　　言

　　本书为武汉东湖学院管理学院应用型创新人才培养电子商务系列教材之一。

　　本教材抓住应用型本、专科生教材的特点，在框架结构、内容体系、编写方法上使该教材与课程教学相适应，帮助学生既获得该门学科的基础理论知识，又能结合实际加以运用，较为系统地掌握企业战略管理的基本技术方法，从而为造就具有战略眼光的实操型企业管理人才打好基础。

　　本教材旨在谋求使用者对企业战略管理理论和方法的灵活掌握与运用，并通过该教材的使用形成再学习能力。在内容的处理上抓住主要理论，吸收前沿知识，关注理论创新和发展趋势，面向应用型本、专科生选择案例，力求做到理论与实际紧密结合。本书每章都配有学习要点、导引案例、练习题、章后案例分析归纳，方便学生预习和复习，以提高自学能力，强化对基本理论的理解和掌握。

　　本教材适用于应用型本、专科生和社会企业管理培训的课堂教学和实践教学以及自学，也可用于其他人士的学习参考。

　　本书由谭白英、五邑大学熊莎莎担任主编，曹雨、赵晶担任副主编。各章编写分工如下：第一章、第六章由谭白英编写，第二章、第三章由曹雨编写，第四章、第五章由五邑大学熊莎莎编写，第七章、第八章由赵晶编写，第九章、第十章由龙明慧编写。全书由谭白英拟定大纲并统稿、修改，熊莎莎参与了部分章节的修改工作。

　　在本书的编写和出版过程中，得到了武汉大学出版社的大力支持，在此表示感谢。本书参考了很多现有同名教材和相关论文，在此对这些参考资料的作者深表感谢！由于水平所限，缺点、错误和不足在所难免，恳请学界专家、同仁和广大读者批评指正。

编　者

2013 年 8 月

目　　录

第 1 章　企业战略管理概述

学习要点

- ■企业战略的概念与特征
- ■企业的愿景与使命
- ■企业战略管理体系
- ■企业家的战略思维
- ■战略管理理论的发展

导引案例

红豆集团如何打造千亿发展战略规划

8 年时间，红豆集团实现了年收入从 70 多亿元到 351 亿元的大幅增长。在经济整体下滑背景下，红豆集团 2012 年上半年税收增长 30%，集团董事长周海江给"红豆"定下的发展战略规划目标是到 2017 年产销确保突破千亿大关。

一、打造"微笑曲线"促转型升级的发展战略规划

从 2008 年开始，红豆就加快了集团转型升级的发展战略规划步伐，加速实现传统产业高新化，高新技术产业化。公司一手向研发设计要竞争力，一手向品牌要效益，打造属于自己的"微笑曲线"促转型发展战略规划。

"微笑曲线"的一端是技术。专利是企业赢得市场竞争主动权、获得较高利润的最有力武器，近几年来红豆启动专利战略效果显著。2011年，红豆申请专利211个，发明专利41个，目前专利总数已达1700多件。所申请专利成为企业增长的强力支撑。

"微笑曲线"的另一端是品牌研发的发展战略规划。2008年以来，红豆以旗下五大品牌——红豆形象男装、红豆居家、红豆家纺、依迪菲、轩帝尼——在全国开设品牌连锁专卖店，定位为主流人群。截至目前，红豆品牌连锁专卖店在全国猛增至3000多家，仅红豆男装连锁专卖店已达到1000多家。红豆集团打造了两头大中间小的"哑铃形企业"，做强"微笑曲线"两端，中间的加工将主要依靠社会资源，企业的加工厂将打造成样板工厂，同时输出红豆管理和文化；而集团各公司、三级企业将集中精力搞科技研发和品牌拓展。

转型的几年里，红豆公司本部人员基本不增加，集中进行设计研发、打造样板工厂和布局市场终端，常规生产则委托外协工厂。为此红豆集团只保留20%的生产业务，其余80%外包到协作企业，与红豆协作的企业已经超过500家，形成了共赢共生的良好关系。为了控制外包风险，公司对每个外包的加工厂都派出专员驻厂把关，而且还实行严格的末位淘汰制，每年会有多达10%的外包加工商遭到淘汰。

二、"相对"多元化发展战略规划谋长远

服装是红豆集团最早的产业，1995年时年销售额在10亿元左右。当时，红豆开始展开多元化经营，进行跨区域和跨行业的收购，如收购了上海申达摩托车，然后进入配套的橡胶轮胎产业，甚至还进入电池领域。尽管多元化发展战略规划带动了企业规模的快速扩张，但是产业如何做到强而精，红豆开始思索如何"刹车"，"做减法"。公司于是确定了"集团相对多元化、子公司高度专业化"的发展战略。公司开始梳理既有的繁多业务线，确定未来的主业。红豆在几年内关闭了轮毂、印染等项目，确定了纺

织服装、橡胶轮胎、生物医药、地产四大产业。

红豆集团公司要求四大产业每个产业只做一个点，在一个点上集中资源，做大做强。如红豆集团的橡胶轮胎产业，专攻全钢子午线轮胎中的矿山型轮胎，目前红豆全钢子午线轮胎产能已达400 万套，完全达产后产业规模将进入全国前五；而生物医药产业，专门做红豆杉抗癌药物，更是一个前景广阔的市场。在相对多元化发展战略规划布局下，橡胶轮胎、房地产和生物医药这三块业务的增长率给红豆集团整体的营收带来了巨大的补充作用，分别占到了整个集团规模的 30%、15% 和 5%。按照周海江的设想，到红豆销售达千亿之时，橡胶轮胎、生物医药和房地产，要占到总体规模的 2/3。

随着公司业务的不断壮大，周海江意识到，中国的民营企业不能仅仅满足国内的市场和资源，而是要运用国内和国际两种资源、两种市场，走出去突破土地瓶颈，壮大企业规模。红豆集团通过抓住国家鼓励企业"走出去"发展的战略机遇，在柬埔寨建立了境外园区，破解了土地瓶颈。①

思考问题：

1. 红豆集团有着怎样的转型战略，其规划目标是怎样实现的？

2. 红豆集团的未来之路应该如何走？产销千亿元的发展战略目标能否实现？

第一节　企业战略的内涵

一、企业战略的概念及特征

（一）企业战略的概念

企业战略是企业战略管理学科的核心概念，学者和战略家们历来都非常重

---

① 案例来源：中国企管网．http：//www.themanage.cn/201212/526276.html.2012.12.11.

视对企业战略的研究，在企业战略理论研究的发展中形成了众多流派，因而对企业战略概念的表述也不尽相同。美国战略学家安索夫 1965 年发表的《企业战略论》将"战略"这个军事概念引入了企业领域。安索夫认为，战略指在不完全信息条件下决策的规则。企业战略包括四个要素，即产品与市场范围、增长向量（发展方向）、竞争优势、协同作用。

明茨伯格则归纳了人们在不同场合从不同角度赋予企业战略不同的内涵，提出5PS 模型，说明人们在认识企业战略概念时，是根据需要来接受各种不同的定义。5PS 从 5 个角度对企业战略进行了阐述。

1. 未来发展角度：企业战略是一种计划（Plan）

明茨伯格指出，大多数人把战略看成为一种计划，是一种有意识的有预计的行动，一种处理某种局势的方针。他还引用了彼得·德鲁克的话："战略是一种统一的、综合的、一体化的计划，用来实现企业的基本目标。"显然，这一概念具有"行动之前"，"有意识、有目的"的含义。

2. 企业历程角度：企业战略是一种模式（Pattern）

作为模式，就是说企业在经营活动中不管事先有无战略考虑都会形成战略，它反映企业的一系列行动，最终结果说明了战略的执行情况。据此，当年福特汽车公司总裁亨利·福特要求 T 型福特汽车只漆成黑色的行为，就可以视为一种战略。这种概念强调执行，与战略作为一种计划的概念是相互独立的。事先计划了的可能会在最后没有执行，而实践中实施了的又可能事先并无具体计划。战略可能是人们行为的结果，而不是人们设计的结果。因而在企业的发展历程中，存在已设计的战略、准备实施的战略、未实现的战略、自发的战略和已实现的战略，这些战略之间的关系可以用战略模式图（图1-1）来说明。

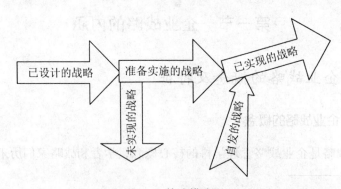

图 1-1　战略模式图

3. 产业层面角度：企业战略是一种定位（Position）

企业战略来源于军事术语的战略概念，是指重大的事情，而细节问题则表达为战术，那么，亨利·福特一世只同意将汽车漆成黑色的计划就应该属于战术问题，而难以归为战略问题。然而，在与通用汽车公司的竞争战中，福特痛失市场份额的重要原因之一恰恰是拒绝其他颜色。油漆颜色的选择看起来不是什么战略问题，但最后却不折不扣地成了战略问题。这就说明战略可以包括产品及过程、顾客及市场、企业的社会责任与自我利益等任何经营活动及行为，但最重要的是企业在自身环境中所处的位置。战略过程要确定企业应该进入的经营业务领域，确定在选定的业务领域内进行竞争或运作的方式，战略实施使企业能处于恰当的位置，获得生存和发展的空间。战略就是要把企业的重要资源集中到相应的地方，形成一个产品和市场的生长圈。这就是企业的正确定位。

4. 企业层面角度：企业战略是一种观念（Perspective）

这种定义是基于企业高管层个性对形成组织特性的影响、组织特性差别对企业存在目的和社会形象及发展远景的影响而给出的。眼光向内把战略看成一种观念，它存在于战略者的头脑中，是战略者独创性和想象力的体现。这种观念被组织成员所共享，构成组织文化的要素，指导组织成员的意图和行动。

这种定义强调战略的抽象性，只存在于需要战略的人的头脑中，每一种战略都是人们思维的创造物；每一种战略都必须为组织所共享，通过组织成员的期望和行为而形成集体的意识。战略过程的有效性就取决于战略观念的共享程度和共同战略观念转化为共同行动的程度。在企业战略观念范围内的计划和位置的改变比较容易实现，而超出观念允许范围的改变则难以实现，据此，这一定义也就划出了战略变革的界限。

5. 竞争角度：企业战略是一种计谋（Ploy）

所谓计谋，是指企业把战略作为威慑、战胜竞争对手的一种手段。它强调的并不是竞争行动本身，而是一种威慑力。通过公布企业的战略或战略意图，向竞争对手宣战或迎战，表达竞争意愿和决心，以期形成对竞争对手的威胁，阻止竞争对手正在准备的并有可能对本企业造成关键性打击的战略行动。一旦这种威慑力生效，对手放弃其战略行动，该企业则并不一定将宣布的战略付诸实施。因此，这种战略只能称为一种计谋，是通过采用威胁等手段来取得竞争优势的权宜之计，是一种威慑因素。

5PS 模型从 5 种不同而又重要的角度说明了企业战略的含义与价值，每种定义相互之间又有着内在联系，形成互补关系和某种程度的替代关系，如观念型战略定义与定位型战略定义就是互补的，使企业战略趋于完善；而定位型战略定义可替代计划型战略定义。不同的定义只能说明人们对企业战略的特性认识不同，而不能说明哪种定义更为重要。了解上述不同定义，有助于理解战略的内涵和特性。

综合各种定义，本书对企业战略的概念表述为：企业战略是指企业为了适应未来环境变化，寻求长期生存和稳定发展而作出的总体性和长远性的谋划。这一概念强调，企业战略是一种总体设计，是企业的发展思路和行动纲领。这种谋划不仅仅是设立远景目标，更要对实现目标的途径进行总体谋划，从而体现企业的经营思想，使企业在发展过程中实现外部环境、企业实力和战略目标三者之间的动态平衡。从管理学意义上说，企业战略是科学与艺术的结合，是指导企业生存与发展的一种管理思想。

（二）企业战略的特征

企业战略具有全局性、前瞻性、长远性、风险性、竞争性主要特征。

1. 全局性特征

企业战略是以企业全局为研究对象，从企业总体发展的需要出发，确定企业的总目标，设计企业的总行动，追求企业的总效果。形象地说，它是企业发展的蓝图，制约着企业经营管理的一切具体活动。

2. 前瞻性特征

企业战略考虑的是企业的未来，而不是过去和现在。它不是对过去的总结，亦非对现在的描述。因而，企业战略活动就是企业立足于未来，通过对国际、国家的政治、经济、文化及行业等经营环境的深入分析，结合企业自身资源，站在系统管理高度，对企业的远景发展轨迹进行全面的谋划。

3. 长远性特征

企业战略是面向未来的，是着眼于长期生存和长远发展的思考，兼顾短期利益，来确立远景目标，围绕远景目标又需要经历持续、长远的奋斗过程。除了根据市场变化进行必要的调整外，企业战略不会朝令夕改，在较长时间内是相对稳定的。只要形势没有发生根本性变化，战略目标没有实现，战略的基本内容就不会更改。

4. 风险性特征

正因为企业战略是针对长期的、远景的、未来的思考，而未来又具有不确定性，企业面对的形势和环境也在不断发生着变化，因此企业战略必然伴随着风险。只有通过深入的市场研究和准确的趋势预测，确立客观的远景目标，科学地调配人、财、物等资源，形成合理的战略，才能引导企业快速发展。相反，主观臆断、目标不切实际、预测偏差过大，这样制定的战略只会误导企业，甚至给企业带来破产的风险。

5. 竞争性特征

竞争是市场经济不可回避的现实，正是因为有了竞争才确立了"战略"在经营管理中的主导地位。企业战略的目的除了赢得竞争优势、战胜对手、克敌制胜之外，还必须针对环境的威胁、压力和挑战，以保障长期的生存和发展，立于不败之地，因而具有直接的抗争性。

二、企业战略的层次

（一）企业战略的构成要素

企业战略有哪些构成要素？学者们有多种看法，如有人认为是由外部环境、企业使命、行业环境、企业资源、企业文化、协同作用等要素构成的；也有人认为是由产品市场群、业务活动领域、经营资源群等要素构成。到底应该怎样认识企业战略构成要素？本书认为应该从企业战略形成必须解决的基本问题来看，基于此，也基于安索夫的观点，构成企业战略的关键要素应该有经营范围、成长方向、资源配置、竞争优势、协同作用五个方面。

1. 经营范围

指企业生产经营活动所包括的领域。既可以是单一领域，也可以是多种领域。

这一要素在企业战略中所要解决的问题有两个层面，第一个层面是企业经营领域的决策，要回答的问题一是从现实来看，企业目前所处的经营领域是否有机会保证企业的生存和发展，从而对是否应处在这一领域作出决策；二是从未来长远来看，企业应进入何种经营领域，才可获得充分的发展空间。第二个层面是企业经营领域的幅度，要回答的问题是企业的专业领域应该宽（多元化）还是应该窄（专一化），从而对企业可否进行多元化或专业化经营作出决策。

在经营范围决策中涉及的具体问题就是产品与市场，它说明企业属于什么特定行业和领域，企业在所处行业中产品与市场地位是否占有优势。对此，日本学者伊丹敬之提出产品市场群的观点，认为就是要解决企业的活动目标在哪一种产品领域和市场领域，如果拥有数个产品与市场，应如何相互联系。

2. 成长方向

指企业从现有产品与市场组合向未来产品与市场组合移动的方向。

这一要素在企业战略中所要解决的问题是企业在产品与市场组合方面的发展方向，也就是企业经营运行的方向。它有现有产品和新产品、现有市场和新市场两个方面，市场渗透、市场开发、产品开发、多种经营四种组合（见表1-1）。

表1-1 　　　　　　　　　　　企业成长方向矩阵

市场＼产品	现有产品	新产品
现有市场	市场渗透	产品开发
新市场	市场开发	多种经营

3. 资源配置

指企业运用资源的模式。

这一要素在企业战略中所要解决的问题是获得企业战略实现的资源支撑，并合理配置、使用这些资源。企业资源是企业生产经营的支撑，资源配置是企业对资源的使用模式，它所体现的是企业的内在经营能力。有学者认为，在企业战略中它甚至比经营范围更为重要，例如企业面对机会，缺乏相应的资源，就无法抓住机会，机会再好，对企业来说就只是一句空话。伊丹敬之提出的经营资源群概念，就是强调企业战略要解决如何把开展经营活动所需要的各种资源和能力综合起来，以及在什么方向上积累资源的问题。

4. 竞争优势

指企业在竞争中高于对手的优越地位和实力。是企业不同于竞争对手的特质，是一种综合能力。

这一要素在企业战略中所要解决的问题有两方面，一是明确企业具备哪些优于竞争对手的实力，即竞争优势的来源，如产品优势，资源配置优势等；二是如何培育、积累和保持优势；三是如何充分运用自己的竞争优势战胜对手。

企业竞争优势历来受到学界和业界的高度重视，学者们对竞争优势的来源进行了深入的研究。"竞争优势外生论"认为,在产业结构相对稳定的前提下,企业的竞争优势取决于企业在产业中的相对地位。企业获取有利的竞争优势就要实施基于价值链的战略,主要是成本领先战略和差别化略。"竞争优势内生论"认为企业内部因素是企业竞争优势的来源,如企业内部知识、资源、能力的形成、积累和更新是企业获取和保持竞争优势的关键。站在企业角度看,成本、质量、创新是几个最关键的来源。

5. 协同作用

指企业战略中所能寻求到的各种共同努力的效果。

这一要素在企业战略中所要解决的问题是如何将各部分有机结合起来协同作用,从而使总体效果大于各部分分别作用的效果之和。企业战略的协同作用分为四类,一是投资协同作用。产生于企业内各经营单位联合利用企业的设备、原材料储备、研究开发的新产品、企业专用工具和技术。二是作业协同作用。产生于因利用已有人员、设备而获得的共享间接费用节约和经验曲线的增效作用。三是销售协同作用。产生于因使用共同的销售渠道、销售机构和推销手段而带来的增效作用。四是管理协同作用。产生于企业内部可以共享的管理经验,这一作用贯穿于前述三种作用之中,为企业增效发挥作用。

(二)企业战略的结构层次

企业战略是对企业各种战略的统称,可以理解为战略体系。这一体系分为三个层次。

1. 总体战略

总体战略是企业战略中最高层次的战略,是战略总纲,是高层管理指导和控制企业一切行为的最高行动纲领。其内容包括:企业经营领域决策,企业经营领域的扩展或限制决策,企业资源的流动和配置决策,提高投资收益率途径和方法的决策,建立战略控制机制的决策。

企业总体战略具有三个特点:第一,战略形成的性质具有全局性、整体性和长期性。第二,战略制定与推行人员主要是企业高层管理者。第三,与企业组织形态和经营业务密切相关,组织形态和经营业务单一,企业总体战略就可能与经营战略合一;组织形态复杂、业务多元化,总体战略也相应复杂化。

2. 经营战略

指企业所属经营单位的竞争战略。经营战略是总体战略的展开和具体化,处于企业战略的第二层次,是在总体战略指导下,为实现企业总目标服务的子战略。其内容包括：完成总体战略提出的任务和要求的具体保障策略，经营单位的战略目标及措施，经营业务的涵盖范围，竞争战略的种类，业务资源的分配与平衡方式，各职能战略的协调发展等。

经营战略与总体战略的区别在于着眼点不同。总体战略是全局的、整体的、长期的战略计划；经营战略则着眼于企业局部性的战略问题，影响着某个事业部或某一市场或具体产品，只在一定程度上影响总体战略的实现。

3. 职能战略

指企业职能部门的战略。是企业总体战略和经营战略按职能的落实和具体化，处于企业战略的第三层次。可分为营销战略、人力资源战略、财务战略、生产战略、研发战略等。它直接处理各职能领域的问题，如果说企业战略和经营战略强调"做正确的事"，那么职能战略强调的就是"把事情做好"。其内容包括：职能活动对实现经营战略的具体保障，为实现职能功能而进行的资源配置，解决职能的发展方向与瓶颈问题，根据经营战略要求调整职能活动的结构和流程等。

职能战略与总体战略的区别一是期限短。职能战略需要按总体战略的要求，把注意力集中在当前要做的工作中；管理人员可以更好地认识当前的经营条件，及时地适应变化以作出相应调整。二是具体性强。职能战略提供了具体的指导，增强实施战略的能力，使管理者能够明确年度目标的实现方式。

以上三种战略构成了企业战略的层次，其结构可用图 1-2 表示。

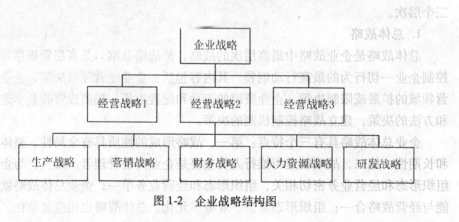

图 1-2　企业战略结构图

这三种战略所涉及的问题和侧重点各不相同，企业战略涉及未来总体发展，眼光远大，构思宏观，以价值为取向，以抽象概念为基础；而职能战略涉及的决策问题时间跨度比较短，眼光精微，构思细致，以具体业务为取向，以作业为基础。经营战略则处于二者之间，对企业战略而言，它是细化和扩展，对职能战略而言，它则起着指导作用，强调可操作性和执行性。尽管侧重点不同，但相互作用却非常紧密，形成一个有机的战略体系，上一层次的战略构成下一层次战略的环境，下一层次的战略为上级战略目标的实现提供保障和支撑。

三、企业的愿景与使命

（一）企业愿景的含义

愿景的字面意思是愿望和远景，顾名思义，企业愿景是指根据企业现有阶段经营与管理发展的需要，对企业未来发展方向的期望、预测和定位，是企业战略发展的重要组成部分，是引导企业战略沿着正确方向前进的关键。简单地说，愿景就是一种描述企业目的、使命和未来理想状态的浓缩版"企业蓝图"，是建立在组织及其成员价值和使命一致基础上的共同愿望或理想。

企业愿景由核心价值观、核心目标、企业使命及对未来的展望构成。从企业管理的角度来看，愿景是企业的灵魂，它表达的是企业的生存领域和未来的景象；目标是企业期望达到的里程碑。没有愿景，企业就没有生命力，就没有未来；没有目标，企业愿景就只是空洞的宣言。如果说愿景是企业行动的精神和动力，则目标就是企业行动的具体方向、实现愿景的途径、步骤和方法。

企业愿景可以划分为三个层次：上层是企业针对社会或世界的，其本质是将企业的存在价值提升到极限；中层是企业的经营领域和目的，使全体员工及时有效地通晓企业愿景赋予的使命和责任；下层是员工日常工作中的价值判断基准、行动准则和实务指南。

企业愿景的作用第一在于凝聚。共同愿景将具有个性差异的组织成员凝聚在一起，将分散的个人力量聚集为巨大的能量，进而释放出无穷的创造力。第二在于激励。共同愿景是企业所有成员真心向往和期待的，由于它存在于每个人的心中，因此起着内在的激励作用，能激发成员对共同愿景的奉献精神，充分发挥个人潜能。第三在于导向。愿景意味着奋斗的方向，它是企业发展的一股强大驱动力。对远期目标来说，共同愿景就是发展道路上的指南针，指出企业发展的方向以及将会获得的成就。尤其是在企业遇到波折、阻力和迷茫时，共同愿景可以使每个成员明确方向，看清目标，依据共同愿景确定自己的行为准则。第四在于规范。共同愿景能在本质上揭示目的，规范成员的行为，整合共同奋斗的力量。成员之间的差异是客观存在的，如果彼此不能包容差异，就不能融为一个整体，也无从互相学习与合作。建立共同愿景的过程，就是调和分歧，相互认同，形成共同追求和共同理想的过程。因而，共同愿景将每个成员的不同行动同步、融合起来，从而激发出整体的活力，合作学习以提升企业的创造力。①

（二）企业愿景的建立与实施

1. 企业愿景建立的基础

企业愿景建立的基础首先是对组织活动和组织文化的深入了解，其次是对员工的深层需求和价值观的足够了解。一个成功的愿景不是由机械的公式生成的，也不是闭门造车拍脑袋出来的，而应该是在深入了解组织文化、员工需求、企业价值观的基础上，融合经验、个人兴趣和企业环境，经过自下而上、自上而下、再自下而上的反复酝酿和不断提炼，在组织的各个层面进行横向、纵向的充分沟通，而共同造就的产物。这才是真正的愿景。只有愿景成为组织中每个成员的真心向往时，实施起来才会获得高效能。

2. 企业愿景的表达要求

一是要振奋，具有感染力。愿景要能够超越人们所设想的"常态"水准，体现出宏伟的精神。企业愿景的真正意义在于，通过确立企业的愿景，将它转化为每个人自我实现的愿景。共同愿景越令人振奋，就越能激励员工，影响他们的行为。企业愿景就能给人鼓励，为人们满足重要需求、实现梦想增添希望。因此，宏伟的组织愿景一旦实现也意味着组织成员个人的自我实现。

二是要清晰，具有生动易懂性。愿景是一种生动的景象描述，如果不清晰易懂，人们无法领会，就不可能在心目中建立一种直觉形象，愿景就难以发挥鼓舞和引导作用。亨利·福特"使汽车大众化"的愿景表达，就非常形象生动："我要为大众生产一种汽车，它的价格如此之低，不会有人因为薪水不高而无法拥有它，人们可以和家人一起在上帝赐予的广阔无垠的大自然里陶醉于快乐的时光。"

三是要逼真，具有可实现性。愿景不是单纯为了激发想象力的，而是要激发坚定的信念，从而促进实际行动。愿景如果被认为是不可实现的，就不会产

---

① 牛继舜. 共同愿景的构成要素与作用 [J]. 企业改革与管理, 2009 (2)：55.

生坚定的信念。因此，只有可实现的宏伟蓝图才有意义。

3. 企业愿景的设计原则

一是有助于建立一整套标准，使组织成员能够根据某项决定、选择方案或行为是否符合愿景来对它们进行评估。从而使共同愿景促进人们不断地为一个共同目标而努力。

二是具有可操作性，应能够运用共同愿景提出有助于实现设想的提案和计划。通过认清现实，找出现实和共同愿景之间的差距，从而制定改革策略，使企业走上成功之路。

4. 企业愿景的实施

企业愿景的实施不仅包括对愿景的表达、解释，还包括延伸和拓展。也就是说，愿景的实施实际上是一个评估、演变、提炼的过程。在实施中，人们会发现哪些东西是可行的，哪些东西是不可行的，哪些东西原来不可能，现在有可能了。因此，愿景影响绩效的同时，也因绩效变化而进行不断更新和调整，因此，愿景、战略、绩效是一个互动的反馈过程，在企业愿景的实施中从上到下各层管理也是一个互动的反馈过程，下属的绩效反馈到领导层，领导层通过授权、资源分配、激励系统、工作分配、团队建设等将组织情境以多种方式不断与愿景协调一致，以获得下属对愿景的连续行动和持续承诺。

（三）企业使命的概念及意义

何谓企业使命？若用一句话来概括，企业使命是指企业在社会经济生活中所担当的角色和责任。企业使命是企业存在的宣言，它阐明了企业存在的理由和根据，揭示了企业存在的目的、发展方向及生存的意义等根本性问题。

20 世纪 70 年代，彼得·德鲁克在《管理：任务、责任和实践》一书中提出了三个问题，即我们的业务是什么？（What is our business?）我们将成为什么？（What will it be?）我们应该是什么？（What should it be?），这就是当代有关企业使命陈述的思想来源。所有企业都会面临且必须回答这三个问题，这样就形成了企业使命。企业使命伴随着企业的基本活动，影响着企业的发展方向，因此，对企业使命的管理具有以下重要意义。

1. 指引企业发展方向

使命是企业存在的理由和努力的方向。作为企业的终极目标，企业使命为企业其他目标的制定提供了方向。企业使命在相当长的时期内是保持稳定的，便于企业稳步发展壮大。但企业使命也并非一成不变，社会在不断发展，技术在不断进步，需求也在多样变化，企业使命与经营领域也必须追随需求变化和技术生命周期的变化而调整，以保证企业的发展不偏离正确方向。

2. 是企业确定战略目标的前提

既然企业使命就是企业存在的理由，那么企业使命就不是虚幻飘忽的，而是需要正确表达出来的，因而它是企业内在战略意图的外显与应用。由此可见，企业战略的第一步就是明确企业使命，并正确表述企业使命。企业使命的确定过程，常常会从总体上引起企业发展方向和发展道路的改变，使企业发生战略性的变化。只有明确了企业使命，企业才能界定经营范围和领域，才能确立企业目标，从而确定企业战略。

3. 为企业获取和调配资源提供基础

企业的发展需要资源，企业的发展也需要各部门的协调配合，企业的可持续发展更需要把有限的资源用在刀刃上。有了明确的企业使命，各利益相关主体都有机会了解企业的经营宗旨和方向，这就为企业应该获取何种资源、如何协调分配使用资源提供了依据，也便于协调各主体之间相互关系，企业就能把资源用在保证企业使命的完成、使企业兴旺发达的经营事业上，从而取得整体大于部分之和的协调效应。

4. 构建企业文化的核心支架

企业使命概念的提出，本身就是对"企业追求利润最大化"的经济伦理界限的突破，现代企业使命的内涵除了符合经济伦理，更应该体现社会伦理。这种内涵所反映的就是企业的价值观，有了正确的使命就有了企业信念，因此，企业使命自然而然进入企业文化范畴。企业本身就是社会的经济单元和组成部分，必须担负起社会赋予它的使命，协调多方利益。若企业只为市场占有率和利润而奋斗，这种错误的使命必会导致企业陷入扩张的泥沼，导致成本上升和新产品开发滞后，使企业不讲诚信，不顾质量与安全，甚至导致企业违法，损害消费者利益，最终危害到企业自身的生存。

（四）企业使命的确定

确定企业使命可以从三个方面入手：

1. 明确企业使命的基本作用

企业使命有几个重要的体现：一是社会对企业的期望和需求，二是企业的道德水准，三是企业全体成员的意志。确定企业使命必须使这几个方面得到体现。

企业使命对每一个成员都具有感召力，使其具备使命感，把自己融入到整个事业之中，将创造能力充分地发挥出来。企业使命对企业整体具有激发力，在实现企业成长的过程中长期起着支撑作用。如果不能起到这样的作用，那就不是企业使命。

2. 抽象企业使命的内容

依据企业的现状和职能抽象企业使命的内容，或是从企业的未来趋向推出企业使命宣言。也就是要明确企业的活动领域，现在从事的是什么事业？将来会有什么变化？具体要回答出谁是企业的顾客、企业的顾客在哪里、顾客买的价值是什么、企业将成为什么样子、企业应该是干什么的等问题。例如，通用电器的使命是"以科技及创新改善生活品质"，索尼的使命是"体验发展技术造福大众的快乐"。

3. 准确生动地陈述企业使命

企业使命陈述既要具有可行性又要具有挑战性，既要具有稳定性又要具有动态性。应该充分表达为社会尽责、为公众尽力、为员工尽心的内涵。

准确的企业使命可以为各级管理者超越局部利益与短期观念提供努力方向，促进企业员工各层次以及各代人之间形成共享的价值观，并随着时间推移而不断强化，最终为企业外部环境中的个人与组织所认同和接纳，从而树立起企业良好的社会形象。

简洁有力、富有挑战性的企业使命陈述，能够促使使命成为管理者内在的驱动力，能让员工时时记得自己的目标是什么，工作努力的方向在哪里，进而激发出一种完成使命的责任感和成功的强烈欲望。

例如："创无限通信世界，做信息社会栋梁"——中国移动的企业使命。

"创无限通信世界"表达了中国移动追求卓越，做行业先锋的强烈使命感。"做信息社会栋梁"则阐释了中国移动在未来产业发展中发挥行业优势、勇为社会发展中流砥柱的自信力和责任感。

（五）企业愿景与企业使命的关系

由于"企业愿景"和"企业使命"的概念普遍存在通用、混用等现象，有必要将它们进行比较，以明确其关系。

首先，企业愿景与企业使命是包含关系。两者的联系在于，都是对企业未来的发展方向和目标的构想和设想，都是对未来的展望、憧憬。但"企业使命"是"企业愿景"的一个方面，换句话说，"企业愿景"包含着"企业使命","企业使命"是"企业愿景"中对企业经济活动和行为的具体说明。正因为它们存在包含关系，所以有共同的部分，这也是容易混淆的主要原因。

其次，"企业愿景"与"企业使命"的着眼点不同。两者的区别在于，愿景是对企业未来发展的一种期望和描述，是宏伟蓝图。使命则是企业存在的理由和价值，是具体要办的大事，是必须完成的任务。不能完成这样的任务，企业就没有存在的必要了，也就谈不上实现宏伟蓝图。

企业愿景着眼于企业长期的发展方向、目标、目的、社会责任和义务，明确界定企业在未来社会里是什么样子，其"样子"主要是从企业对社会（包括具体的经济领域）的影响力、贡献力、在市场或行业中的排位、与企业关联群体（客户、股东、员工、环境）之间的经济关系等方面来描述。只有清晰地描述企业的愿景，社会公众、合作伙伴、企业员工才能对企业有更为清晰的认识。

企业使命则是在企业愿景概念的框架内，对自身和社会发展所作出的承诺。它具体定义到社会经济领域、经营活动范围或层次。着眼于具体表述企业在社会中的经济身份或角色，主要考虑的是对目标领域、特定客户或社会人在某个确定方面的供需关系的经济行为及其效果。要回答的问题是我们的事业是什么？我们的顾客群是谁？顾客的需要是什么？我们用什么特殊的能力来满足顾客的需求？如何看待股东、客户、员工、社会的利益等。

由此可见，企业既不能将愿景当做使命，也不能将使命当做愿景，更不能把它们截然分割开来。

阅读案例

企业愿景与使命

1. 联想集团的共同愿景和使命

联想集团企业愿景：未来的联想应该是：高科技的联想、服务的联想、国际化的联想。

（1）高科技的联想。在研究开发上的投入逐年增加；研发人员在公司人员的比重逐渐提高；产品中自主创新技术的含量不断提升；研发领域不断加宽、加深，尤其是要逐渐从产品技术、应用技术向核心技术领域去渗透；技术将不仅仅是为联想产品增值，使其更有特色，也同时将成为联想利润的直接来源；成为全球领先的高科技公司之一。

（2）服务的联想。服务是 DNA——服务成为融入联想每名员工血液的 DNA，服务客户的文化根深蒂固。服务是竞争力——服务要成为产品业务的核心竞争力，成为带动营业额、利润增长的重要因素。服务是新业务——服务业务包括服务外包、运营服务、系统集成、管理咨询等，服务业务将成为联想业务（尤其利润）的支柱之一。

（3）国际化的联想。10 年以后，公司 20% 以上的收入来自于国际市场；公司具有国际化发展的视野和与之相对应的人才、文化等；公司的管理水准达到国际一流。

联想集团企业使命："为客户利益而努力创新。"

2. 华侨城集团的愿景与使命

华侨城集团企业愿景：华侨城集团是企业家创新的舞台，是明星企业的孵化器，是创业者梦想成真的家园，是具有高成长性和鲜明文化个性的国际化企业。

华侨城集团企业使命：华侨城集团致力于人们生活质量的改善、提升和创新，以及高品位生活氛围的营造，致力于将自身的发展融入中国现代化事业推进的历史过程中。

3. 华为公司的愿景与使命

华为公司的愿景——丰富人们的沟通和生活。

华为公司的使命——聚焦客户关注的挑战和压力，提供有竞争力的通信解决方案和服务，持续为客户创造最大价值。

第二节　企业战略管理体系

一、企业战略管理整体框架

所谓战略管理框架即是指企业战略管理所需展开的方面，了解战略管理框架，才能明确企业战略管理如何展开，才有了抵达目标的基础。

（一）企业战略管理的概念及过程

企业战略管理是对战略制定、战略决策和战略实施的全过程的管理。是企业在宏观层面上从长远角度把握企业方向，从全局保证决策正确，以建立优势、提升企业竞争力、长期生存和发展为目的的管理。

从管理过程看，企业战略管理包括确定使命和目标、战略制定、战略评估与选择、战略实施、战略控制和战略变革。

企业使命和目标是企业战略管理的第一步，只有明确了企业使命，才确定企业的经营目标和企业发展方向，企业战略管理便由此展开。

战略制定是指战略计划的形成过程，即根据企业自身的使命和目标，分析其所处的外部环境，确定存在的机遇和威胁；评估自身的内部条件，识别企业经营的优势和劣势。在此基础上，制定用以完成使命、达到目标的战略计划。

战略决策是指战略的选择和批准过程。即依据战略分析所提供的决策信息进行综合评价，从而确定企业战略及相关方案。进行战略评价一是要评价战略的适宜性，即战略是否与产业环境和企业资源能力相适应；二是要评价战略的可行性，即企业有无充分的资源来实现战略；三是要评价战略的可接受性，即能否使企业盈利，并体现大多数人的利益。

战略实施是指把选定的战略转换为企业具体行为的过程。即企业战略与日常业务决策相结合，更详细地分解、展开各项战略部署，形成一系列经营管理任务，以实现战略决策意图和目标。

战略控制是将战略实施过程中的反馈信息和实际成效与预定的战略目标进行比较，检测二者的偏离程度，并采取有效措施进行修正，以保证战略目标的完成。需要注意的是企业战略控制应该是面向整个企业系统的控制，战略规划必须服从企业总体目标，原始战略的有效性并不在于是否能原封不动地运用到底，而在于其能否适应不可知的现实和未来，有效地达到企业目标。因而，除了战略控制中需要纠正偏差之外，还须依据企业的总体目标进行战略变革。

企业战略变革是指为了可持续发展，企业根据外部环境和内部条件的变化而进行的战略调整。包括调整企业理念以获得全新定位，重新进行企业战略定位，对组织结构进行战略调整等。变革的种类有技术变革、产品和服务变革、结构和体系变革、人力资源变革等。

（二）企业战略管理的内容

企业战略管理是对整个企业在战略层面上的全方位管理，从管理内容上看，包括对企业组织、企业文化、企业领导、核心竞争力的管理。

1. 战略层面的企业组织管理

企业组织与战略有着密切的联系，企业组织作为一个系统的结构，是企业内部所有关系的总和，它决定企业战略的执行和企业运行的效率。企业战略环境、企业规模、企业技术发展对企业组织结构都有相应的要求和巨大的影响。不同战略也对组织结构有不同的要求。成功战略的实施有助于组织结构的优化，适应战略的组织结构亦有助于战略决策和实施。

战略层面的企业组织管理包括对企业治理结构、企业组织结构和企业业务流程三方面关系的管理。"企业治理结构体现企业中的决策权力制衡关系，这一关系的合理性决定着企业决策的性质和决策水平；企业组织结构是企业决策的执行载体；这一关系的合理性决定着企业决策执行的及时性和有效性；企业业务流程是指存在于企业系统中的信息流、控制流、人员流、资金流和物质流等的流动规程；通过它们将企业的各个部分连接成一个有机的整体，使企业系统呈现出动态的特性，其通畅性是企业结构关系合理性的综合体现。"①

2. 战略层面的企业文化管理

企业文化是企业为解决生存和发展问题而构建和形成的、由组织成员有效共享、并共同遵循的基本信念和认知。企业文化集中体现了一个企业经营管理的核心主张，以及由此产生的组织行为。是由价值观、信念、仪式、符号、处事方式等构成的特有的企业形象。

企业文化具有导向功能、激励功能以及协调功能，因而，企业战略必然会受到企业文化的制约。企业战略管理也必然要对企业文化进行管理，即运用企业文化的导向功能引导企业管理者和员工自觉地选择符合企业长期利益的战略决策并实施。运用企业文化的协调功能促使企业各层次和各部门员工自觉地为企业长期及短期利益而相互协调。运用企业文化的激励功能促使管理者和员工在经营活动中自觉地根据企业文化所倡导的价值观和行为准则调整自己的行为。

---

① 田景艳等．企业战略管理框架及战略变革的主要方式［J］．河北能源职业技术学院学报，2008（1）：37.

3. 战略层面的企业领导

企业领导是指导和影响企业成员的思想和行为，使其为实现企业目标而作出努力和贡献的过程与艺术。包含两层意思，第一，领导本身是一个动态过程，进行领导就是引导、指挥、指导和先行。包括领导者、被领导者和作用对象。成功的领导过程取决于领导者实施领导的能力。第二，领导的目的是指引和影响个体、群体和组织去完成所期望的目标。战略领导的职责就是决定战略方向，发展与维持核心竞争力，优化人力资源，培育有效的企业文化，建立良好的企业道德规范，建立适当的战略控制系统。领导者的能力必须与企业战略相匹配，才能实现企业目标。这种匹配既包含领导者的能力与战略类型的匹配，也包含领导班子成员能力的互相匹配。

4. 核心竞争力管理

核心竞争力是企业资源有效整合而形成的独具的、支撑企业持续竞争优势的能力，是企业长期制胜的根本。企业核心竞争力本身就是战略层面的问题，是企业集聚核心业务、开发核心技术和提高核心价值的一整套战略。① 企业核心竞争力管理是对企业独具性、持续性竞争优势能力的判别、积累、培育和提升的过程。包括：（1）企业核心能力的判别。即识别企业自身的优势、劣势、能力、资源，确定企业的核心竞争力及其支持要素。（2）规划企业核心竞争力的发展。即必须有前瞻性的核心竞争力发展计划，以确保长盛不衰。（3）培育和部署核心竞争力。即通过对资源的有效整合，使企业核心竞争力在各领域中发挥作用。（4）维护核心竞争力的可持续性。即定期和不定期对核心竞争力进行检讨，持之以恒地不断培育，以保持其独特性优势。

二、企业家的战略思维

企业家是担负着对土地、资本、劳动力等生产要素进行有效组织和管理、富有冒险和创新精神的高级管理人才。这一定义指明了企业家具有冒险性、创新性等本质特征。因而其战略思维在整个战略管理环节中起着举足轻重的作用。企业家就是企业的战略家，企业家的创新精神是与战略思维紧密结合的。一个优秀的企业家可以带领企业起死回生，铸就辉煌，靠的就是这种具备广阔视野的战略思维。

战略思维是一种高层次的思维，是企业家必须具备的一种素质和能力。企

---

① 白津夫. 核心竞争力：理论与战略问题［J］. 学习与探索，2003(1)：85-89.

业家必须高度重视和运用理性的战略思维。

（一）实事求是是企业家战略思维的理论指导

企业家战略思维的根本出发点就是实事求是，一切必须从实际出发。企业是经济实体和市场竞争的主体，也是宏观经济与微观经济交汇的结合体，社会政治、经济、文化因素都会影响到企业的发展；企业内部各种生产要素也时刻处于变化之中；面对这种内外变动态势，只有实事求是的战略思维，才能谋求最大的结合和统一。因此，企业家必须把企业自身及其环境的实际作为思考问题、制定决策的出发点，才能做到科学决策、有效决策。一旦偏离了实事求是的思想出发点，其思路难免会产生偏差，企业成长就会遭受挫折。

（二）高瞻远瞩是企业家战略思维的思想境界

企业家的战略思维必须要有宽广的视野和开阔的思路，必须走出地界，跨出家门、国门，高瞻远瞩地去观察和认识变化迅速的世界，正确分析和把握本行业乃至全社会发展的大势，把企业融入全社会的大局中，以国际化、全球化的战略头脑去思考，去决策。眼界开阔思路才开阔，具有这样的思想境界，才能让思维在广阔的空间范围和时间跨度里纵横驰骋，做到集思广益、运筹帷幄、决策得当。从未来思考今天，才能把握企业发展的正确方向。企业要不断成长，就必须勇于和善于从长远的、根本的角度去思考发展问题，站得高才能看得远，想得深才能谋大略。也就是说企业家必须具备战略远见和从长计议的魄力与胆识。

（三）勇于创新是企业家战略思维的能力体现

创新是企业家精神和战略思维能力的一个重要体现，战略思维与一般思维的最大不同就在于更讲求创新性与突破性。企业家的战略思维要求在解放思想的基础上大胆创新，敢于突破陈规。在立足企业自身实际、充分解放思想的基础上大胆打破传统思维定势，冲破常规思维的局限，提出具有创新意义的思路，从而作出战略性决策。在战略决策时，不能盲目跟风，看到人家上的项目赢利了，就不顾自己的实际情况盲目照搬，这会使企业陷入困境。企业家必须以战略性思维代替传统化、定式化思维，超越陈旧、僵化的思维窠臼，大胆探索思考，勇于开拓创新，以锐意进取的精神开创有自身特色的发展道路，培育核心竞争力。

（四）触角敏锐是企业家战略思维的精华所在

战略性思维是以未来观现在，以大观小，以远观近，以热观冷，这就需要有敏锐的触角，勤于发现，善于分辨，否则同样无法抢占思维的制高点。没有敏锐的触角，就难以有新的思维、新的发现、新的观念、新的设想和新的突破。例如看不到今天的需求热发源于昨天潜在的需求冷，从今天潜在的需求冷看不到将来的需求热，就不是精明的企业家和经营者。企业家的敏锐触角不是把目光投向已经显现的热需求，而是善于把目光伸向需求的潜层领域，开拓他人尚未实现的需求，捷足先登，在未来的市场独占鳌头。也就是说企业家的战略思维要靠敏锐的触角去发现机会、创造机遇、利用机遇。

三、战略管理与职能管理的区别

认识战略管理与职能管理的区别，有利于企业各层管理者明确自身管理重点和中心，使企业管理有序进行。

企业职能管理是将管理基础与特定的管理职能相结合，以提高组织职能部门的效率。主要包括生产管理（运作管理）、市场营销管理、财务管理、人力资源管理、研究与开发管理、贸易管理等。

企业战略管理与企业职能管理既有联系又有区别。从内涵来看，战略管理是职能管理的统帅，职能管理是战略管理的落实，因此，职能管理必须体现并服从、服务于战略管理。

从时间和管理层面来看，企业战略管理是长期的、宏观的、全局的具有纲领性、指导性的管理。企业职能管理则是短期的、微观的、局部的、日常的管理。

从管理内容来看，企业战略管理具有稳定性，不可随意作出调整，而企业职能管理在服从、服务于战略管理的前提下，发现运作弊端则必须及时进行纠正，必须根据市场变化和战略管理的要求对不科学、不合理、不适应之处及时进行调整。

第三节　战略管理理论的发展与演变

一、传统战略管理理论

美国著名管理学者阿尔弗雷德·钱德勒《战略与结构》一书的出版拉开

了企业战略理论研究的序幕。以此为标志，企业战略管理理论正式形成于 20 世纪 60 年代。该书从大型企业成长史中，研究了企业战略与组织结构的相互关系，确立了"环境—战略—结构"这一以环境为基础的经典分析模式，提出了"结构追随战略"的论点，告诫企业：经营战略应当适应环境，组织结构必须适应战略，并随战略的发展变化而变化。

在传统战略管理理论的框架下，形成了以下两个主要学派。

（一）计划学派

计划学派认为，战略管理是一个受控制的、有意识的、规范化的过程。战略行为是对其环境的适应过程以及由此而导致的企业内部结构变化的过程。

企业战略应当详细、具体，包括战略目标、资金预算、资源提供、执行方略等。企业战略的制定过程应该是一个正规化、条理化的计划过程，不应该只停留在经验和概念的水平上，以分析技术来支撑战略的分解和正式化，以便确保战略的顺利实施。

企业高层管理者负责计划的全过程，具体制订和实施计划的人员必须对高层管理者负责，通过目标、项目、预算的分解来实施所制定的战略计划。

计划学派代表人物及著作有安索夫及其《公司战略》（1965）、斯坦纳及其《最高管理层的规划》（1969）等。

（二）设计学派

设计学派就是设计战略制定的模型，以寻求内部能力与外部环境的匹配。"建立匹配"是设计学派的核心目标。其主要观点如下。

（1）战略的形成是一个有意识的、深思熟虑的思维过程。战略管理者应当是整个战略计划的顶层设计者，应真正了解自己在做什么。设计学派把战略决策看做一个概念作用的过程，必须有充分的理由才能采取行动，有效的战略产生于受严密控制的人类思维过程，战略制定是通过后天学习而获得的技巧，而不是与生俱来的，也不是靠直觉获得的。

（2）企业内外环境条件对企业战略形成有重大影响，战略形成过程实际上是把企业内部优势和劣势与外部机会和威胁进行匹配的过程。设计学派从外部评价与内部评价两个角度，考虑了企业面临的威胁与机会、优势与劣势等因素，建立了 SWOT（Strength, Weakness, Opportunity, Threat）战略分析模型。该模型把企业置身于其所处的环境之中进行考察，以获得与环境相适应、各方面因素相匹配的战略决策。

（3）企业战略的规划和控制必须由企业高层领导负责，这是一个精心设计的过程。企业战略应当是清晰的、简明扼要的，这样才易于理解和贯彻执行。

设计学派对企业战略管理理论的发展有很大贡献，特别是 SWOT 模型，充分体现了组织内外部关系对制定战略的重要性，得到了广泛使用。设计学派的代表人物和著作有塞尔茨尼克的《经营中的领导能力》（1957），钱德勒的《战略与结构》（1962），安德鲁斯的《经营策略》（1965）等。

尽管不同学派具体主张有些差异，但核心思想是一致的。一是企业战略的基点是适应环境，只有适应环境企业才能生存和发展。二是企业战略目标在于提高市场占有率，只有获取了理想的市场占有率，企业才能成长壮大。三是企业战略的实施要求组织结构变化与之相适应，只有组织结构与战略相适应了，企业才有发展前景。这些思想奠定了战略管理理论形成和发展的基础。

二、竞争战略管理理论

20 世纪 80 年代以来，出现了行业结构学派、核心能力学派、战略资源学派，这三大学派对竞争战略管理理论的发展都作出了重要贡献。

（一）行业结构学派

该学派的贡献是首次将战略分析重点由企业扩展到行业。该学派主要观点是：企业在制定战略的过程中必须做好两方面的工作，一是企业所处行业的结构分析；二是企业在行业内的相对竞争地位分析。

代表人物及著作是迈克尔·波特及其《竞争战略》（1980）和《竞争优势》（1985）。波特的竞争战略理论着重研究如何发现外部环境的机遇，并将其与内部的资源能力相结合寻找有利的战略定位，运用五种竞争力模型（供应商、购买者、竞争对手、替代品和潜在进入者）等分析技巧，帮助企业选择行业并制定符合行业特点的竞争战略。波特指出，构成企业战略环境的最关键部分就是企业所在的行业，行业结构影响着竞争规则和企业竞争战略，企业在行业中的竞争地位又决定着企业组织结构模式。因而，行业结构分析和竞争地位分析就是战略分析的起点，企业应该选择行业利润水平较高、发展前景较好的行业。波特提出了三种基本竞争战略，即成本领先战略、聚集战略和差异化战略。

（二）核心能力学派

核心能力学派的战略思想是企业的核心能力是企业保持长期优势的源泉，是企业战略的焦点。所谓核心能力，就是企业自身蕴含着的特殊的智力资本，它能够确保企业以自己特有的方式从事生产经营活动。企业核心能力具有一系列特征，即知本性、独占性、优越性、延展性、难以模仿、难以替代等。故该学派强调以企业生产经营过程中的特有能力为出发点，制定和实施竞争战略。

企业经营成功与否，已不再取决于产品和市场结构，而是取决于企业对市场趋势的预测和对需求变化的反应速度和反应能力，因此，企业战略的目标就在于识别和开发竞争对手难以模仿的核心能力。企业要获得和保持持续的竞争优势，就必须在核心能力、核心产品和最终产品三个层面上参与竞争。

核心能力学派的代表作是 1990 年普拉哈拉德和哈默发表在《哈佛商业评论》上的《企业核心能力》一文。1992 年斯多克、伊万斯和舒尔曼在《哈佛商业评论》上发表的《基于能力的竞争——公司战略的新规则》对核心能力论的发展进行了有力补充。

（三）战略资源学派

战略资源学派认为资源是企业所拥有的资产和能力的总和。企业战略要获得成功，就必须培育出一系列具有竞争力的资源并在其竞争战略中进行配置整合，以形成自己独特的竞争优势。

该学派标志性成果是巴尼发表于 1991 年的《公司资源和可持续竞争优势》一文，该文率先提出战略资源的概念。柯林斯和蒙哥马利的《资源竞争：90 年代的战略》（1995）则对企业的资源和能力进行了更为深刻的阐述。

企业所拥有的各类资源中，哪些资源可以成为企业战略的基础？如何识别和判断不同资源的价值？战略资源学派的观点是：资源价值的评价不能局限在企业本身，而应置于整个产业环境，通过与竞争对手拥有的资源进行比较评价，来判断优劣。具体标准有 5 条，一是不可模仿性，即竞争对手难以复制。二是具有持久性，即资源价值不会很快贬值。三是占有性，即谁占有资源所创造的价值。四是替代性，即预测企业的资源有无更好的替代物。五是优越性，即在竞争中资源最具有的比较优势。通过这几个方面的评价，使企业掌握资源总体状况，打下竞争战略选择和制定的基础。

虽然行业结构学派、核心能力学派、战略资源学派各自理论的侧重点不同，但都有一个共同的特点，这就是都以环境作为战略研究的背景，以买方市场为导向，以企业竞争优势为战略目标。

三、战略管理理论的新发展

随着经济的国际化、市场的全球化、环境变化和市场竞争的不断加剧，在战略管理中企业已不能只从自身角度出发来思考和决策，也不能只是适应环境，而必须创造环境，抓住未来。实践中的这些要求使得战略管理理论有了新的发展，形成了边缘竞争战略理论、战略生态理论、柔性战略理论等。

（一）边缘竞争战略理论

该理论由布朗与艾森哈特所著《边缘竞争》（1998）一书提出。其理论出发点是把制定战略目标和实现战略目标的内容紧密结合起来，主张通过变革管理来建立和调整企业竞争优势，捕捉无序平衡的边缘状态，使企业在无序和有序之间保持微妙的平衡。企业的关键动力是应变能力，故需利用变革来构建一系列的竞争优势。

该理论的主要特点一是边缘竞争战略具有不确定性。边缘竞争战略是处理一些意外事件的结果，而不是预先制定的，预先并不知道事件的发展方向和趋势，在事件发展过程中采取实施措施，通过实施效果的观察从中选出确有成效的措施继续执行。二是边缘竞争战略具有不可控性。企业内部环境总是在变动，个人能力有时无法有效控制，往往会导致组织将错就错，从而由低层的行为中形成某些战略。例如，微软的一位普通经理在访问康奈尔大学时发现学生们在"攻击"网络，便在微软公司内部推动相应的变革。正是由他所提出但却未被批准的项目，开发出了第一台网络服务器。最后微软高层才承认公司网络业务的发展战略来自公司的低层。三是边缘竞争战略具有连续行动性。它不是一些分散的措施，而是坚持不懈的行动，往往由某个部门的特色行动而成为了企业的主要战略。例如 P&C 公司广告部持续不断的广告营销行动就成为公司的主要战略。四是边缘竞争战略具有整合性。企业战略的核心不再仅仅来自于管理高层，而是从各个业务单元中提炼整合出来。管理高层就负责整合企业的业务组合，以确保业务部门与不断变革的市场相匹配。

（二）战略生态理论

该理论把生态学的理论思想及方法应用到企业战略管理的研究中，从而开拓了企业战略管理理论发展的崭新视角，展现出一个广阔的视野。

该理论把企业竞争环境视为一种生态系统，它具有一般自然生态系统的基本特征。企业与竞争环境的相互作用，就像生物与生态环境相互作用一样，企业的生命周期长短依赖于其对战略环境的适应能力和协同进化能力。企业能够适应竞争环境才能生存，因此，企业的使命就是谋求与战略生态的和谐共生关系。

企业可以通过变异、进化来适应战略生态环境的规律，因而该理论主张全面考察战略生态系统的组成、结构、环境，诊断评价自组织机制、核心竞争力、竞争与合作等，从而为企业提供适应新环境的战略逻辑和战略视角。

战略生态研究有助于企业经营管理者以生态思维指导企业的竞争行为，为企业打开了更加广阔的视野，促进企业与战略生态系统之间的协同进化，以构建战略生态共同体。该理论对企业战略管理理论和竞争手段的发展具有重要价值，其研究成果有谢洪明等《企业战略的抽象群及其演化引论》（2002），梁嘉骅等《企业生态与企业发展》（2002）等。

（三）柔性战略理论

柔性战略理论主要强调企业不仅要适应环境变化，而且要主动利用变化和制造变化来增强自身的竞争实力。任何环境的变化都对参与竞争的企业提供着机会和威胁，这些变化往往更多地来自企业自身。

柔性战略理论具有三个特征，一是强调战略的博弈性而不是战略的计划性。企业在动荡变化的环境中要获得竞争的主动权，就必须主动去博弈，而不是靠预见。二是强调主动制造变化而不是被动适应环境。以创设新环境和新规则来引导消费和竞争行为，从中确立自己的竞争优势。三是强调企业家、员工、组织的整体创新而不是哪一方面的创新。全方位打造企业的累积学习性、组织协调性、整合灵活性等能力，从而形成和保持竞争优势。

柔性战略理论研究在柔性战略模型、柔性战略设计原则及系统设计、柔性文化内涵及特征、柔性战略实现的基本形式、动态能力的形成机理、企业柔性战略的框架结构等方面均形成了较为系统的理论。

本章小结

企业战略是企业战略管理学科的核心概念。企业战略是指企业为了适应未来环境变化，寻求长期生存和稳定发展而作出的总体性和长远性的谋划。企业战略管理是企业确定其使命，根据外部环境和内部条件设定企业的战略目标，为保证目标落实和实现而进行的谋划、决策和实施、控制，是对战略制定、战略决策和战略实施的全过程的管理。企业战略管理是对整个企业在战略层面上的全方位管理，包括对企业组织、企业文化、企业领导、核心竞争力的管理。

企业家是担负着对土地、资本、劳动力等生产要素进行有效组织和管理、富有冒险和创新精神的高级管理人才。企业家必须高度重视和运用理性的战略思维。实事求是是企业家战略思维的理论指导，高瞻远瞩是企业家战略思维的思想境界，勇于创新是企业家战略思维的能力体现，触角敏锐是企业家战略思维的精华所在。

企业战略管理与企业职能管理既有联系又有区别。从内涵来看，战略管理是职能管理的统帅，职能管理是战略管理的落实，因此，职能管理必须体现并服从、服务于战略管理。

传统战略管理理论形成了两个突出学派，计划学派和设计学派，计划学派认为，战略管理是一个有意识、受控、条理化的计划过程，战略行为是对其环境的适应过程以及由此而导致的企业内部结构变化的过程。设计学派建立了著名的 SWOT（优势、劣势、机遇和威胁）战略分析模型。企业竞争战略理论涌现出了三大主要战略学派：行业结构学派、核心能力学派和战略资源学派。战略管理理论的新发展有边缘竞争战略理论、战略生态理论、柔性战略理论等。

思考题

1. 怎样理解企业战略？企业战略有什么特征？
2. 企业为什么要进行战略管理？

3. 如何理解企业愿景？怎样设计和实施企业愿景？

4. 何谓企业使命？怎样确定企业使命？

5. 企业愿景与企业使命的关系如何？

6. 简述企业战略的框架。

7. 企业家应该有怎样的战略思维？

8. 战略管理与职能管理有什么区别？

9. 战略管理几种基本理论的主要观点是什么？

10. 战略管理理论是如何演变的？有哪些新发展？

案例分析及理论归纳

　　企业使命有什么用？企业的使命和战略有怎样的关系？没有明确企业的使命，企业将会有怎样的命运？请看这样一个案例：

　　百龙矿泉壶曾在 20 世纪 90 年代初期喧嚣一时，由于企业发展势头强劲，更多的企业开始生产矿泉壶，矿泉壶市场竞争加剧。意想不到的是，消费者的兴趣发生了变化——想得到比矿泉壶更好的净化水的产品。然而，百龙公司的管理者们并没有察觉到这个变化，等到感觉到这个变化时，百龙已经陨落了。百龙总裁孙寅贵在企业失败后所写的《总裁的检讨》一书中，回忆到："我那时给企业定位是'生产矿泉壶'的行业，现在来看，其实我的企业本质是在'生产矿泉水'。如果我能早些认识到我是生产'水'的行业，而不是生产'壶'的行业，我就可能会是中国最早的矿泉水公司了。"

　　英特尔就是一家非常清楚自己使命的公司。20 世纪 80 年代中期，计算机存储芯片是英特尔的主要产品，而日本的制造商为抢占市场，总是将他们的定价相对英特尔以及其他芯片生产商的价格低 10%。为了对付日本竞争对手这种挑衅性的定价策略，英特尔总裁安德鲁·格罗夫在很多战略选择失败后，最终放弃了存储芯片业务——尽管这块业务占英特尔公司收入的 70%，而将全部能力致力于为个人计算机开发更强大的微处理器。格罗夫所做的这项大胆的决策，实际上给英特尔公司带来了一个新的战略使命：成为个人计算机行业微处理器最主要的供应商。这也成就了英特尔公司在个人计算机领域中无可争辩的领导者地位。①

思考问题：

1. 什么是企业的使命？
2. 明确企业使命的战略意义何在？
3. 为什么说企业使命是一个历史的范畴、动态的概念？

分析：

企业使命是对企业是什么企业、为什么存在的界定和定位，它规定了企业应当做什么、不做什么。企业使命反映了企业的目的、特征和性质，是企业存在的意义和价值，或是企业所肩负的最大责任。例如，通用电器的使命是"以科技及创新改善生活品质"，索尼的使命是"体验发展技术造福大众的快乐"，联想的使命则是"为客户利益而努力创新"。明确企业使命，也就是对本企业是干什么的，为哪一类顾客服务，本企业对顾客的价值是什么，本企业业务是什么等这些问题进行思考和作出回答。

英特尔的成功告知了使命不是一成不变的，使命是一个历史的范畴、动态的概念，在不同时期有不同的内涵。英特尔在外部环境发生巨大变化时，大幅度地改变了公司的使命，也对公司的战略方向进行了大幅度的修订，从而改变了企业的命运。相反，百龙公司在消费者的兴趣发生了变化时，却没有及时地转变企业的发展战略，从而导致了企业的失败。

企业要在动态的环境中生存和发展，必须主动地适应不断变化着的外部环境。连接企业与外部环境的是企业的战略计划，企业的战略计划首先要确定企业的使命。企业使命为企业的发展指明了方向，是一家企业长久发展的不竭动力。因此，当环境发生变化时，为了适应这种变化，企业必须调整企业的使命，并制定出适应新环境的新战略。

归纳：环境决定使命，使命决定战略，战略决定命运。

------

① 案例来源：王吉鹏. 企业使命作用何在［J］. 中国邮政，2009（7）：12.

第 **2** 章 企业外部环境分析

学习要点

■企业宏观环境因素分析
■产业竞争性分析
■竞争对手分析的内容和方法
■市场信号的含义

导引案例

柯达：与机遇失之交臂

在当今世界彩色胶片市场上，有美国柯达和日本富士两家公司在争雄。富士公司自1984年取得"第23届奥运会专用胶卷"特权后，目前以更加咄咄逼人的态势，决心与柯达争夺世界上的每一个顾客。柯达的霸主地位受到严重的挑战。而在20世纪70年代，柯达曾垄断了彩色胶片市场的90%。柯达何以落得今天的境地？

直到80年代中期，日本富士公司的产品大部分在国内市场销售，占日本市场销售量的80%。柯达很快发现，日本人对商品普遍存在重价不重质的倾向。于是制定了高价策略打响牌子，保护名誉,进而与富士竞争的战略。他们在日本发展了交易合资企业,专门以高出富士 1/2 的价格推销柯达胶片,又花了 7000 多万美元在日本组建了照片精加工试验室和开发研究所,推出胶片彩色结构更富有日本特色的最新产品,全面地调整销售服务和强化售后服务。经过 5 年的努力和竞争,柯达终于进入日本市场,这也埋下了日后富士复仇的种子。

1984 年洛杉矶奥运会前夕,柯达公司的营业部主任、广告部主任等高级员工曾十分自信地认为,依仗柯达的信誉,奥运会要选择指定胶卷,非它莫属。因而,他们面对体育场外各厂商的激烈夺标战无动于衷,甚至认为花 400 万美元在奥运会上做广告有点冤枉。所以当奥委会派人来联系时,柯达公司的官员们讨价还价、盛气凌人,还要求组委员降低赞助费。这样,一晃半年就过去了。

富士公司乘虚而入,出价 700 万美元,争取到了奥运会指定彩色胶片的专用权。此后,富士公司倾尽全力展开了强大的奥运攻势,奥运会赛场周围富士的标志铺天盖地,胶印的包装纸换上了印有"奥运专用"字样的新包装,各比赛场馆遍设服务中心,一天可冲洗 13000 胶卷的设备和人力已准备就绪,准备在奥运会期间冲洗胶卷 20 万个。承办放大剪辑业务的网点到处可见,富士摄影展也连续举行。富士公司的负责人表示,要让参加奥运会的各国运动员、观众能在奥运会上时时处处看到富士标志。

富士公司强大的宣传攻势,给柯达带来了巨大的冲击,销售量的锐减,利润的大幅度下降,也引起了整个柯达公司的震惊,于是公司立即召开董事会研究对策。会上,一些董事指责营业部主任和广告部主任缺乏战略眼光,贻误战机,致使柯达陷入被动。广告部主任为此而被撤职。董事会还采取紧急措施,拨款 1000 万美元大做广告,并在美国各地公路边树起了巨幅广告牌,以图亡羊补牢,挽回损失。该公司还聘请世界著名运动员大做广告,并主动资助美国奥委员和运动员,赠给 300 名美国运动员每人一架特别"柯达"照相机。这些举措,对挽回柯达经济和名誉上的损失,起到了一定的补救作用。但毕竟良机已失,为时已晚。自此,世界胶卷市场上柯达独步江湖的昔日风采已不可能重现，世界胶卷市场开始了柯达、富士两雄争霸的新时代。①

第一节　一般环境分析

任何企业都是处于一定的环境下。环境的发展和变化，给企业提供了机会，也带来了威胁。所以，战略分析首先要对企业面临的环境进行分析。本章主要分析企业的外部环境要素。

一、外部环境的构成与特点

宏观环境，是指对企业发展具有战略影响的环境因素。企业面临的宏观环境因素包括：政治法律环境、自然环境、社会文化环境、技术环境和经济环境。这些环境一方面具有可变性和不可控性，另一方面又具有一定的规律性。因此，企业宏观环境因素分析的主要内容是：政治法律环境（political environment）、技术环境（technological environment）、社会文化环境（social &cultural environment）和经济环境（economic environment）。又称为 PEST 分析法。宏观环境与企业的关系如图 2-1 所示。

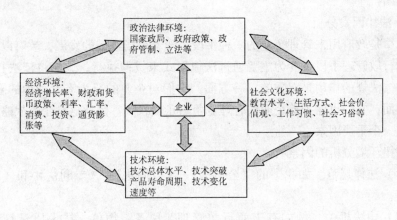

图 2-1　PEST 分析法

---

① 案例来源：美国职业经理人培训协会．哈佛经典案例全集［M］．北京：中国标准出版社，2004：80-81.

二、一般环境分析维度

（一）政治法律环境因素分析

政治法律环境因素，是指一个国家或地区的政治力量、立法、政局稳定状况、政府政策和政府管制等因素。

1. 政治因素分析

政治环境直接影响着企业的经营。企业领导者一定要保持政治敏锐性，从而为企业的发展制定出正确的经营战略。

政治环境分析的因素有：

（1）企业所在地区或者国家的政治局势的情况。

（2）执政党所要推行的基本政策和这些政策的稳定性、连续性。

（3）政府行为对企业的影响。作为供应方，政府有土地、自然资源等。政府的决策影响企业的战略。作为购买方，政府很容易培育、维持、增强、消除许多市场机会，如政府采购。

（4）各种政治性团体。一方面，这些政治性团体会对国家政治环境施加影响，政府的决策会适应这些力量；另一方面，这些团体也可以对企业施加影响，如诉诸法律、利用传播媒介等。因此，企业有可能花费时间、财力与各种利益集团抗争。

2. 法律因素分析

法律是政府用来管理企业的一种手段。随着市场经济的发展，政府以往所采取的行政管理手段将变为主要通过法律形式来贯彻执行，政府将依法行政。这些法律法规的作用是双重的：一方面，它们对企业的行为有着种种的限制；另一方面，它们也保护着企业的合理竞争与正当权利。因此这是企业战略必须考虑的一个重要因素。

法律环境分析的因素有：

（1）法律规范。如我国的《公司法》、《合同法》、《专利法》和《商标法》等。

（2）司法机关。例如有工商行政管理、税务、物价、技术质量管理等机关。

（3）企业的法制观念。企业要有健全的法制观念。

（4）国际法津环境以及目标国的国内法律环境。

（二）经济环境因素分析

企业面临的经济环境包括：经济体制、经济水平、经济结构、社会购买力、消费者收入与支出等要素构成。

1. 企业经济环境的构成

（1）经济体制

经济体制是指国家经济的组织形式。

（2）经济水平

经济水平，是指一个国家经济的规模、速度和水准。常用的指标有国民生产总值、国民收入、人均国民收入和经济发展速度等。

（3）经济结构

经济结构，是指国民经济中不同经济成分、不同产业部门以及社会再生产各个部分在组成国民经济整体中的状况。

（4）经济政策

经济政策，是指一定时期内实现国家经济发展目标的战略和策略。

（5）社会购买力

社会购买力，是指一定时期内各方面用于购买产品的货币支付能力。主要由消费和储蓄两部分构成。

（6）消费者收入与支出

消费者支出取决于消费者的收入。

2. 反映宏观经济运行的指标

宏观经济的运行可以通过指标来反映，例如国民经济增长率、就业水平、物价水平汇率、国际收支情况和利息率等。

（1）国民经济运行状况及其趋势

国民经济运行状况及其趋势是宏观经济环境的基础。一般来说，国民生产总值增长速度快，居民用于个人消费的支出会相应增加，从而提供了开辟新市场或开办新企业的机遇。反之，居民个人消费会有所减少，不利于企业的发展。企业主要应该了解国民经济目前处于什么阶段——是产业结构调整期，经济低速增长期，还是高速增长期，并具体分析有关的经济指标，如国民生产总值、国民收入、国家预算收入水平及其分配的状况等。

（2）利率

一方面利率直接影响企业的战略抉择。因为利率较低利于企业实施企业合并或兼并战略，利率较高则不利于企业采用积极进取的增长战略。另一方面，利率还会直接影响企业的销售市场状况。例如，较低的长期利率对零售业十分有利，因为这意味着鼓励居民的短期消费；从消费角度讲，较高的长期利率对建筑业或汽车制造业有利，因为它鼓励居民购买长期耐用消费品。

（3）通货膨胀率

对大多数企业而言，通货膨胀是一个不利因素，因为它导致了企业经营的各种成本（如购买原料费用、劳务费用、工资等）相应增加。同时，长期的通货膨胀既抑制企业的发展，又会促使政府采取放慢增长速度的紧缩政策，影响整个宏观经济环境。但对某些企业来说，较高的通货膨胀率也可能是一种机遇。例如，假定石油与天然气价格的增长速度快于其他行业产品价格的增长率，那么石油开发公司将因此获利。

（4）汇率

汇率是一国货币购买力的表现形式。在国际市场上，它直接影响企业成本，并进而影响企业国际战略的制定。一般而言，如果本国货币购买力较高，则企业倾向于购买外国的产品与原材料，或到国外投资，开办独资企业或合营企业。反之，如果本国货币购买力较低，则会降低企业到海外投资、贸易或开发新市场的热情。

（三）社会文化环境因素分析

社会文化环境，是指一个国家（或地区）的共同价值观、宗教信仰、风俗习惯、生活方式、文化传统、人口因素和教育程度等。这些因素是人们的行为指南。现从以下几个主要方面进行探讨：

1. 价值观

价值观，是指人们评价各种行为的标准。不同的国家（或地区），价值观是有差异的。例如，西方国家的价值观比较强调个人主义，东方国家的价值观比较强调集体主义。

2. 文化传统

文化传统，是指一个国家（或地区）在较长历史时期内所形成的一种社会习惯，它是影响活动的一个重要因素。例如，中国的春节、中秋节就会给卡片、食品、玩具、服装、礼品的制造及零售业带来极好的商机。

3. 社会发展趋势

近一二十年来，社会环境的变化日趋加快，这些变化颠覆了人们的某些传统习惯，使得人们开始重新审视自己的追求和生活方式等，从而影响着消费者的需求，使企业面临新的挑战。随着人们对物质生活水平的要求的提高，产品的更新换代速度加快，为企业发展创造了有利的外部条件。人们产生了更加强烈的信仰、自尊、社交、审美和成就等更高层次需求。人们希望从事能够发挥自己才能的工作，使自己的潜力得到充分的发挥。

4. 消费者心理

在当代物质丰富的条件下，人们购买商品不仅是要满足生理需求，更重要的是还要获得心理或精神上的享受，因此，企业在制定战略时，必须注意到消费者的心理因素，树立"创造市场、创造需求"的观念。

5. 社会各阶层对企业的期望

在这里，社会各阶层，是指包括股东、原材料供应方、中间商、销售人员、消费者以及其他与企业有关的阶层。每个阶层对企业的期望是各不一样的。例如，股东主要关注的是投资回报率等；消费者主要关注企业产品的质量、价格等。

6. 人口因素

人口因素包括人口数量、性别比例、年龄结构、人口的地理分布、人口密度、教育程度、家庭结构等。

人口因素对于企业战略的制定有着重要的影响。例如人口数量影响企业的生产规模；人口的分布影响企业的选址；人口的教育程度影响企业的人力资源水平等。

（四）科技环境因素分析

科技环境因素，是指和企业产品相关的科技现有水平、发展趋势等。企业的发展受到科学技术发展水平的影响，科技的发展以及应用，对于提高生产率、降低成本、开发新产品新技术有着十分重要的作用，它能为企业带来新的发展机会和生存空间。

技术的突飞猛进大大缩短了产品的寿命周期。在计算机界有著名的"摩尔法则"，即计算机的功能每六个月增加一倍，价格下降一半。科技的发展改变了人们的工作方式。计算机在制造业的运用，让我们看到无纸化设计、无人化生产的现代企业模式；计算机在银行业的运用，让我们得以最快、最方便地处理各种账务往来；计算机在商业领域的运用，让我们享受集中储运、规模经营带来的成本降低的好处。同时，新技术的产生导致生活方式的重大改变，刺激选择性消费、奢侈性消费等领域的发展。

科技发展对企业的影响作用是双重的。正如一位著名外国学者指出的那样："新技术是一种创造性的毁灭力量。"新技术的发明和应用，会促进一些新行业的兴起，同时伤害乃至消灭一些行业。例如当年日本的电子手表工业就严重地威胁了瑞士的手表王国的地位；数码相机技术的发展使得具有130多年历史的柯达公司破产。

目前，科学技术正在以前所未有的速度向前发展，企业要想发展而不被淘汰，就必须及时掌握科学技术发展的新动向，不失时机地使企业跟上时代前进的步伐。

三、环境不确定性分析

（一）概念

有许多环境因素会对企业产生影响，企业必须对环境的不确定性做好准备。

不确定性，意指在没有充足的有关环境因素的信息下作出了决策，但是决策者很难估计外部环境将发生怎样的变化。

环境的不确定性使得企业战略失败的风险增加，下面将介绍环境的不确定性是如何进行分类的，并分析企业各种可能的对策以削减不确定性因素的副作用。

显然，企业所面临的环境是不相同的，不同的环境表现出来的不确定性也是有高低的。可以从以下两个方面进行分类：

（1）环境的简单程度和复杂程度；复杂程度可以通过企业所面临环境因素的数量、种类来表示。企业所面临的环境因素越少，复杂程度越低，环境的不确定性就越小，反之亦然。

（2）环境的稳定程度和不稳定（即动态）程度。即企业所面临环境因素的变动的稳定性是强还是弱。

两种程度组成的四种环境情境：

（1）简单并且稳定的情境 。

在简单并且稳定的情境下，企业所面临的不确定性程度很低，环境的变化不大。企业关于历史环境因素影响的分析对现实和未来有一定的指导意义。

（2）复杂并且稳定的情境。

在复杂并且稳定的情境下，企业所面临的不确定性程度有所增加。在外部环境分析中要考虑较多的因素。这时，有必要对相关因素进行详细分析。不过由于变化不是很大，并且比较缓慢，一般在意料之中。

（3）简单并且不稳定的情境。

在简单并且不稳定的情境下，企业所面临的不确定性程度进一步增加。虽然企业面临的外部环境因素少，但是这些因素很难预测。例如玩具生产制造公司等。

（4）复杂并且不稳定的情境。

在复杂并且不稳定的情境下，企业所面临的不确定性程度最高。企业不仅要面临很多的外部环境因素，并且这些因素频繁变化，对企业的举措影响甚大。特别是当几种环境因素同时发生变化的时候，环境会激烈动荡。例如航空公司就经常处于这样的复杂并且不稳定的情境下。

（二）分析框架

环境的不确定性影响企业决策，增加了战略失败的风险，我们要认真分析研究环境的不确定性，减少或消除其负面影响，保持企业的可持续发展。一般来讲，企业可采取两种一般性战略来减少环境不确定性影响，即：内部战略和外部战略。

1. 内部战略

所谓内部战略是指企业通过调整或改变自己的行动以适应环境变化的策略。企业经营中常用的内部战略有：开拓新市场、经营多元化、选择性招聘、缓冲与调整、定量方法等。这些方法的运用一定要结合企业实际情况，不可生搬硬套。比如同样是经营多元化，有些企业能取得良好的收益，而有些企业则会导致资金短缺、流转不畅而濒临破产。

2. 外部战略

外部战略是指企业通过改变外部环境以适应企业的发展的战略模式。常用的外部战略有合同约束、广告宣传、联合等，同样这些战略的运用也必须从实际出发，不可千篇一律。

总之，我们要结合企业的实际情况，调研、分析企业所面临的各种外部环境，并选择适合企业的战略模式，减少或消除外部环境不确定性所造成的负面影响，变不利为有利，从而保持企业的持续发展。

第二节　竞争环境分析

产业环境属于外部环境中的微观环境，产业环境分析的内容主要是本行业的企业竞争格局以及本行业与其他行业的关系。产业环境的分析常用的工具是迈克尔·波特提出的"五种力量模型"。

一、五力分析框架

迈克尔·波特提出，在行业的竞争中，存在着五种基本力量：即新进入者的威胁、现有企业间的竞争、替代产品的威胁、供应商的讨价还价能力和买方（顾客）的讨价还价能力，这五种力量相互影响，相互制约，形成了行业的竞争格局，如图 2-2 所示。通过行业竞争结构的分析，可以了解本企业在行业中所处的竞争地位、所具有的竞争优劣势等，以便企业制定出战胜各种竞争力量的基本策略。下面就从这五个方面进行探讨。

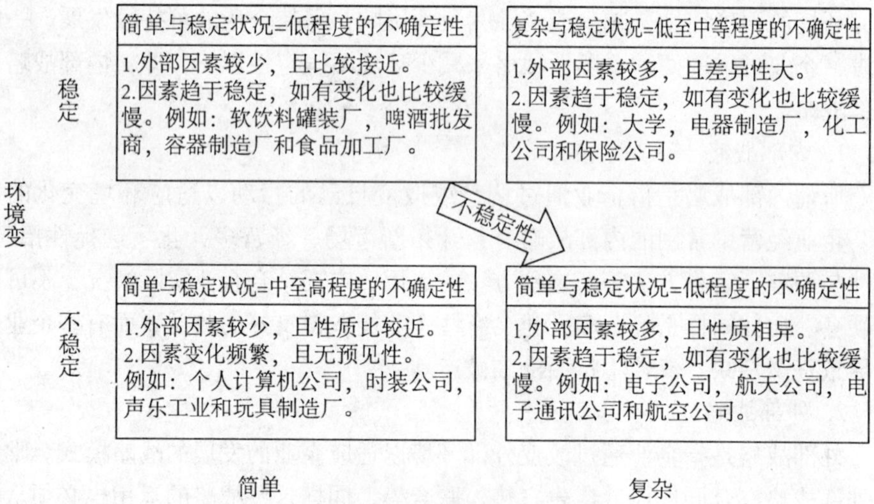

图 2-2　评估环境不确定性框架图

（一）新进入者的威胁

所谓新进入者也称潜在进入者，可以是新创办的企业，也可以是由于实现

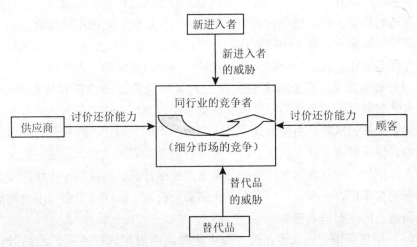

图 2-3　波特的五种基本竞争力量模型

多元化经营而新进入本行业的企业。新进入者往往带来新的生产能力和充裕的资源，与现有企业争夺市场份额和利润，从而对现有企业的生存和发展形成巨大的威胁。我们把这种威胁称为进入威胁。进入威胁的大小取决于进入障碍和现有企业的反击强度。

1. 进入障碍

进入障碍是指要进入一个产业需克服的障碍和需付出的代价。如果一个产业的进入障碍比较高，则新进入者的加入就比较困难，对产业内现有企业的威胁就比较小。反之则威胁较大。一般而言，决定进入障碍高低的主要因素有以下几种：

（1）规模经济。规模经济是指生产单位产品的成本随生产规模（产量水平）的增加而降低。规模经济会迫使潜在进入者不得不面临两难的选择：要么以大的生产规模进入该产业，结果是大量投资引致市场整个投入量增加，利益分配格局剧烈变化，从而导致该产业现有企业的强烈抵制；要么以小的生产规模进入，结果是产品成本过高造成竞争劣势。这两种情况都会使潜在进入者望而却步。在一些资本密集的传统制造业中（如汽车、钢铁、船舶制造、有色金属冶炼、化纤等），规模经济都是难以逾越的进入障碍。

（2）产品差异优势。这是指原有企业通过长期的广告宣传、用户服务和产品质量等获得的市场信誉和用户忠诚。产品差异形成的进入障碍，迫使新进入者必须在产品开发、广告宣传和用户服务等方面进行大量的投资，才有可能树立自己的信誉，并从原有企业手中夺取用户，取得一定的市场份额。而一旦进入失败，原来在商誉上的投资残余价值就会很少。因此，这种投资风险比较大。在保健品和化妆品行业中，产品差异往往是最重要的进入障碍。

（3）资金需求。资金需求是企业进入某产业所需的物资和货币的总量。新进入者想要进入一个新的行业，并在竞争中获胜，不仅需要大量的资金，而且需要冒失败的风险，由此形成了进入障碍。不同的行业，对资金的需求量是不同的，像采矿业、计算机业、汽车业等对资金的需求量很大，使一般企业难以进入。例如，按现在汽车产业的资本密集水平计算，要建造一个年产十几万辆汽车的整车厂，至少需要 100 多亿元的资金投入，因此，资金需求就构成了汽车制造业的主要进入壁垒。

（4）销售渠道。进入者在进入新产业时面临着与以往不同的产品分销途径与方式，一个产业原有的分销渠道已经为现有企业服务，新进入者要进入该产业销售渠道，就必须通过价格折扣、降低付款条件及广告合作等方法来说服原销售渠道接受自己的产品，这样做势必减少新进入者的利润，从而形成了进入障碍。特别是对于那些与现有企业建立了长期关系甚至是专营关系的销售渠道来说，进入壁垒更高，因此新进入者有时不得不投入巨资去开辟一条新的销售渠道。

（5）转换成本。转换成本是指购买者更换供应者所要付出的一次性的成本。进入者要想进入，就必须花费大量的时间和推出有差异的服务来消除行业内原有企业客户的这种抵制心理。

（6）与规模经济无关的固有成本优势。产业内原有企业常常在其他方面还具有与规模经济无关的固有的成本优势，新进入者无论达到什么样的规模经济状态都不能与之相比。如产品技术专利、资源的独占权、占据市场的有利地位、独有的技术诀窍等。如在烟草、金融、电信、某些战略资源等行业，国家规定了严格的准入制度。

2. 现有企业的反击强度

原有企业对进入者的态度和反应，直接影响到进入的成功与否。如果现有企业对新进入者采取比较宽容的态度，则新进入者进入某一产业就会相对容易一些；反之，如果现有企业非常在意甚至不满，就会对新进入者采取强烈的反击和报复措施，如在规模、价格、广告等方面加以遏制。这为新进入者增加了成功的难度。一般来说，现有企业在以下几种情况下会对新进入者进入本产业反应强烈：

（1）现有企业资源条件充足，有能力对新进入者进行强烈的反击和报复。

（2）现有企业所处的产业退出壁垒较高，该企业深深陷于该产业，且资产的流动性较低。

（3）产业增长速度缓慢，吸收新进入者的能力有限。在这种情况下，新进入者势必要侵蚀现有企业的市场份额和利润，所以它们必然会进行强烈的反击和报复。

（二）现有企业间的竞争

在同一个行业内部，存在着众多生产相同或相似产品的企业，被称为同业企业。同业企业之间始终存在着竞争。不过，其竞争的激烈程度往往因行业不同而不同，有的行业比较缓和，有的行业非常激烈。影响其竞争激烈程度的主要因素有以下几个方面。

1. 同业企业的数量和力量对比

在同一个行业中，生产相同或相似产品的企业越多，竞争就越激烈。每一个企业为了在有限的市场中占领更大的份额，获取更多的利润，必然会在价格、质量、服务等方面与对手展开激烈的竞争，从而使整个行业的利润水平随之降低。

另外，如果同业企业之间实力相差不大，处于相持不下的局面，这时，为了争夺市场和在行业中的领导地位，各企业之间的竞争也会趋向激烈，这将导致行业的不稳定。如果一个行业内仅有一个或少数几个大型企业处于支配地位，行业市场集中度高，则领导企业可通过价格领导制等方式在行业中起协调作用并建立行业秩序。

2. 行业发展的速度

一个行业在不同的寿命周期阶段，其发展的速度也往往不同。当行业的发展处于成长阶段，其发展速度比较快，由于市场的不断扩大和企业生存空间的加大，每个企业都可以较容易地在市场中找到自己的位置，因此企业考虑更多的是如何集中精力更好更快地发展壮大自己，而不会过多考虑竞争对手的情况，从而使企业间的竞争相对缓和。若行业处于成熟期，市场增长缓慢，这时，各企业为了保证自身的生存，必然产生你死我活的竞争。

3. 产品的差异化程度与用户的转换成本

同业企业之间的产品，如果差异性小、标准化、通用化水平高，则用户的转换成本较低，容易导致企业之间激烈的竞争。反之，若同业企业之间的产品差异性比较大，各具特色，各自拥有不同的市场和用户，这时用户的转换成本高，企业间的竞争就不会太激烈。

4. 固定成本和库存成本

固定成本高的产业迫使企业要尽量充分利用其生产能力，以降低单位产品成本。当生产能力利用不足时宁愿降价以扩大销量也不愿使生产能力闲置，家电行业企业、汽车制造行业都是如此。另一种情况与产品的库存成本问题有关。如果企业生产的产品不容易储存或库存成本较高（如一些鲜活农副产品），当产量过剩时企业就可能会不择手段地出货。这两种情况都必然导致行业竞争加剧。

5. 行业内生产能力的增加幅度

基于行业的技术特点或规模经济的要求，在一个行业内，如果每个企业都能按部就班地逐步扩大生产能力，竞争激烈程度就不会太高。反之，如果行业内企业在一定时间内迅速大幅度提高了生产能力，因为生产能力的提高已经提前透支了未来的增长因素，从而导致在一段时期内生产能力相对过剩，最终使竞争加剧。

6. 退出障碍

退出障碍是指企业在退出某个产业时需要克服的障碍和付出的代价，主要包括以下方面：①具有高度专门化的资产，其清算价值低或转换成本高。②退出的费用高。如高额的劳动合同违约费、员工安置费、设备备件费。③已建立某种战略协同关系。如果企业退出，就会破坏这种协同关系，影响企业的产品形象、市场营销能力以及分享设备的能力等。④心理因素。如退出产业会影响员工的忠诚度，经营者对个人事业前途充满畏惧等。⑤政府和社会限制。如政府因担心增加失业人数、影响区域经济发展等，有时候会出面劝阻或反对企业退出该产业。上述种种因素，都给企业退出某产业造成了障碍，如果退出障碍比较高，那么即使经营不善的企业也要继续维持下去（竞争者的数目很难减少），从而加剧了现有企业之间的竞争。

（三）替代产品的威胁

替代产品是指那些与本行业的产品具有相同或相似功能的其他产品。如晶体管可以替代电子管，E-mail 可以代替电报、信函等。企业应当随时警惕替代产品的出现，并且预先制定出防范措施。不过对于有很好发展前景的新技术，也要尽快吸纳，跟上时代的发展。

当本行业中生产的产品存在替代品时，生产替代品的企业会给本行业的现有企业带来了一定的竞争压力。替代品的竞争压力越大，对现有企业的威胁就越大。决定替代品压力大小的主要因素有如下几个方面。

1. 替代品与现有产品的相对价值/价格比

所谓相对价值价格比（Relative Value/Price，RVP），是指替代品价值价格比与现有产品价值价格比的比值，而一个产品的价值价格比是指提供给用户的价值与用户为它支付的价格之比。一般来讲，替代品及现有产品的价格是比较容易确定的，而估算替代品及现有产品的价值是比较困难的。替代品与现有产品的相对价值取决于以下几个方面：

（1）替代品能向用户提供的价值差异性的大小。

（2）用户是否能够感知替代品的价值差异，并承认其价值。如用户对替代品并不完全了解，其感知会带有主观性。

（3）替代品使用频率是否比现有产品使用频率低。

（4）替代品的交货和安装成本是否比现有产品低。替代品的交货和安装成本包括替代品的运输成本、安装成本、调试成本、改变安装地点的成本等。

（5）替代品价格的相对变动性和替代品可得性。如陶瓷元件的好处是材料资源储量丰富、价格便宜，而金属元件价格易发生较大波动。

（6）直接使用成本及间接使用成本。直接使用成本是指使用替代品后成本的变化。例如，汽车的子午胎比斜交胎贵；但子午胎跑的路程比斜交胎多25%，使汽车燃料利用率提高 2% ~6%，这种节约可抵消子午胎与斜交胎差价的 30% ~50%。间接使用成本是指用户使用替代品后所引起的整个价值链成本的变化。例如，自动传送带相对于传统的人工搬运方式，可实现减少工人数目、降低工人技能水平、减少工厂起重机数目和减少装运劳动强度等方面的节约。

（7）用户使用替代品前后经营业绩表现的差异。如机器人代替由人操作的机器，工作效率和工作质量大大提高。

（8）替代品比现有产品在功能上增加了多少。

（9）互补产品的成本及性能。例如，手动剃须刀片和刀架是互补产品，其替代品是电动剃须器。电动剃须器与电池是互补产品，新的互补产品的成本和性能是否比原有的互补产品优越。

上述因素所起作用各不相同，必须仔细分析，以便准确地估算替代品与现有产品的相对价值/价格比（RVP）。

2. 用户转向替代品的转换成本

用户转向替代品的转换成本反映在以下 7 个方面：

（1）搜集替代品的信息。

（2）检验替代品是否能达到使用者所要求的性能标准。

（3）由于使用替代品，用户的生产活动或价值活动必须重新设计。例如，洗衣粉代替肥皂，计算机代替了部分秘书的工作，使洗衣的过程或秘书的工作要重新安排。

（4）使用替代品后的培训及学习成本有所增加。

（5）使用替代品后，劳动者地位发生改变。例如，自动化机器代替手工劳动，使操作人员地位发生了变化。

（6）使用替代品有失败的风险。例如，计算机硬盘坏了，使原来计算机内储存的文件丢失。

（7）使用替代品还需要对相应的软件、零部件和检测工具进行投资等。

总之，转换成本越高，替代发生的可能性就越小。

3. 用户使用替代品的欲望

在不同竞争环境下，在不同的行业中，不同的顾客，其替代的欲望是不同的。

（1）在不同竞争环境下，其替代欲望不同。行业内竞争激烈，则用户使用替代品的欲望就比较强烈；若行业内竞争不激烈，则用户使用替代品的欲望相对就不强烈。

（2）不同的行业替代欲望不同。例如，软件业产品转换快，用户替代欲望强烈；机械制造业产品转换相对慢，用户替代欲望就不强烈。

（3）不同顾客替代欲望不同。由于文化、年龄、历史、收入状况、性格等不同，其替代欲望有很大区别。例如，年轻人文化程度高，接受新鲜事物快，则替代欲望强；而老年人，或文化程度低、收入状况不佳的人，替代欲望低。

（四）供应商的讨价还价能力

供应商是指企业从事生产经营活动所需要的各种资源、配件等的供应单位。它们往往通过提高价格或降低质量及服务的手段，向行业的下游企业施加集中的压力，并以此来榨取行业利润。供应商的讨价还价能力越强，现有产业的盈利空间就越小；反之则盈利空间大。决定供应商讨价还价能力的因素主要有以下几点。

1. 供应商所在行业的集中度

供应商所在行业的集中度高于购买者的集中度，即供应由少数几家公司实行高度集中控制，并且由它们向分散而众多的企业提供产品时，供应商就很容易联手操纵市场，供应商处于强势地位，他们会迫使购买者在价格、质量、付款条件和交货方式等方面接受有利于供应商的条款。

2. 本行业对于供应商的重要性

当供应商向很多行业出售产品时，如果某行业的购买量在供应商的销售量中只占较小部分，则供应商有较强的讨价还价能力。如果本行业是一个重要的客户，供应商就会通过合理定价以及协助该行业的研究开发活动或公关活动等方式来保护与该行业的关系。

3. 前向一体化的可能性

如果供应商实现前向一体化的可能性大，则对行业施加的竞争压力就大。相反，如果供应商难以实现前向一体化，则对行业施加的竞争压力就会比较小。比如，以原油开采为主业的石油公司（原油供应商）自己大量兴建石油化工厂，就会对石油化工产业（原油购买者）带来很大竞争压力。

4. 供应商的产品对于本行业的重要性

如果供应商的产品对买主生产过程或产品质量至关重要时，供应商就有较强的讨价还价能力，特别是当这种产品不能储存时，供应商的讨价还价能力会更强。

5. 产品的差异化程度和购买者的转换成本的大小

如果供应商的产品差异化程度越大，购买者的转换成本越大，供应商的讨价还价能力就越强。

6. 供应商产品的可替代程度

如果供应商提供的产品可替代程度低，用户的选择余地小，则购买者只好接受供应商的价格及其他条件，以便维持生产经营，这时，供应商讨价还价的能力就强。相反，如果供应商产品的可替代性强，用户的选择余地很大，这时，供应商处于不利地位，讨价还价能力低。

（五）顾客讨价还价的能力

顾客是企业产品或服务的购买者，是企业服务的对象。顾客对本行业的竞争压力，表现为要求企业提供的产品尽可能价格低、质量高，并且能提供周到的服务。同时，顾客还可能利用现有企业之间的竞争对生产厂家施加压力。影响顾客讨价还价能力的主要因素有以下几点。

1. 顾客的集中度

顾客采取集中进货的方式，或者进货批量较大，则它们对供方企业具有很大的讨价还价能力。

2. 顾客从供方购买的产品占其成本的比重

顾客从本行业购买的产品在其成本中占的比重较大，它在购买时选择性较强，其讨价还价的欲望也会非常强烈，并会尽量压低价格。反之，如果所购产品在顾客成本中只占很小比例，则顾客对所购产品的价格并不十分敏感，花大力气去讨价还价的可能性也不大。

3. 顾客选择后向一体化的可能性

如果顾客实力强大，具有实现后向一体化的能力，并选择后向一体化经营方式，则他们可以在向外购买与自行生产两种方式之间进行选择，这就增强了顾客对供方的讨价还价能力。

4. 顾客从供方购买的产品的标准化程度和转换成本

本行业产品的标准化程度高，顾客的转换成本小，因而，顾客对产品的挑选余地就比较大，也会形成对本行业的压力。

5. 顾客信息的掌握程度

如果顾客对所购产品的市场需求、市场价格、生产成本等信息有足够的了解，他们可能就此与供方进行充分的讨价还价。

二、互联网对产业竞争环境的影响

以互联网为基础的信息技术的发展，使得整个世界"越来越小"，形成了所谓的"地球村"，这意味着企业的竞争环境将由区域化向全球化发展。同时，随着信息化进程的加快，尤其是互联网的迅猛发展，企业所处的环境逐渐网络化、数字化，可以利用的信息资源越来越丰富。这一新的市场环境，无论对个人的消费行为还是对企业的经营方式都产生了巨大影响，同时，也影响着行业竞争力的强度和行业平衡。

（一）对现有竞争者的影响

互联网的应用使得市场的界限变得模糊，拓宽了市场的范围，也增加了竞争对手的数量。在网络世界中，竞争者所处的地理位置已变得不再重要，因为互联网削弱了地方保护政策的限制，这对那些享受地区优势的企业带来了新的挑战。人们可以在网上购买一台数码相机或签订一份购买汽车的合同，而不必亲临现场。

互联网也改变着行业的竞争结构。出现了纯粹的在线经销商、在线经销方式和传统经销方式相结合的经销商、纯粹的传统经销商并存的局面，竞争也就变得更为激烈。互联网也加剧了制造企业之间的竞争。很多企业已经意识到通过网上直销可以降低运营成本，开始运用互联网来进行低成本运营，使企业间的价格竞争加剧，并促使企业间的竞争开始转向产品质量和服务等方面。

（二）对进入壁垒的影响

在互联网的商业环境下，潜在的进入者的进入壁垒降低。通过在线销售，现有企业很容易将其业务扩展到新的区域市场中。公司根据需要可以将制造和组装业务通过契约的形式外包，许多需要在互联网上运营的价值链活动也可以外包给那些提供专门服务和技术的供应商，这不仅提高了企业的运营效率，也使得行业的进入壁垒降低。各行业的企业不仅要面临在现实市场中的竞争对手，而且也将面临在互联网市场中出现的竞争对手。

（三）对买方的讨价还价能力的影响

互联网出现前，买方在收集产品信息时，需要花费大量的时间并且面临很多障碍。互联网的海量信息流使顾客对其购买行为的控制能力增强，买方可以通过互联网来获取所需的有关产品及服务的大量信息，可以对多种产品的价格、质量和服务等进行比较分析。互联网为顾客了解产品提供极大的方便，其本身也是一个理想的购物渠道。消费者在网上购买商品可以不受时间和空间的限制，买方的讨价还价能力大幅度提升。因此，互联网时代是"客户制定规则"的时代，为了吸引并且留住消费者，竞争者也将从关注利润过渡到关注消费者的需求。

（四）对供应商的讨价还价能力的影响

在互联网时代，企业拥有了更多的采购选择权。互联网使得企业能够跨越自身的边界限制寻找更好的供应商，并与之紧密合作从而提高供应效率、节省成本。在经济全球化时代，互联网让更多的企业能够找到合适的国际供应商，同样，地方性企业通过互联网也可以在更大的范围内寻找供应商，并且与那些能提供价格更优惠、质量更优良的产品的供应商开展合作。此外，企业可以利用在线销售或电子市场来有效地挑选供应商，并对他们进行分类整理，这就加大了供应商之间的竞争，并降低了供应商的讨价还价能力。

（五）对行业竞争结构的总体影响

综上所述，互联网技术正在对大多数行业的竞争结构产生重要影响，企业面临更多潜在竞争者的进入威胁，买方讨价还价的能力在增强，互联网也促进了供应商和分销商之间的合作，这些影响使企业之间的竞争日益激烈。

第三节　外部环境分析过程

一般外部环境分析通常借助于各种经济、社会研究机构的已有研究成果，在这些成果的基础上对与企业有关的问题进一步研究，必要时还需聘请外部专家。一般外部环境分析可以按照以下步骤逐次展开：

一、扫描

环境分析第一步的任务是对所研究问题的有关领域，进行扫描式观察，试图发现可能影响到未来的变化征兆或事件。从时间的角度看，扫描的范围要包括最近发生的变化，也要包括发生在很久以前，但是对未来还会产生影响的变化。

二、监测

监测是指对前面扫描分析中发现的变化进行连续观察，从中找出规律和趋势。例如某项技术在问世后不断地完善，不断地发展，在完善的过程中可能又遇到了新的问题，这些完善的内容有哪些呢？内容之间有没有相互联系呢？没有被克服的困难又有哪些呢？这些问题要通过监测来解决。

三、预测

预测是指对环境在未来可能要发生的变化作出推理和判断。当人们知道环境发展规律的情况下，预测并不困难，但是这样的情境不常见。很多时候，企业制定战略决策前的预测是根据综合很多专家意见得到的，结果并不是唯一的，并且会发生各种变化，有些变化甚至无先例可循。

四、评估

预测之后要进行评估，也就是对环境的变化对企业会产生哪些影响进行评估。一般情况下，任何环境的变化对企业的影响都是双方面的。例如机会和威胁是同一事物的两面，当我们认识到环境的全部影响时，威胁也会被转化成为发展的机会；如果只是片面地看到事物的变化的有利一面，那么机会也可能是一个诱人的陷阱。

本章小结

所谓战略环境，是指与企业经营有关的企业内部因素和外部因素的总和。其中外部因素包括宏观环境要素和企业所在的行业环境、竞争状况等。内部因素包括企业的资源和能力等。战略环境分析的目的是确定可以使企业受益的有限机会和企业应当回避的威胁。本章主要分析企业的外部环境要素。

产业环境属于外部环境中的微观环境，产业环境分析的内容主要是本行业的企业竞争格局以及本行业与其他行业的关系。行业的结构及其竞争性决定了行业的竞争原则和企业可能采取的战略。

产业环境的分析主要从两方面入手：一是分析产业中竞争的性质和该产业所具有的潜在盈利空间，常用的工具是波特提出的"五种力量模型"；二是弄清该产业内部企业之间在经营上的差异，以及这些差异与它们战略地位的关系，常用工具是战略集团分析法。

思考题

1. 分析一下新近出现的能够对钢铁企业产生显著影响的政治、法律、经济、社会、人文、技术等方面的变化趋势有哪些。假设以一个钢铁企业为对象，外部环境中哪些是可以利用的机会，哪些是威胁？

2. 以我国东南沿海地区为例，分析所存在的产业集团现象及其对地区竞争力的影响。

3. 解释影响一个企业的产业竞争环境的五种基本力量。以纺织行业为例，分析产业竞争五种基本力量对纺织行业的影响。

4. 以家电产业为对象，分析一下其内部的竞争结构和格局。

5. 分析在我国彩电行业中，许多企业的高层经理人员宣布进入个人电脑市场和开发数字电视的言论和行为。

6. 从哪些渠道可以获得关于外部环境的信息？

7. 分析一下现有的定性和定量预测技术适用于哪些外部环境预测。

8. 讨论产业政策、税收政策、政府订货、补贴政策等基本政策和法律法规对企业活动的限制作用和积极指导作用。

9. 举例分析我国十二五规划的新兴产业所面临的环境。

10. 举例分析互联网对产业竞争环境的影响。

案例分析及理论归纳

福特汽车：系统的外部环境分析

此案例展示了福特汽车公司的外部环境分析，包括竞争分析和环境的监测与预测。首先从总体上说明汽车工业的竞争状况，然后说明汽车工业中六家主要公司对竞争的反应；在外部条件的基础上，得出福特公司的优势（Strengths）、劣势（Weakness）、机会（Opportunity）和威胁（Threats）（SWOT）的分析。

一、行业竞争主要力量

在竞争对手、新加入者的威胁、供应商和顾客的讨价还价能力及替代品的威胁之中，这些控制行业竞争的主要力量在于争取有利位置。

（一）在竞争对手中争取有利位置

下列几家公司构成了行业的主要竞争对手：三家主要的美国

大公司——福特（Ford）、通用汽车公司（GM）、克莱斯勒公司（Chrysler）和三家主要的日本公司——本田（Honda）、丰田（Toyota）、尼桑（Nissan）。

（1）在 20 世纪 80 年代后期和 90 年代初期汽车工业增长较为缓慢，人们采用折扣和其他的优惠政策以刺激消费增长。

（2）日本公司以更加质优价廉的产品吸引了许多美国顾客。

（3）与美国三大汽车公司相比较而言，日本的汽车公司使用了高技术从而控制了成本。然而，美国三大汽车公司却在生产系统的现代化方面进行了大量投资，并与外国公司合作以使公司变得更有效率。例如，福特与马自达合资生产 Probe；克莱斯勒与法国雷诺公司合资生产微型车；克莱斯勒与现代公司将生产一种新型的中型车。

（4）美国公司正采取措施收购以国外为基地的小公司，以使产品线更加多样化，并且利用小公司的独立精神和创造力。

（5）日本公司正在大量投资美国工厂以避开进口限制；欧洲的公司也在做类似的事情，来避开在 1992 年欧共体形成一个真正的共同市场后那些新的严厉的贸易制度。

（二）新加入者的威胁

（1）此时，规模经济限制了任何主要竞争者加入汽车工业。

（2）汽车生产的资金要求极大地增长，使得新进入市场的可能性越来越小。机器人和其他自动化技术的发展有望控制成本。然而，开发和实施这些自动化技术需要巨大的先期项目成本、研究和开发成本以及高精尖的技术人才。

（3）政府对尾气排放及油耗的政策将进一步限制新加入者进入市场的威胁，1990 年美国车的平均经济油耗为 27.5 英里/加仑。

（三）供应商的讨价还价能力

单一供货来源和制造系统中用户与供应商的合作关系保持着增强趋势。

（1）日本、美国和欧洲的主要的汽车零部件供应商纷纷开始在其他国家建厂。

（2）与供应商订立长期合同变得越来越普遍。

（3）通用汽车公司和它的两家主要的资本设备供应商签订了无限期的长期协议。

（4）克莱斯勒公司和几家主要的工具生产公司已经订立了五年的合同。

（四）客户的讨价还价能力

下列趋势要归因于激烈的竞争、滞销和随之而来的较高存货水平：

（1）为了吸引客户，各厂商竞相降价并给予折扣。

（2）客户在相当程度上可以对售价、担保及其他服务项目进行讨价还价。

（3）公司管理者逐渐采用服务等级来衡量销售绩效，这些等级常常用来决定经销授权的机会、获得广告基金和其他经济优惠的标准。

（五）替代产品或服务的威胁

（1）主要的大公司不能像小的专业汽车公司那样提供一个合适的细分市场。

（2）大城市居民面对日益增长的购车、保险、停车和维修费用等，纷纷转向使用公共交通工具。

近十年来汽车工业竞争越来越激烈，日本公司打入美国市场促使美国三大汽车公司重新评价他们的营销策略，以及在行业中的地位。结果，美国和日本公司都努力使得在工艺上更具竞争力，这种竞争力将使产品低成本、高质量。美国三大公司在与主要外国竞争者以物美价廉的产品争夺市场份额的竞争中将继续使消费者受益。

二、竞争反应概况

根据表2-5中的数据，表2-6汇总了福特、通用、克莱斯勒、丰田、本田和尼桑六大汽车公司的竞争反应情况。

三、环境监测与预测

（一）经济环境

影响汽车工业和福特汽车公司成长的几个经济因素有利率、

汽油价格的上涨、美元的价值和美国总体的经济大环境。

为了预测经济的变化，福特公司的经济学家和其他的经济分析人士分析了许多经济变量或"主要的指标"，其中一些指标包括批发和消费价格指数、耐用品订货量、消费者负债量、GNP 增长、利率。通常这些变量在复杂的经济预测模型中总是用变量来模拟经济以及准确地预测经济趋势。

福特公司主要的几个经济学家预测 1990 年经济以 1.5%的速度缓慢增长，头半年的状况是通货膨胀和失业率上升，利率下降，美元相对疲软。从长期看，汽油价格预计将持续上涨，生产费用将用于保证安全性、控制污染和油耗上。

在北美装配的日本轿车的数量将很快达到每年 200 万辆，将会出现供大于求，这可能威胁美国汽车市场的价格结构并且给美国市场上各商家的收益带来负面影响。

尽管多数经济学家认为美国经济将有下降的趋势，但对经济的衰退前景以及何时可能发生衰退意见不一。美国商业部预言新车的销售量在 1990 年将下降 1.3%，但此后将逐年增长，直到1994 年。

（二）政治环境

对汽车制造商们来说，20 世纪 90 年代将标志着一个日益增加的政府管制制度和环境上的压力的新纪元，促使他们提高燃料效率、安全标准和污染控制水平。净化空气的要求、全球变暖及新油耗标准的出台都将给福特公司的新产品计划蒙上阴影。所以一些分析家曾预言，到 2000 年时油耗标准会达到 40 ~ 50 英里/加仑。

然而，全球还将会有更大的变化发生，如人们所期望的1992 年欧洲经济统一、东欧剧变、前苏联经济的发展及中国市场经济的巨大潜力。在欧洲和澳大利亚，福特公司有着巨大的市场潜力，销售网遍布大陆，并且在英国、德国、比利时和西班牙都有组装厂。为准备在欧洲 1992 年以后的发展，公司在 90 年代初收购了英国的美洲豹股份有限公司，并有意在瑞典的 Saab汽车公司中获得一部分股份。

福特公司还拥有日本马自达汽车公司 25% 的股份，随着汽车工业变成真正的国际行业，福特公司还将在国外寻求合资伙伴。

东欧政治上的变化可能打开了一个巨大的、未开发的汽车市场，劳动力市场也很有利，贸易、投资和销售的机会将会改进。然而仍有极少一部分人认为事情不会发展那么快，因为政治局势还不稳定，而且基础设施不完善和缺少通货也是问题。但美国、欧洲和日本的公司已在筹划和东欧及前苏联的官员谈判，意图分享市场份额。

在中国，汽车工业发展的前景不是很明朗，福特公司在中国这种情况下并未采取任何明显的行动。通用汽车公司放弃了其在中国与富士汽车公司建立合资企业的计划。多数分析家始终认为中国市场中很多行业是有利可图的，但由于中国经济还不够发达，所以汽车工业的获利可能会更慢些。

（三）社会环境

20 世纪 90 年代的社会和经济趋势研究表明，汽车工业总会有大量的购买者，他们有购买的倾向，并有购买新车的财力，其中三种人群对汽车工业来说具有特殊的意义，他们分别是人口快速增长时期出生的人群、妇女和老人。

第一类群体会有更多的自由收入来购买汽车，而且有相当一部分人会购买豪华车或跑车。他们和老人对娱乐型车的需求也将有所增加，而对货车和微型货车的需求有所减少，因为他们的家庭已经成熟。然而，第一类群体中的蓝领阶层细分市场更喜爱美国车和国产的微型货车。

将有越来越多的妇女购买新车，并有望在汽车市场上表现出与男人相同的购买力。20 世纪 90 年代汽车市场的成功将在于向这类妇女做广告。

最后一个显著的群体是 55 岁以上的老年人，他们构成了新车消费者的 25%，并且这个比例还将提高。老年购买者倾向于驾驶的安全和方便，包括警告欲睡司机的电子系统、不刺眼的表盘和简化的电子控制设备。

（四）技术环境

未来的汽车将变得更加容易操作，并装有智能系统：快速敏捷的计算机会使发动机和传送系统的运转更加高效；电子悬浮系统、雷达障碍扫描系统会帮助司机避免车祸；导向系统在荧屏上显示各种可供选择的路线，以帮助司机避免交通堵塞。自动变色玻璃和红外系统可提高夜间的可视度，刹车防抱死系统、安全气囊和牵引控制将会标准化。

塑料的使用将会增加，因为其重量轻，相对钢材价格便宜，并且不会腐蚀。通过运用计算机来设计模型和样车，将会成为未来的趋势，并且在未来的五年内，将会有一万辆电动车在南加利福尼亚投入使用。

在生产中，机器人技术的使用将会更加广泛。20 世纪 90 年代的汽车生产商将会开发出使用替代燃料的汽车。

四、福特汽车公司的 SWOT 矩阵分析

在福特公司的外部环境分析的基础上，可以得出以下的 SWOT 矩阵分析：

（一）优势

（1）福特公司是世界上第二大小汽车和卡车的生产商。

（2）1988 年，福特公司收益达到历史最高水平（53 亿美元，即每股 10.96 美元），也是所有汽车公司中最高的。

（3）福特公司的大规模生产能力使其达到了规模经济。

（4）福特公司的业务组织平衡得很好，其金融服务及产品生产的多样化能使其承受汽车销售的任何下降趋势。

（5）福特公司实施纵向一体化战略，集团中如福特玻璃公司生产了福特在北美的小汽车和卡车所用的全部玻璃，福特信贷公司在 1988 年为 160 万辆车提供资金并为分销商和大众消费者提供信贷。

（6）福特公司成功地与外国公司合资经营使产品多样化，更新厂商技术并提高了产品质量。

（7）通过与马自达和尼桑公司的合作，福特公司降低了成本并提高了质量。

（8）多数福特公司的产品设计与生产都借助了计算机辅助设计（CAD）和计算机辅助制造（CAM）。

（二）劣势

（1）与日本竞争者相比，福特公司更多地把收益花费在了养老金、补偿救济金等方面。

（2）福特并没有在生产中全部采用机器人和其他的高精尖技术。

（3）福特不得不出口产品以达到政府的规定：技术上还没有达到每加仑27.5英里的燃油效率标准。法律上，汽车的国产化低于75%被认为是进口产品。

（三）机会

（1）在日本有一生产厂。

（2）在汽车的生产和分销方面有降低成本的办法，称为阿尔发工程。

（3）为符合净化空气的提议而生产替代燃料的汽车。

（4）在重新建立的产品质量方面获益，"质量第一"。

（5）借助技术和整体的努力而使合资企业达到质量最佳。

（6）欧洲经济统一使全球市场潜力增大。

（四）威胁

（1）进口车占有了很大的市场份额。

（2）汽车行业销售缓慢。

（3）日元与美元的汇率。

（4）日本的厂商打入豪华车市场。

（5）日益增加的政府限制。①

思考问题：

　　1. 福特公司所面临的外部环境因素有哪些？

　　2. 福特公司应该如何解决所面临的外部环境威胁？

---

　　① 案例来源：美国职业经理人培训协会. 哈佛经典案例全集［M］. 北京：中国标准出版社，2004：133-135.

分析：

一个行业中的竞争，远不只限于在原有竞争对手之间进行，而是存在着五种基本的竞争力量，即新进入者的威胁、现有企业的竞争、替代品的威胁、供应商的讨价还价能力和买方（顾客）的讨价还价能力，这五种竞争力量之间相互影响，相互制约，形成了行业中的竞争结构。通过行业竞争结构的分析，可以了解本企业在行业中所处的竞争地位、所具有的竞争优劣势等，以便企业制定出战胜各种竞争力量的基本对策。

这五种基本竞争力量的状况及其综合强度，决定了行业竞争激烈程度，从而决定着行业中最终的获利潜力。在竞争激烈的行业中，不会有一家企业能获得惊人的收益。随着行业中竞争的不断加剧，会导致投资收益率下降，直至趋于最低的收益率水平。若投资收益率长期处于较低水平，投资者将会把资本抽出投入到其他行业，直至现有企业停止经营。反之，在竞争相对缓和行业中，各企业普遍可以获得较高的收益，这会刺激资本流入该行业，行业内现有企业也会增加投资。所以，行业竞争力量的综合强度也决定着资本流向。

归纳：五种基本竞争力量　SWOT 分析

第 3 章　企业内部环境分析

学习要点

- ■掌握企业的资源、价值链、竞争能力和竞争优势分析
- ■掌握企业的市场份额分析法和市场地位分析法
- ■掌握企业核心竞争力的内涵、体现、评价、培育和保持
- ■掌握企业内部环境分析的内部要素评价矩阵法和雷达图分析法

导引案例

戴尔的直销模式

一、直销经营理念的核心

贴近客户的办法是把电脑直接售到消费者手中，去除零售商的利润，把这些钱省下来回报给消费者。"消除中间人，以更好的服务、更有效率的方式来提供电脑"就是戴尔营销理念的核心。

戴尔营销理念并没有什么奥秘之处，究其精髓，就是采用直销的模式使产品和服务比其他公司更贴近客户。用迈克尔·戴尔自己的话来说就是"我们所做的生意是大幅度降低销售科技产品

的成本，我们要日益接近我们的供应商和顾客"。为此，戴尔每周花一天的时间与顾客接触，包括走访芝加哥等城市和出席高级经理人员的销售报告会。对于戴尔公司来说，与顾客接触不仅为了促进企业业务的发展，同时也是为了获取信息，贴近用户。

二、高质量的服务就是要量身定做

订单制直销模式只有一级销售人员，得以把重心完全放在顾客身上。

戴尔公司的直销模式能够为顾客提供最富于价值的技术解决方案：系统配置强大而丰富，适合于用户的性能价格比。正是这种优势，使戴尔能以富于竞争力的价格推出最新的相关技术。

"量身定做"真正实现了"零库存、高周转"。按订单制的直销模式使戴尔胜出，真正发挥了生产力的优势。传统的模式必须有两个过程：

戴尔的直销模式与其他公司相比较的好处在于，其他公司在接到订单之前已经完成产品的制造，所以他们必须猜测顾客想要什么样的产品。但在他们埋头苦猜的同时，戴尔早有了答案，因为戴尔的顾客是在公司组装产品之前就明白地表达了需求，其他公司必须估计何种配置最受顾客欢迎，而戴尔则完全是为顾客量身定做。

订单制直销模式只有一级销售人员，得以把重心完全放在顾客身上。也自然地实现了"零库存运行模式"。由于戴尔实行订单制，它的周转率一年 154 次，而其他依靠分销商、转销商进行销售的竞争对手，其周转次数还不到戴尔的 50%，波士顿著名产业分析家 J. 威廉·格利说对于零组件成本每下降 15% 以上的产业，这种快速的周转意味着总利润可以增长 1.8% 到 3.3%。当然，戴尔并没有以一种方式面对顾客，他们把顾客群进行细分，有人专门针对大企业进行销售，其他人则负责联邦政府、州政府、教育机构、小公司和一般消费者。这样的构架对于销售大有好处。因为销售人员因此成为专才，他们不必一一搞懂多家制造商所生产的不同产品的全部细节，也不必记住每一种形态的顾客在产品上的所有偏好，而在处理顾客的问题时则成了行家里手，使公司与顾客之间的合作更为完善。

三、细微之处别有洞天

戴尔公司注重优化整个企业运作的每一个细节，追求精益求精。

戴尔独特的优势在于对计算机市场"细微之处有洞天"这一理念的理解，公司副董事长莫特·托弗尔说，"对市场，迈克尔·戴尔有一种令人难以置信的敏锐。他已经建立了构成戴尔模式的每一种要素"。公司的产品虽然早已被誉为最高质量的产品之一，戴尔却仍在苦苦寻求降低产品次品率的途径。他认为硬盘驱动器困难是计算机中最脆弱的部件，关键的问题就在于组装过程中减少硬盘驱动器被接触的次数。所以，他坚持要把这一部件的"被触"次数最终降到 15 次以下。紧接着，驱动器废弃率降低了 40%，整个公司微机的次品率下降了 20%。事实证明，迈克尔·戴尔是那种优化企业每一个细节的企业家，在网上销售计算机是戴尔自己的主意，当时其他高级管理人员都怀疑这样做能不能获得市场份额，但是他执意推进这个计划，结果大获成功。他选择的每一个精微的出发点，使他总能够挖掘出推动公司前进的关节点。

"细微之处有洞天"的理念不仅贯彻了戴尔的产品生产制造，而且还贯彻了选用人才、管理企业的方方面面。1983 年，戴尔进德州大学，由于他这个创办于学生宿舍里的小企业第一个月就完成了 18 万美元的销售额，戴尔再也没有回去继续他的二年级。他闪出一个念头：买配件来自己组装个人计算机，用 15% 的折扣向顾客卖这种写有自己名字的电脑，创立了自己的品牌。一开始订货就多得惊人，这样戴尔就有了资金继续发展自己的事业。接着他以公司应收账款为担保从银行获得资助，1987 年 10 月公司通过高盛证券公司进行了一次私人配售股份，在 1988 年公开发行股票时获得 3000 万美元资金，对于那些日子里建立起来的许多科技企业来说，这就是巅峰了。迅速付清，即可转向另一项创业，但对于 23 岁的戴尔来说却是刚刚起步，1991 年销售额上升到 8 亿美元以上，1992 年戴尔希望能闯过 15 亿美元大关，结果真的超过了这个目标，销售额达到 20 亿美元。

通过外部环境分析，我们可以发现企业正在和将要面对的环境中有哪些机会和威胁，使企业可以意识到"我们应当做些什么"。但是应当做的事情可能很多，原材料价格上涨需要企业加强对原材料的控制，最容易想到的就是通过向上游一体化直接进入原材料业务领域；技术变革速度加快，最容易想到的就是加大技术与产品的开发力度，如此等等。但是，企业是否有进入原材料领域和加大技术与产品开发力度的资源和能力呢？要回答这样的问题，就需要进行内部环境分析。内部环境分析回答"我们能够做什么"，"我们能够在哪些方面比竞争者做得更好"，从而建立企业的持久竞争优势。①

第一节　企业条件分析

资源、价值链、竞争能力和竞争优势是一组非常重要的概念，它们构成了企业竞争优势的基础。如果说企业影响外部环境的能力较弱的话，那么，改进企业内部的资源、价值链、竞争能力和竞争优势状况就成为企业战略最为重要的可控变量。

一、资源条件分析

资源（Resources）是企业内部条件分析的基本单元，是企业生产产品和提供服务必不可少的基础要素。资源可以划分为有形资源和无形资源两类。

有形资源是指看得见、摸得着以及可量化的资源；无形资源包括版权、专利、商标等知识产权、Know-How、网络、企业文化和企业形象等方面。概言之，有两种有形资源和五种无形资源，如表 3-1 所示。

---

① 案例来源：美国职业经理人培训协会．哈佛经典案例全集［M］．北京：中国标准出版社，2004：251-252.

表 3-1　　　　　　　　　　有形资源与无形资源

有形资源	实物资产	厂房、设备等固定资产
	财务资产	现有资产和可融资资源
无形资源	组织资产	企业的内部组织结构与采购、销售网络
	技术资产	技术储备，如专利、商标、版权、交易秘密、成功所必需的知识、革新所必需的资源，如技术人员、研究等
	人力资产	企业管理者与员工的培训、经验、知识、洞察适应力、共识、忠诚等
	企业资产	在顾客和企业公众等利益相关者中的形象
	企业文化	宗旨、理念、价值观

19 世纪、20 世纪和 21 世纪企业的竞争优势来源可以用三个英文词来进行概括，即 Material、Energy、Information，合称为 "MEI"。其所反映的是 19 世纪企业的竞争优势主要依赖于原材料，20 世纪企业的竞争优势主要依赖于能源，21 世纪企业的竞争优势主要依赖于以信息为载体的知识。前两个时期主要以有形资源为主，21 世纪主要以无形资源为主。但是，在很多企业里，管理者对无形资源的认识还比较简单，如重视设备等硬件投资，轻视技术等软件投资；重视企业外在形象建设；轻视内部管理建设；重视组织程序、制度等硬性规定，轻视学习与创新氛围的营造。这种状况如果不改变的话，任何企业都很难建立起持久的竞争优势。

二、价值链分析

价值链的概念是 Michael E. Porter 于 1985 年在其所著的《竞争优势》一书中提出的，在过去的近三十年中获得了很大的发展，被当今管理者广泛采用，已经成为研究竞争优势的有效工具。

企业的价值创造是通过一系列活动构成的，这些活动看似互不相同，但却紧密关联，企业的价值链就是由这些经营活动所构成。在价值链分析中，往往把这些活动分为基本活动和辅助活动两类。辅助活动包括采购、技术开发、人力资源管理和企业基础设施等。

（一）基本活动

基本活动是涉及产品的生产、销售和售后服务等方面的活动。可以分为以下五种类型。

1. 内部后勤

内部后勤是与企业的生产投入有关的活动，如原材料搬运、仓储、库存管理、车辆的调度和退货等。

2. 生产作业

生产作业是把原材料转化为最终产品的活动，如加工、包装、组装、设备维护、检测、印刷、设施管理等。

3. 外部后勤

外部后勤是与集中、存储和将产品发送给买方有关的各种活动，如产成品库存管理、原材料搬运、送货车辆调度、订单处理、进度安排等。

4. 销售和市场

销售和市场是与鼓励、方便买方购买有关的活动，如广告、促销、销售队伍、报价、渠道选择、渠道维护和价格的制定等。

5. 服务

服务是与提供、保持和增加产品价值相关的活动，如安装、培训、维修、售后服务等。

（二）辅助活动

辅助活动是指提供技术、人力和其他职能对基本活动进行辅助、给予支持的活动。分为以下四种类型。

1. 采购

指购买用于企业价值活动的各种投入的活动。

2. 技术研发

指为改良或者创新产品、工艺流程等的活动。

3. 人力资源管理

指包括员工的招聘、雇用、培训、薪酬的开发等活动。例如麦肯锡公司，从全球招聘最优秀的学生，由此获得了明显的竞争优势。

4. 企业基础设施

指包括企业管理、战略、计划、财务、会计、法律等。对全部价值链起作用。

以上这些活动，是相互联系，相互依存的，缺一不可。

企业价值链和价值活动的关系如图 3-1 所示。

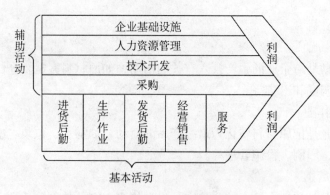

图 3-1　基本价值链（单个企业价值链）

企业的价值链不是内部封闭的，而是一个两端开放的系统。企业的价值链与上游的供应商和下游的购买方相互联系，这样就构成一个完整的价值链，也就是迈克尔·波特所说的价值系统。所以对企业而言，获取和保持竞争优势不仅取决于对企业价值链的理解，而且取决于企业如何适合于某个价值系统。

三、竞争能力

竞争能力（Competencies），是指企业拥有的与竞争者不同的能力，并不是所有的资源和能力都可以成为战略资源和能力，只有能使企业形成竞争优势的资源和能力才可以成为企业的竞争能力。竞争能力有六个判断标准。

（一）稀有性

指企业的资源和特殊能力为本企业所独有，这种资源和能力就成为本企业的竞争优势的基础。

（二）难以模仿性

指企业的资源和特殊能力很难复制。如果很容易复制，就会很快在竞争企业中传播开来，本企业也就丧失了竞争优势。

（三）持久性

指企业的资源和特殊能力不会很快贬值。有时企业的优势可能会暂时领先，如成本优势，但是随着产品不断成熟和发展，这种优势可能会消失。

（四）获利性

指企业的资源和特殊能力能让企业获利。有些能力或资源对企业来说并不能获益或者获益甚少，就不能形成企业的竞争优势。

（五）替代性

指企业的资源和特殊能力会被其他能力或资源代替。如果被竞争者的其他能力或资源替代了，这样的能力或资源也不能形成竞争能力。

（六）优越性

指企业的资源和特殊能力是最好的。只有企业的竞争能力超越竞争者所拥有的能力时，才是有价值的。

四、竞争优势分析

企业竞争优势分析一是看企业满足顾客需要的程度。企业能够很好地满足顾客的需要，为顾客创造比竞争者更多的价值，企业就有竞争优势。二是看企业是否拥有稀缺资源。例如，拥有世界范围内绝无仅有的稀有金属矿山；再如拥有特别优秀的技术人员。然而，这种单纯的资源优势很难成为企业的长期竞争优势，矿藏资源是有限的，资源耗尽就失去优势了；人力资源也是会流动的，人才流失企业就失去这种优势了。所以，还必须看企业的资源配置。三是看企业是否具有整合资源的能力。企业通过资源的整合与科学配置，才可以获得长期竞争优势。这就是企业竞争优势的来源。只有溯本求源，才能找到开发和提高竞争优势的管理要素。

第二节　企业经营力分析

一、市场份额分析

所谓市场占有率分析是根据各方面的资料，计算出本企业某种产品的市场销售量占该市场同种商品总销售量的份额，以了解市场需求及本企业所处的市场地位。

市场占有率是指在一定的时期内，企业所生产的产品在其市场的销售量或销售额占同类产品销售量或销售额的比重。

了解企业市场占有率之后，尚需正确解释市场占有率变化的原因。可以从以下四个方面进行分析。

（1）顾客渗透率（Customer penetration，Cp）

指从本企业购买某产品的顾客与该产品所有顾客的百分比。

（2）顾客忠诚度（Customer loyalty，Cl）

指顾客从本企业所购买的产品占其所购同种产品总量的百分比。

（3）顾客选择性（Customer selectivity，Cs）

指本企业顾客的购买量相对于其他企业顾客的购买量的百分比。

（4）价格选择性（Price selectivity，Ps）

指本企业平均价格相对于其他所有企业平均价格的百分比。

所以全部市场占有率（Totle market share）Tms 就可表述为：

$$Tms = Cp \times Ci \times Cs \times Ps$$

在一定时期若企业市场占有率下降，则根据上述方程从四个方面找原因，可能是企业失去了一些顾客，即顾客渗透率降低；可能是现有顾客从本企业所购产品数量在其全部购买中所占比重下降，即顾客忠诚度降低；可能是企业现有顾客规模较小，即顾客选择性降低；可能是企业的价格相对于竞争者产品价格显得过于脆弱，不堪一击，即价格选择性降低。

例如，某企业市场占有率下降，调查所得 4 项指标的期初、期末数据以及根据公式计算得到市场占有率如表 3-2 所示。

表 3-2 　　　　　　　　　　　企业市场份额分析表

	顾客渗透率	顾客忠诚度	顾客选择性	价格选择性	市场占有率
期初	50%	60%	100%	100%	30%
期末	45%	60%	95%	105%	27%

对表 3-2 分析得知，该企业市场占有率下降的主要原因是失去了某些顾客，导致顾客渗透率降低，这些顾客的购买量又高于平均水平，即顾客选择性降低。找到了主要原因，企业就可对症下药。

二、市场地位分析

市场竞争是市场经济的基本特征之一。企业要生存和发展，除了要了解竞争对手的状况，还要分析自己在竞争中的地位，以便制定正确的竞争战略。

根据市场地位分析法，企业的市场地位大致可以分为四种：市场领导者、市场挑战者、市场跟随者和市场补缺者。

（一）市场领导者

一般每个行业都有一家或几家企业处于市场领导者地位，它们在自己所处的行业有明显的竞争优势，在企业的整体实力、市场占有率、新产品开发、定价、渠道及推广等方面都占据主导地位。

（二）市场挑战者

市场挑战者是那些在市场上仅次于市场领导者的企业，它们尽管在市场上的总体优势不如市场领导者，但也具有不可忽视的实力，在某些方面的优势接近甚至超过市场领导者。

（三）市场追随者

在一些产品同质性高的行业，由于新产品的开发需要花费大量的人力、财力和物力，因此，存在相当数量实力较弱的企业通过模仿和改良等方式来追随市场的领导者和挑战者，以获得较为稳定的收益，这些企业可以看做是市场追随者。

（四）市场补缺者

市场补缺者都是一些小型企业，它们通过服务于大企业所忽略或无暇顾及的细分市场，通过自己的灵活性和特色化服务来获得收益。

市场地位分析法有助于企业的经营者认清自身在市场中的竞争地位，在制定战略时，必须综合考虑市场环境、消费者需求等因素。

第三节　企业核心竞争力分析

一、核心竞争力的内涵

核心竞争力是在特定的市场环境下，企业利用其特有的资源（如专利、知识产权、技术、人才等），通过创新形成独具的、支撑企业持久竞争优势的能力。企业有竞争力，但未必具有核心竞争力。一个企业要具备国际竞争力，不只是要有竞争力，而且必须具备核心竞争力。所以核心竞争力比一般竞争力层次要高。

二、核心竞争力的体现

（一）企业创新的能力

企业创新的能力包括市场创新的能力、技术创新的能力和管理创新的能力等。假如企业创新能力较强，即使企业现在还不具备较强的一种态势，迟早也会具备较强的竞争力。企业竞争力中最重要的是创新能力，其判断指标有新技术的投入、研发费用占企业总收入的百分比、专利的数量和科学研究成果的转化率等。

（二）企业开拓市场的竞争力

企业开拓市场的竞争力表现为提高市场占有率、增强开拓新业务的能力、加速形成知名品牌的能力等。

（三）企业规模竞争力

一般而言，在一样的技术水平和市场环境的情境下，企业的规模越大，产品的成本会越低，进而销售价格也会较低，在价格方面就会有一定的竞争优势。考量企业规模的指标有营业收入、用户数量、资产规模等。

（四）企业管理和资源整合的竞争力

企业可否整合其掌控的资源，并且使各种资源要素充分发挥作用，就表现在管理能力的高低上。考量管理能力的指标涉及财务管理效益、资本运作能力、劳动生产率的高低以及对信息的收集和处理能力等。

（五）企业环境竞争力

表现为企业是否具有行业环境竞争力等。这种优势因地域不同而发生变化。另外，政策环境如何，政府是否支持、鼓励企业发展等也是环境竞争力的关键所在。

核心竞争力可以是企业在发展过程中自然形成的，也可以是企业通过规划创建形成的。但是无论哪种方式，随着市场竞争的愈演愈烈，客观上都要求企业具备构建自身特点的核心竞争力的形成机制和运行机制。

三、核心竞争力的评价

一种能力要想成为企业的核心竞争力，必须是"从客户的角度出发，是有价值并不可替代的；从竞争者的角度出发，是独特并难以模仿的"。

企业核心竞争力可以从市场、技术和管理三个层面来评估。

市场层面包括市场环境适应、营销拓展及渠道管理、企业及产品美誉度等；

技术层面包括技术研发、应用、整合、延展等；

管理层面包括战略决策、组织管理、企业文化、人事、财务等。

企业的核心竞争能力不是一成不变的，某个企业的核心竞争能力可能最终被竞争对手成功模仿，并随着时间的推移，逐渐成为行业内的一种基本技能。例如，在 20 世纪 80 年代，快捷优质的上门服务无疑是某个家电企业的核心竞争能力。但是时至今日，各个家电企业之间售后服务水平的差距已经大大缩小了，此时售后服务水平便不再是这家企业的核心竞争能力。因此，企业要持久保有核心竞争能力，就必须动态地看待核心竞争力，经常对自身能力与竞争对手和行业水平进行比较和评估，以不断加强优势。

四、核心竞争力的培育和保持

（一）核心竞争力的培育

构建核心竞争能力的关键是持之以恒。要做到这一点，首先企业内部对建立哪些能力应该意见统一；其次，负责建立核心竞争能力的管理层应该保持相对稳定性。培育核心竞争能力的方法主要有四种。

1. 集中法

统一目标，加大对核心技术、技能的资金投入和人才配置，组建竞争能力开发团队，提高内部资源配置的效率。

2. 借用法

通过与其他企业、研究机构或者主要客户形成联盟，从中获得并消化吸收合作伙伴的技术和技能。

3. 收购法

通过收购具有相关核心技术或竞争能力的企业或组织，快速强化核心竞争能力。

4. 融合法

通过系统性思维将若干相关生产技术、各功能领域技术、自己已有的或者收购的技术等进行有效整合。

（二）核心竞争能力的保持

核心竞争能力能够使企业在竞争中获得超额利润，所以竞争对手总是千方百计地对企业的核心竞争能力进行研究和模仿。另外，核心竞争能力是通过长期的发展和强化才得以建立起来的，核心竞争能力的丧失会带来巨大的损失。因此，企业在加强核心竞争能力培育的同时，务必要重视企业核心竞争能力的保持。

1. 核心竞争能力丧失的原因

（1）核心竞争能力携带者的流失。核心竞争能力携带者是指体现和掌握核心竞争能力的技术人员或管理人员，一旦他们离开企业，可能会导致企业关键技术的泄密，使核心竞争能力的优势削弱。

（2）与其他企业的合作。企业在与其他企业合作时，常常会扩散自己的核心竞争能力。这样可能使得企业的核心能力不再独有，从而核心竞争能力就消失了。

（3）放弃企业经营的某些业务。例如 IBM 公司放弃个人电脑业务，也就失去了这方面的优势。

（4）核心竞争能力逐渐被竞争对手所模仿，成为行业中必备的一般能力。

2. 保护核心竞争能力的具体措施

（1）加强对核心竞争能力携带者的管理和控制。核心竞争能力的携带者是企业的宝贵财富，企业高层管理人员必须清楚地识别他们，制定相关政策，防止这些人的流失。例如，可以通过股权激励给他们带上"金手铐"，使他们的利益与公司的利益保持一致以及培养其忠诚度等。

（2）自行设计和生产核心产品。核心产品是一种或几种核心竞争能力的物质体现，企业通过自行生产核心产品，可以防止秘密技术和独特技能的扩散，从而将核心竞争能力保持在企业内部。例如可口可乐公司自行配制糖浆等。

（3）谨慎处理某些经营不善的业务。企业在处理这些业务时必须谨慎，要考虑到业务的放弃或转让所造成的影响，分析是否会对企业和竞争对手的核心竞争能力带来什么影响。

（4）加强对企业核心技术的保密措施与管理制度。

（5）不断对现有核心技术或技能进行改良与改进，保持其在行业内的领先地位。

第四节　内部环境分析技术

一、内部因素评价矩阵

内部因素评价矩阵（Internal Factor Evaluation Matrix），即 IFE 矩阵，是一个对内部环境因素进行分析的工具，其具体方法就是从企业的优势和劣势两个方面，挖掘出影响企业发展的关键性因素，然后根据每个因素的影响程度赋予权重，再根据企业对每个关键因素的有效反应程度对各个关键因素进行评分，最后计算出总加权分数。通过 IFE 矩阵，企业能够把自己所面临的优势和劣势进行汇总，来描述企业的全貌。

IFE 矩阵可以按照下面五个步骤来构建：

1. 列出关键因素

至少找出 10～20 个内部因素，先列出内部优势，再列出内部劣势。可以采用比率、百分比等数据来表达。

2. 给每个因素赋予权重

权重范围由 0.0～1.0（表示不重要到非常重要），所有因素的权重之和等于 1.0。权重意味着各个因素对企业影响的大小程度。不管因素是优势还是劣势，对于企业有较大影响的因素就赋予较高的权重。

3. 对每个因素进行评分

1 分表示重要内部劣势；2 分表示次要内部劣势；3 分表示次要内部优势；4 分表示重要内部优势。在这里，内部优势的评分必须是 3 分或者 4 分，内部劣势的评分必须是 1 分或者 2 分。评分是以企业为标准，权重则是以产业为标准。

4. 计算每个因素的加权得分

方法是用权重乘以评分，就得到该因素的加权分数。

5. 计算整个企业的加权得分

方法是将所有因素的加权分数相加。

IFE 矩阵的总加权分数范围从低值到高值为 1.0 ~ 4.0 分，以平均分 2.5 分来衡量企业内部状况，越低于 2.5 分说明越弱势，越高于 2.5 分说明越强势。

表 3-3 是对瑟克斯·瑟克斯公司（Civcus-civcus Enterprises）进行的内部因素评价。

表 3-3　　　　　　　　**瑟克斯·瑟克斯公司 IFE 矩阵**

内部优势	权数	评分	加权分数
1. 美国最大的赌场公司	0.05	4	0.20
2. 拉斯维加斯的客房入住率达到 95% 以上	0.10	4	0.40
3. 活动现金流增加	0.05	3	0.15
4. 拥有拉斯维加斯狭长地带一英里的地产	0.15	4	0.60
5. 强有力的管理队伍	0.05	3	0.15
6. 员工素质较高	0.05	3	0.15
7. 大多数场所都有餐厅	0.05	3	0.15
8. 长期计划	0.05	4	0.20
9. 热情待客的声誉	0.05	3	0.15
10. 财务比率	0.05	3	0.15
内部弱点			
1. 绝大多数房产都位于拉斯维加斯	0.05	1	0.05
2. 缺乏多样性经营	0.05	2	0.10
3. 接待家庭游客，而不是赌客	0.05	2	0.10
4. 位于 Lauyhling 的房地产	0.10	1	0.10
5. 近期的合资经营亏损	0.10	1	0.10
总计	1.00		2.75

表 3-3 中得 4 分的项目表明瑟克斯·瑟克斯公司的主要优势在于其规模、房间入住率、房产以及长期计划。公司的主要弱点是其位置和近期的合资经营，总加权分数 2.75 表明该公司的总体内部优势高于平均水平。

二、雷达图分析法

雷达图（Radar Chart）又称综合财务比率分析图、戴布拉图、蜘蛛网图、蜘蛛图等。因其形状像雷达，故名。

雷达图是企业财务能力分析的重要工具，是从静态和动态两方面来分析企业的财务现状。静态分析是横向分析，即把企业的各种财务比率与其他类似企业或行业的财务比率进行比较；动态分析是纵向分析，即把企业现时的财务比率与历史的财务比率进行比较，从而掌握企业的财务状况和经营情况的变化。

雷达图能够直观地反映企业的收益性、成长性、安全性、流动性和生产性五类指标。

（一）收益性指标

收益性指标的分析目的是观察企业在一定时期中的收益和获利能力。主要指标含义及计算公式如表 3-4 所示。

表 3-4 企业收益性指标

收益性比率	指标所反映的意义	计算公式
资产报酬率	企业总资产的利用效果	（净收益+利息费用+所得税）／平均资产总额
所有者权益报酬率	所有者权益的回报	税后净利润／所有者权益
普通股权益报酬率	股东权益的报酬	（净利润−优先股股利）／平均普通股权益
普通股每股收益额	股东权益的报酬	（净利润−优先股股利）／普通股股数
股利发放率	股东权益的报酬	每股股利／每股利润
市盈率	股东权益的报酬	普通股每股市场价格／普通股每股利润
销售利税率	企业销售收入的收益水平	利税总额／净销售收入
毛利率	企业销售收入的收益水平	销售毛利／净销售收入
净利润率	企业销售收入的收益水平	净利润／净销售收入
成本费用利润率	企业为取得利润所付的代价	（净收益+利息费用+所得税）／成本费用总额

（二）安全性指标

安全性指标用以反映企业经营、资金调度的安全程度。通过对该指标的分析，可以观察到企业一定时期内的偿债能力。主要指标含义及计算公式如表3-5 所示。

表 3-5　　　　　　　　　　　企业安全性指标

安全性比率	指标所反映的意义	计算公式
流动比率	企业短期偿债能力和信用状况	流动资产/流动负债
速动比率	企业立刻偿付流动负债的能力	速动资产/流动负债
资产负债率	企业总资产中有多少是负债	负债总额/资产总额
所有者权益比率（股东权益比率）	企业总资产中有多少是所有者权益	所有者权益/资产总额
利息保障倍数	企业经营所得偿付借债利息的能力	（税前利润－利息费用）/利息费用

其中流动负债表明每 1 元的负债有多少流动资金来作为保证，流动负债比率越高，说明流动负债得到偿还的保障就越大。但是流动负债比率过高，说明企业流动资产上的滞留资金过多，没能有效地利用，这样会影响企业的获利能力。经验表明，流动比率在 2∶1 左右比较恰当。所谓"速动资产"，是指可以立即变现的资产，包括流动资产中的现金、有价证券、应收票据、应收账款等，而存货的变现能力较差。所以，从流动资产中扣除存货就成为"速动资产"。经验表明，速动比率在 1∶1 左右较为恰当。资产负债率越高，企业借债资金在全部资金中所占的比重越大，在负债所支付的利息率低于资产报酬率的情况下，股东的投资收益率就会越高，对股东有利，说明企业经营有方，善用借债经营。但是，比率越高，借债越多，偿债能力就越差，财务风险就越大。而负债比率越低，说明企业在偿债时有资金缓冲。所以，资产负债率也要

保持适当水平，一般而言，资产负债率低于 50% 比较好；所有者（或者股东）权益比率与资产负债率之和等于 1，所有者（或者股东）权益比率越大，资产负债比率越小，财务风险就越小；利息保障倍数如果比率低于 1，说明企业经营所得不足以偿付借债利息，所以，该比率至少应该大于 1。比率越高，说明按时按量支付利息就越有保障。

（三）流动性指标

流动性指标用于观察企业在一定时期内的资金周转状况，掌握企业资金的运用效率。主要指标含义及计算公式如表 3-6 所示。

表 3-6　　　　　　　　　　企业流动性指标

流动性比率	指标所反映的意义	计算公式
总资产周转率	全部资产的使用效率	销售收入/平均资产总额
固定资产周转率	固定资产的使用效率	销售收入/平均固定资产总额
流动资产周转率	流动资产的使用效率	销售收入/平均流动资产总额
应收账款周转率	年度内应收账款的变现速度	销售收入/平均应收账款
存货周转率	存货的变现速度	销售成本/平均存货

在表 3-6 中，前三项指标的高低，表明企业获利能力的强弱。资产利用率越高，企业获利能力就越强。第四项指标的高低，表明企业坏账损失可能性的大小。企业催收账款速度越快，损失越小。第五项指标的高低，表明企业资金回收的快慢。从投入存货到销售收回的平均期间越短，资金回收越快。

（四）成长性指标

成长性指标用以观察一定时期企业经营能力的变化趋势。一个企业虽然收益性较高，但是成长性不一定好，说明其未来盈利能力会下降。所以，要以发展的眼光看待企业，动态分析企业财务状况，对企业战略的制定非常重要。这类指标的计算方法见表 3-7。

表 3-7 企业成长性指标

成长性比率	指标所反映的意义	计算公式
销售收入增长率	销售收入变化趋势	本期销售收入/前期销售收入
税前利润增长率	税前利润变化趋势	本期税前利润/前期税前利润
固定资产增长率	固定资产变化趋势	本期固定资产/前期固定资产
人员增长率	人员变化趋势	本期职工人数/前期职工人数
产品成本降低率	产品成本变化趋势	本期产品成本/前期产品成本

（五）生产性指标

分析生产性指标，是了解在一定时期内企业的生产经营能力、水平和成果的分配。主要指标如表 3-8 所示。

表 3-8 企业生产性指标

生产性比率	指标所反映的意义	计算公式
人均销售收入	企业人均销售能力	销售收入/平均职工人数
人均净利润	企业经营管理水平	净利润/平均职工人数
人均资产总额	企业生产经营能力	资产总额/平均职工人数
人均工资	企业成果分配状况	工资总额/平均职工人数

以上对企业财务能力的五性分析结果可用雷达图来表示，如图 3-2。

雷达图的绘制步骤如下：

（1）画出三个大小不同的同心圆圈，小圈代表同行业平均水平的 1/2 值或最低水平；中圆圈代表同行业平均水平（又称标准线）；大圈代表同行业先进水平（或平均水平）的 1.5 倍。

（2）从圆心到圆周画出 5 条粗线，以此把圆圈分成 5 个面积相等的扇形区，分别代表收益性、安全性、流动性、成长性和生产性 5 个指标。

（3）从 5 个扇形区的圆心开始以放射线形状分别画出相应的财务指标线，并标明指标名称和标度，财务指标线的比例尺寸和同心圆的大小由该经营比率的量纲和同行业的水平来决定。

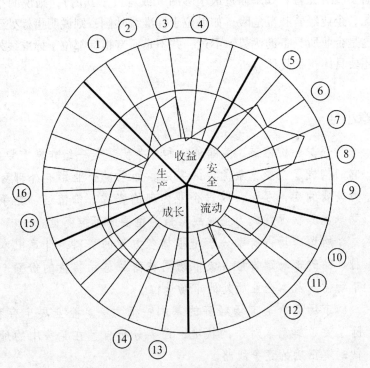

图 3-2　企业现实财务状况雷达图

4. 把企业同期的相应指标值用点标在图上，用线段依次连接相邻点，形成一个多边形折线闭环，这就代表了企业现实的财务状况。

图 3-2 中序号的含义如下：

收益性指标：①——资产报酬率，②——所有者权益报酬率，③——销售利润率，④——成本费用率

安全性指标：⑤——流动比率，⑥——速动比率，⑦——资产负债率，⑧——所有者权益比率，⑨——利息保障倍数

流动性指标：⑩——总资产周转率，⑪——应收账款周转率，⑫——存货周转率

成长性：指标 ⑬——销售收入增长率，⑭——产值增长率

生产性指标：⑮——人均工资，⑯——人均销售收入

从图 3-2 可看出，当指标值处于标准线以内时，说明这个指标比同行业水

平低，需要改进完善；如果靠近最小圆圈（或者位于其内），则说明指标处于极差状况，企业经营状况危险；如果位于标准线外侧，则说明指标处于较理想状态，这是企业所具备的优势。不过，并不是所有指标都位于标准线外侧就是最好，还要具体指标具体分析。

本章小结

资源、价值链、竞争能力和竞争优势是一组非常重要的概念，它们构成了企业竞争优势的基础。如果说企业影响外部环境的能力较弱的话，那么，改进企业内部的资源、价值链、竞争能力和竞争优势状况就成为企业战略最为重要的可控变量。

所谓市场占有率分析是根据各方面的资料，计算出本企业某种产品的市场销售量占该市场同种商品总销售量的份额，以了解市场需求及本企业所处的市场地位。

市场竞争是市场经济的基本特征之一。企业要生存和发展，除了要了解竞争对手的状况，还要分析自己在竞争中的地位，以便制定正确的竞争战略。

根据市场地位分析法，企业的市场地位大致可以分为四种：市场领导者、市场挑战者、市场跟随者和市场补缺者。

核心竞争力是在特定的市场环境下，企业利用其特有的资源（如专利、知识产权、技术、人才等），通过创新形成独具的、支撑企业持久竞争优势的能力。企业有竞争力，但未必具有核心竞争力。一个企业要具备国际竞争力，不只是要有竞争力，而且必须具备核心竞争力。所以核心竞争力比一般竞争力层次要高。

内部因素评价矩阵（Internal Factor Evaluation Matrix，IFE 矩阵），是一种对内部因素进行分析的工具，其做法是从优势和劣势两个方面找出影响企业未来发展的关键因素，根据各个因素影响程度的大小确定权数，再按企业对各关键因素的有效反应程度对各关键因素进行评分，最后算出企业的总加权分数。通过 IFE，企业就可以把自己所面临的优势与劣势汇总，来刻画出企业的全部引力。

雷达图是对企业财务能力分析的重要工具，从动态和静态两个方面分析企业的财务状况。静态分析将企业的各种财务比率与其他相似企业或整个行业的财务比率作横向比较；动态分析把企业现时的财务比率与先前的财务比率作纵向比较，就可以发现企业财务及经营情况的发展变化方向。雷达图把纵向和横向的分析比较方法结合起来，计算综合企业的收益性、成长性、安全性、流动性及生产性这五类指标。

思考题

1. 怎样对企业资源进行分类？其意义何在？
2. 企业核心能力的概念以及辨识、评价标准是什么？
3. 试述企业资源、能力、核心能力、竞争优势、战略之间的关系。
4. 什么是价值链？
5. 浅谈应用内部因素评价矩阵法分析内部环境的一般步骤。
6. 什么是竞争优势？
7. 如何用雷达图进行企业内部环境分析？
8. 如何培养企业的核心能力？
9. 价值链分析的目的和内容是什么？
10. 浅谈市场地位分析法。

案例分析

大东热传输有限公司

公司简介：大东热传输有限公司成立于 1997 年，是通过引进国外技术建立的一家国内大型电解铝独资企业。

公司总投资额为 2.8 亿元，设计产量为 12000 吨铅复合材料。主要产品为铝复合板带箔，主要应用于汽车热交换器（空调、加热器、蒸发器、冷凝器、水箱、油冷器和中冷器）。国内客户主要是汽车热交换器厂，海外客户主要集中在全球热交换器生产厂家在亚太地区的配套厂商。

公司于1999年投产，其销售量从1999年的不到300吨增长到2002年的9800吨。在公司的销售结构中，海外销售量和国内销售量各占50%。目前大东公司在中国该行业内处于市场领导者地位，其市场占有率为75%，主要客户有：上海德尔福、上海汽车配件厂、上海协和、青岛东洋、广州豪华、法雷奥（Valeo）中国等公司。公司在除日本外的亚太地区居于领先地位，在亚太市场上的占有率约为30%，其亚太市场主要以泰国、韩国、澳大利亚、伊朗、印度等地为主，其竞争对手主要是来自日本和德国的同类生产厂商。

公司的盈利情况目前保持着良好的态势，由1999年的亏损2000万元发展到2002年的净盈利3500万元。

为了加强公司的竞争优势，公司陆续通过了QS9000质量保证体系和ISO14000环保体系认证，上述体系认证意味着公司持续给客户提供稳定质量的产品有了保证，为公司的可持续发展奠定了坚实的基础。

内部主要生产环节的情况：

在大东公司生产流程中，从原材料投入到产出成品，生产要经过十多个工序，在整个工序里面，复合层的铸锭铸造、热轧、复合、冷轧、薄纵剪为关键工序，这些工序涉及公司的核心技术机密，如果公司的核心机密外泄，将削弱公司的核心竞争优势。

公司的设备除了热轧机（从意大利进口的二手设备）、薄纵剪（意大利OMM公司制造）外，其余设备均为中国当地生产。大东公司的核心技术虽然引自国外，但公司已经掌握了复合层铸锭的生产、复合材料的设计、复合材料的热轧、复合材料的质量控制等关键技术。

公司的效率处于一个不断提升的过程，产量从最初的不到400吨增长到2002年的9800吨，公司成品率从当初的40%提高到目前的55%，在公司当前的规模下，公司每提高1%成品率，则可增加息税前利润100万元。

由于公司从 1997 年开始成立，因此公司的员工十分年轻，平均年龄为 28 岁。年轻的员工容易接受新的观念和方法，但也存在工作经验不足的缺点，需要在工作中给予更多的培训和支持。

公司优势、劣势：

在 2003 年度营销计划纲要上，公司对所处环境及竞争情况进行了分析，列举出的优势、劣势如下。

1. 优势

（1）中国国内唯一一家专门生产汽车铝热传输材料的生产商，在客户群里产品具有较高的美誉度；

（2）具有完整的生产汽车铝热传输材料的生产线；

（3）掌握汽车热传输复合材料的核心生产技术，可以对要进入该行业的其他铝板带生产商形成技术壁垒；

（4）对客户的工艺和要求比较熟悉；

（5）灵活的交货周期；

（6）同国外客户相比，距离国内客户最近，有利于对客户的要求作出迅速反应，有给客户提供全面解决方案的能力；

（7）高效的海外和国内销售渠道；

（8）与技术输出方有密切的技术方面的联系；

（9）强大的新产品的开发能力；

（10）QS9000 质量体系和 ISO14001 环保体系认证。

2. 劣势

（1）热轧机设备陈旧，成为限制公司产品质量提高的瓶颈；

（2）热轧机较高的非计划性停机，造成及时交货的不确定性和较高的设备维护费用；

（3）由于客户的要求多为小批量多品种，导致公司在制品的大幅度增加；

（4）热传输材料本身过高的要求使成品率较低，公司生产废料尚不能 100% 回收利用，导致生产成本的大幅度增加；

（5）公司当初的设计产能和未来的市场需求不匹配，不能充分满足市场的需求。

下一步该怎么办：

目前，大东公司在国内铝热传输领域处于领先地位，但是在国内汽车行业和铝加工行业的快速发展的形势下，大东的发展也面临着许多不确定因素。如何构建持续竞争优势，确保领先地位是管理层近来关心的一个问题。①

思考问题：

1. 构成大东公司现实竞争优势的因素有哪些？
2. 大东公司的核心竞争力是什么？如何培植其核心竞争力？

分析：

建立核心竞争能力的关键在于持之以恒。而做到这一点，首先企业内部对建立与支持哪些能力应该意见一致。其次，负责建立能力的管理班子应保持相对稳定。除非高层管理人员对建立哪些能力达成一致意见，否则就不可能有长期一贯的努力。如果上层没有一致的意见，而各个业务单位又只顾建立自己的能力，那么整个企业在能力建立方面就不能集中力量，甚至根本无法建立新能力。

由于核心竞争能力可以使企业在竞争中获得超额收益，竞争对手总是千方百计地对企业的核心竞争能力进行研究和模仿。核心竞争能力是通过长期的发展和强化建立起来的，核心竞争能力的丧失会带来无法估量的损失。所以，企业在加强核心竞争能力培育的同时，一定要重视企业核心竞争能力的保护工作。为此，要针对核心竞争能力丧失的主要原因，努力构筑核心竞争能力的模仿障碍，尽量防止核心竞争能力的丧失，延缓核心竞争能力的扩散。

归纳：核心竞争能力的建立，核心竞争能力的保持。

---

① 案例来源：美国职业经理人培训协会. 哈佛经典案例全集［M］. 北京：中国标准出版社，2004：180-181.

第 **4** 章 企业竞争战略

学习要点

■企业的基本战略类型

■成本领先战略、差异化战略、目标集中战略的优势和实施途径

■战略钟模型

■不同位次下的竞争战略

■行业发展不同阶段的竞争战略

导引案例

耐克公司的制胜之道

耐克公司是由一位俄勒冈大学的田径教练鲍曼（Bill Bowerman）和一位寻找创业机会的企业家奈特（Phil Knight）共同创办的。鲍曼的梦想是制造出一种帮助运动员提高抓地力和速度的运动鞋底，受家里制作蛋饼的铁模启发，他提出了耐克的"蛋饼鞋底"的设想。刚开始的时候，鲍曼和奈特在田径赛场上出售运动鞋，他们将鞋子放在汽车后备箱中展示。耐克公司由此起步，2004年，它已经成为一家运动鞋销售额超过120

亿美元，运动产品总销售额超过 350 亿美元的大型企业。

耐克公司令人吃惊的成长来自它的商业模式，这一模式总是以两大职能为基础：创新的艺术级的运动鞋和通过戏剧性的"游击"营销来宣传产品的品质。耐克公司在营销中不仅力求说服顾客相信自己的产品品质卓著，它还向顾客灌输一种信念，穿耐克鞋是一种非常时尚的行为，并且是热爱体育运动的人士的生活行为方式之一。在公司的历史上，1987 年是一个转折点，为了说服相信自己的产品是最好的，这一年耐克公司将自己的营销预算从 800 万美元提高到 4800 万美元。广告费用的很大部分花在像迈克尔·乔丹这样的明星身上，为了让这些明星穿用和宣传自己的产品，公司支付了数百万美元。公司坚持实行这一战略：2003 年以 9000 万美元同篮球明星 LeBron James 签订广告合约，在此之前，高尔夫明星老虎伍兹和网球明星小威廉姆斯已经成为这家公司的签约明星。

耐克的战略是强调产品独特性的价值远超价格，它的市场份额一路上涨，1998 年的销售额达到 96 亿美元。然而，1998 年同时也是一个转折点，从这一年开始，销售出现了下降。200 美元一双的"飞人乔丹"不像过去那样好卖了，商店和库房中开始出现库存。突然之间，让顾客觉得特别出色的新设计变得很难。耐克公司令人目眩的销售实际上降低了赢利能力，它的商业模式有些失控了。已经退出管理岗位的耐克被迫重掌帅印，领导公司走出困境。他从其他优秀的消费品企业招募了一批有才干的高层管理人员帮助自己改进耐克的商业模式。在此之后，耐克的商业模式发生了重大改变。

以往，耐克公司有意避开像高尔夫、足球、旱冰等一些运动形式，而专注于为田径和篮球运动市场提供产品，致力于扩大这一市场份额。当销售额出现下降时，公司意识到，在一个特定的细分市场上利用营销提高销售只能达到某一程度，应该转而为更多的运动市场提供更多的运动鞋类型。因此，耐克利用自己在设计方面的优势开始为新的细分市场提供产品。例如，他们推出了一系列足球鞋产品并且加以改进。到 2004 年，它已经打败最主要的竞争对手占据了这一市场中的最大份额。此外，它还在 2004 年推出 Total90 三代足球鞋，为世界各地数以百万计的非专业足球员提供"上场活动"的足球鞋。耐克公司再度发挥戏剧性的营销天才，力图将他们的足球鞋描述成"足球生活方式"的一部分，说服消费者相信过去的产品不适合，而耐克的产品更平滑、更合脚。

为了发挥自己在设计和营销方面的优势，耐克公司决定通过收购其他运动鞋生产商进入新的细分市场，扩大或补充现有的产品线。例如，收购了复古鞋生产商 Convers 公司、面向轮滑和冲浪爱好者的 Hurley 服装公司、Bauer 公司的冰鞋和曲棍球鞋品牌。

在 20 世纪 80 年代，耐克甚至还通过收购时装皮鞋生产商酷汉（Cole Haan）进入另一个细分市场。它还寻找其他的潜在收购对象，决定进入运动服装市场以进一步发挥自己的技能。2004 年，耐克公司在这一市场上实现了 10 亿美元的销售。在对自己的商业模式作出上述改变的过程中，耐克公司找到了新的投资对象，提高了市场份额和盈利能力。面向新的细分市场开发和提供新的更好的产品的做法发挥了作用。耐克公司的投资资本回报率从 2000 年的 14% 提高到 2004 年的 21%，公司在 2004 年实现利润 10 亿美元。①

思考问题：

　　1. 耐克公司主要采用了哪些竞争战略？结合其发展历程进行分析。

　　2. 耐克公司的未来之路应该如何走？

第一节　基本竞争战略

竞争战略，主要是指企业产品和服务参与市场竞争的方向、目标、方针及其策略。竞争战略的选择是参与竞争的基础，也是参与竞争成败与否的关键。

---

① ［美］希尔（C. W. L. Hill），琼斯（Gerath R. Jones）著，孙忠译. 战略管理：精要版［M］. 北京：中国市场出版社，2007：383-385.

任何企业参与市场竞争的基本目标都是为了获得持续的利润增长和投资回报，为实现这一目标，企业就必须建立可持续的竞争优势。竞争优势的本质是向顾客传递更大的价值。

著名战略管理学家波特曾在《竞争战略》一书中提出过三种基本战略，即成本领先战略、差异化战略、目标集中战略。波特认为，企业要获得竞争优势，一般只有两种途径，一是在整个行业中成为成本最低的生产者；二是企业在产品与服务上形成与众不同的特色，独树一帜。一旦企业成为了本行业中的成本最低者，便在与供应商、经销商等多方面占有一定的主动地位，而与此同时，具有特色的产品无疑又能为企业在同行业竞争中赢取更广大的消费市场增加了砝码。简而言之，企业采取的竞争战略，从根本上来说，是低成本和差异化的不同程度的结合。合理而有效地将二者予以结合，自然能为企业在竞争激烈的市场上赢得一席之地。

一、成本领先战略

（一）成本领先战略的含义

成本领先战略，又称低成本战略，是企业通过有效途径降低成本，使企业的全部成本低于竞争对手的成本，甚至是同行业中最低的成本，从而获得竞争优势的一种战略。其核心是在追求规模经济效益的基础上，通过在内部加强成本控制，在研究与开发、生产、服务、销售和广告等领域把成本降到最低限度，成为行业中的成本领先者，从而获得高于行业平均水平的利润。

成本领先战略成功的关键是，在满足顾客认为至关重要的产品特征和服务的前提下，实现相对于竞争对手的可持续性成本优势。即企业必须具有开发成本优势的持续不断的来源，能够对竞争对手可能的模仿成本优势造成障碍，使得本企业的成本优势可以长久保留。

（二）实施成本领先战略的条件

实施成本领先战略必须具备以下四个条件。

1. 规模化生产

只有产品大批量生产，才能从规模中获利。要想实现低成本战略，就必须实现规模经济，必须进行标准化生产。所以，大规模标准化生产是企业实现低成本战略的重要条件。

2. 较高市场占有率

只有严格控制产品定价和初始亏损，才能保证较高的市场份额，这就意味着，降低价格来获得更多的市场份额（即销售量），因此必须具有价格弹性的商品才可以采用这种战略。

3. 严格控制一切开支

只有竭尽全力降低成本，最大限度地减少一切开支，包括用于研究开发、服务、推销、广告及其他一些费用，才能有效控制成本。

4. 使用先进生产设备

这是提高生产效率，获得规模经济，进一步降低生产成本的保障。由于先进生产设备的使用，生产批量加大，经济规模加大，使市场占有率有更大的提高。随着企业市场占有率的更大提高，收益进一步增加，相应的就具备了再投资到更先进设备的能力，如此循环提升，便可保持实施成本领先战略的条件。

（三）成本领先战略的优势

1. 抵挡现有竞争对手的对抗

实施成本领先战略的企业处于低成本地位，即使竞争对手在竞争中不能获得利润，只能保本的情况下，企业仍能获利。

2. 降低替代品的威胁

企业的成本低，在与竞争者竞争时，仍然可以凭借其低成本的产品和服务吸引大量的顾客，降低或缓解替代品的威胁，使自己处于有利的竞争地位。每个行业都不可避免地存在诸多竞争者，替代品就是不可避免的。替代品的出现必然会占据相应的市场份额，转移部分消费者的注意力，实施低成本战略的企业就可以以低价格让部分替代产品望而却步。

3. 更好地抵御供应商的讨价还价

面对强有力的购买商要求降低产品价格的压力，处于低成本地位的企业在进行交易时拥有更大的主动权，可以具有抵御购买商讨价还价的能力。相对于竞争对手而言，可以更好地留住、吸引客户，扩大其市场份额。当强有力的供应商抬高企业所需要资源的价格时，处于低成本地位的企业可以有更多的灵活性解决困境。

4. 形成进入壁垒，造成进入障碍

企业建立起巨大的生产规模和成本优势，使想加入的新进入者望而却步，形成进入障碍。那些生产技术尚不成熟，经营上缺乏规模经济的企业都很难进入此行业。潜在的进入者如果真的进入这个市场，不可避免地要面对生产技术不成熟、品牌缺乏知名度、市场占有率低等问题。面对来自成本领先战略者的降价压力，新的进入者往往无力回击。

（四）成本领先战略实施的途径

1. 控制成本驱动因素

所谓成本驱动因素是指引起产品成本发生变动的一些因素，这些因素有规模经济、学习及经验效应、生产能力利用模式、内外联系、相互关系、整合、时机选择、自主政策、地理位置、机构因素等。挖掘成本驱动因素，可以有效控制成本。主要从以下方面进行控制。

（1）控制规模。规模经济是决定一个行业的卖方集中度的最重要的因素。价值链上某项具体活动常常受到规模经济和规模不经济的约束，选取恰当的规模形式，对于那些容易受到规模经济或规模不经济影响的活动进行敏锐有效的管理是缩减成本的重要方法。对规模敏感的活动制定政策以加强规模经济，获得成本优势。装置性生产和标准化产品批量生产应尽力找出企业生产的最小有效规模的产量，即达到最低平均成本的最小产量，使生产产量计划和调度目标达到或超过最小有效规模的产量，以使企业成本最低，保持竞争优势。

（2）学习及经验效应。每一项价值活动可通过学习提高效率，从而使成本逐渐下降。向对手学习也可以降低自己的生产、销售成本。如采用经验优选操作法、参加生产技术和管理经验交流会、开展提高工作质量的"QC"活动等，达到提高生产效率和降低成本目的。

（3）掌控关键资源的投入成本。对于从供应商那里购买的投入或价值链活动中所消耗的资源，各个竞争厂商所承担的成本并不完全相同，一家企业对外采购投入成本的管理通常是一个很重要的成本驱动因素。首先，应采用新技术、新工艺，保持生产消耗的先进性。其次，稳定和加强与资源供应商的联系，积极参与同行业相关资源的竞争。

（4）提高生产能力利用率。生产能力利用率是价值链一个很大的成本驱动因素，它本身附带了巨大的固定成本。生产能力利用率的提高可以在某种程度上扩大相关固定资产的生产量，进而使得单位固定成本降低，提高企业的低成本竞争力度。

2. 改造企业价值链

波特在《竞争战略》一书中提出可运用价值链分析法来分析企业获得竞

争力的差异性。所谓价值链，是指企业所从事的各种活动（设计、生产、销售、发运以及支持性活动）的集合体。郎咸平在《产业链的阴谋》中指出，企业的价值链除了制造环节以外，还包括产品设计、原料采购、仓储运输、订单处理、批发经营、终端零售等 6 大流通环节。企业通过对每项价值活动进行逐项分析，找出其存在的优势和劣势，对某些重要的价值环节，可对其价值链进行改造和重构。重构价值链的方法有以下几种。

（1）简化。包括简化产品设计，利用计算机辅助设计技术、减少零部件；削减产品服务的附加，只提供基本的、无附加的产品或服务；转向更简单的、资本密集度更低的，或是更简便、更灵活的技术过程。

（2）寻找更廉价的资产替代品。如寻找各种途径来避免使用高成本的原材料和零部件。

（3）改变经营策略和决策。如使用"直接到达最终用户"的销售策略，从而削减中间环节产生的成本费用；将各种设施重新布置在更靠近供应商和消费者的地方，以减少入厂和出厂成本等。

阅读案例

俄亥俄州牛排包装公司价值链改造

在牛排包装行业中，传统的价值链包括，在分布很稀疏的各个农庄和农场饲养牛群，将这些活牛运到劳动密集型的屠宰场，然后将整块牛排送到零售商处，它们的屠宰部再把牛排砍得小一些，包装起来卖给购物者。

俄亥俄州牛排包装公司改造了传统的价值链，建立大型的自动化屠宰场，并将屠宰场建在便于经济运输牛群的地方，在加工厂将部分牛肉砍成更小一点之后装盒，然后再装运到零售商那里。①

---

① 案例来源：百度文库．俄亥俄州牛排包装公司［OB/OL］．http：//wenku. baidu. com/view/0879fbd0b14e852458fb57b5. html 2011. 12. 28.

分析点评

①要想降低成本，必须研究企业价值链，对价值链进行重构，使价值链累计成本降低。

②此案例中企业改造了价值链，省去了零售商二次切割分装的成本，同时减少了重量损失。

③该企业同时开展内部价值链管理，大幅度削减了入厂牛群的运输费。

④降低成本要将注意力集中于传统价值链下的主要成本项目，只有这样才能大幅度降低成本，采取成本领先战略。

3. 塑造企业成本文化

对企业而言，要想实施成本领先战略，首先应该要严格管理，注重生产、运输、营销等每一个细节，尽力打造一种"人人都来节约成本"的企业文化，以实现成本的有效控制。必须做好几个方面：在外部成本的基础上，尽力抓好企业的内部成本；不仅要注重短期成本，也要注重长期成本①。要让"成本最低化"成为企业文化打造的核心，一切行动和措施都应体现这个核心。形成员工共享的价值观，就会有更多降低成本的途径。

（五）成本领先战略的风险

1. 前期投资大

成本领先战略一般是通过扩大生产规模来取得低成本优势，这就需要较大的前期投资，资金不够雄厚的企业显然不适合使用此战略。

2. 企业的竞争优势不具有持续持久性

新技术的诞生可能会给企业带来威胁，比如竞争对手利用新的技术或更低的人工成本，形成新的成本优势，打破企业原有的竞争优势。

3. 容易丧失对市场变化的敏锐洞察力

企业如果一味重视成本，就有可能忽视市场变化，最后可能会生产的产品价格虽然很低，但顾客并不买账。这就是成本领先战略的最大风险，只顾埋头想问题而忽视了市场变化。

---

① 张宪福. 电压力锅公司竞争战略研究［D］. 广州：中山大学，2009：44.

二、差异化战略

（一）差异化战略的含义

差异化战略又称别具一格战略，是企业为了使产品、服务、企业形象等与竞争对手有明显的区别，有一种或多种特质，从而赢得顾客，赢得市场，取得高于竞争对手的收益而采取的战略。这种战略的重点是创造被全行业和顾客都视为是独特的产品和服务。实现差异化战略，可以培养用户对品牌的忠诚。因此，差异化战略是使企业获得高于同行业平均水平利润的一种有效的竞争战略。

与成本领先战略有所不同，差异化战略与提高市场份额两者不可兼顾。因为在建立企业差异化战略的活动中总是伴随着较高的成本代价，即便全产业范围的顾客都了解企业独特优点，也并不是所有顾客都愿意或有能力支付企业要求的高价格。

差异化战略主要包括市场差异化、形象差异化、产品差异化和服务差异化四方面内容。

表 4-1	差异化示例①
差异化描述	价值链要素
1. 酒店服务员穿溜冰鞋上菜	服务差异化
2. 乐百氏纯净水：27 层净化	产品功能差异化
3. 海尔市场链	价值链重构
4. 娃哈哈非常可乐在周边市场的胜利	营销渠道差异化
5. DELL 直销	价值链重构
6. P&G 多品牌策略	产品组合差异化

（二）实施差异化战略的条件

1. 存在差异化的途径，且企业具备研发能力

虽然市场上所出现的产品基本上具备差异化的可能，但是某些产品因为自

---

① 李杰梅. 电子供应链管理模式下中小企业运营研究［D］. 昆明：昆明理工大学，2003：49.

身特殊的性质，没有必要且没有可能进行差异化，如电力等公共产品。差异化必须被消费者认为是有价值的，企业可以从很多途径来实现这种差异化，如果企业不具备这方面的实力与能力，仍无法真正切入到产品的差异化战略中。强大的研发能力是实施差异化战略的成功保障。

2. 消费者对产品的需求是多样性的

指消费者认为只有通过不同的途径才能满足其自身的需求，同时，消费者愿意为这种特殊的需求支付相应的价格。如果不同的产品带给消费者同一种感觉，那么可以认为消费者的需求趋于一致，企业则不必在这样的产品上构建差异化。

3. 采用类似差异化的竞争者很少

当企业推出差异化的产品进入市场时，若同行业竞争对手也很快生产出类似差异化的产品，对企业而言，这种差异化的市场价值大打折扣，甚至无法弥补差异化所付出的各类成本。

4. 企业具备足够强大的市场营销能力

当企业研发出有特色的产品后，还需要把这种差异化传递到用户心中，这就要求企业内部的研究开发、生产和制造、市场营销等职能部门之间具有良好的协调性。

5. 企业在产品或服务上要有领先的声望

企业需具有很高的知名度和美誉度，也就是在市场上具有良好的口碑。

（三）差异化战略的优势

1. 形成进入障碍

企业在差异化的基础上拥有了一定的消费群体。由于产品和服务的特色，赢得了消费群体的信任和忠诚，为潜在的进入者设置了较高的进入障碍。潜在的进入者要与该企业竞争，则需克服这种独特性带来的障碍。利用产品的特色形成进入壁垒，可以防止潜在进入者成为实际的竞争者。

2. 增强讨价还价能力

产品差异化战略可以为企业带来较高的边际效益，降低企业的总成本，增强了企业对供应者的讨价还价能力。同时，由于购买者别无其他选择，在某种程度上可以降低其对价格的敏感性，使其讨价还价的能力削弱。

3. 赢得竞争优势

实施差异化战略，针对顾客的需求，生产设计独特的产品和服务，在某种程度上可以建立起顾客对本产品或服务的忠诚度。当消费者对价格不存在较大敏感性的时候,差异化战略可以让企业在现有竞争者中脱颖而出,赢得持续的竞争优势。

4. 降低产品的可替代程度

市场上能够生产具有相同功能产品的企业很多,从而使得消费者很容易在不同企业之间进行选择,其转换成本很低。若企业自身的产品具有某一方面的优势与特长,并使消费者对该产品存在依赖性,就可减少其转换的可能,进而避免被其他企业的产品所替代,造成本企业销售量的下滑。

(四)差异化战略的风险

1. 差异化的成本过高

企业为了构建产品的差异,需要投入更多的财力、物力到企业的产品经营过程中,从而加大了企业的成本支出,形成较高的产品价格。消费者在没有体验到这种差异的情况下,过高的价格会影响其选择购买。

2. 竞争对手推出相同的战略,会降低企业的差异化特色

由于市场是公开竞争,企业的产品在走向市场的过程中,会很快被竞争者所学习与模仿,造成企业花费很多精力与成本所构建起来的差异化失去特色,甚至竞争对手在参考本企业产品的基础上推出更有特色的差异化产品,使本企业的差异化失去价值。

3. 购买者需求的转变,会降低差异化的意义

随着科技的不断进步,产品的生命周期也在不断缩短,使得许多产品面临着技术的更新换代。一旦新技术诞生出新的产品,消费者就会改变原来的购买习惯与行为,转移到对新产品的需求上,使本企业在原有产品上所实施的差异化失去了吸引消费者的意义。

(五)实施差异化战略的关键

差异化的过程是对企业产品不断更新的过程,而此过程的基础和关键是企业要提出合理正确的新产品概念,从而完成对新产品的设计。新产品概念要符合三个要求,一是新产品概念应该建立在对消费者需求进行市场调研的基础上。二是注重对同一类产品树立多个"子概念",即每类产品应包含多个"卖点",让消费者能最大限度地选择本企业的产品。三是在制造新产品前要注重选择出最能满足消费者需求的概念,使新产品具有良好的市场需求基础,顺利切入市场。

三、目标集中战略

（一）目标集中战略的含义

目标集中战略又叫集中化战略或目标聚焦战略，是指企业将经营活动的重点放在一个特定的目标市场上，为特定区域或特定购买群体提供差异化产品或低成本产品的竞争战略。目标集中战略与前面所讲的两个战略不同。成本领先战略和差异化战略主要是面向整个行业，而目标集中战略则是针对一个特定的地域、产品线、目标群体等进行专门的生产和服务，在这一个狭窄的细分市场上，来实施低成本战略或差异化战略，从而获得更多的竞争优势。

（二）实施目标集中战略的条件

（1）在行业中有特殊需求的顾客存在，或在某一地区有特殊需求顾客存在。具有完全不同的用户群，购买群体在需求上存在差异，用户有独特的偏好或需求。

（2）产品在细分市场的规模、成长速度、获利能力和竞争强度等方面有较大差别，因而使部分细分市场有一定的吸引力。在相同的细分市场中，其他竞争对手不打算实行重点集中战略。定位于多个细分市场的竞争厂商很难满足目标小市场的专业化或特殊要求。

（3）企业没有足够的资源和能力广泛投资。企业本身规模小，资金欠缺，实力有限，不允许进入广泛的细分市场。只有将企业有限的人力、物力等资源，投入到能给自己带来价值的有吸引力的目标市场，才能取得最大的经济效益。

（三）目标集中战略的优势

（1）容易培育竞争优势。由于企业选择狭窄的细分市场作为目标市场，就避开了大范围竞争对手的直接对抗，使企业有时间充分利用自己的资源进行专业化生产。

（2）可迅速占领市场，扩大市场份额。企业将细分市场作为目标市场，可对该市场的行情和竞争状况有充分的了解和掌握，并迅速增强自身实力，提高顾客忠诚度，扩大市场份额。

（3）适用于中小企业。由于生产高度专业化，可以达到规模经济效益，增加收益，促使中小企业迅速成长为行业"小巨人"，实现以小补大、以专补缺、以精取胜，成为受大公司欢迎为其提供配套产品的友好伙伴。

（四）实施目标集中战略的风险

（1）由于企业全部力量和资源都投入了一种产品或服务一个特定的市场，当顾客偏好发生变化，技术有了创新或出现了新的替代产品，就会使这部分市场需求下降。

（2）产品销量可能变少，产品要求不断更新，创造性生产费用增加，使得采取目标集中战略的企业成本优势削弱。

阅读案例

EMC 的集中化战略

EMC 集团在中国地区从 2000 年第三季度开始发飙，增长率一直保持在 100% 以上，2001 年的业绩比上一年增长了近 200%。2002 年 2 月以来，EMC 开始剑走偏锋，在全国十几个大中城市开始一场"永不停顿"的商业路演，向一些知名的金融、电信、制造业、政府推销 EMC 的存储理念。这是一场非常艰难的战役，EMC 面对的是几股强硬的力量，如 IBM、HP、康柏、SUN，相对于竞争对手而言，EMC 的遥遥领先得益于它的专一化战略。

"专注"或者说是"专一"在 EMC 眼里已经成为一个最重要的规则，在 EMC 中国总裁郭尊华看来，包括 IBM、惠普、SUN、康柏、日立在内的同行，由于进入中国时间比较早，产品面广，在知名度方面都比 EMC 占优势。与这些 IT 巨头相比，EMC 算是一家小企业，它的总人数是 1.6 万人，而 IBM 是 50 万人，思科也有 3 万人。但 EMC 只专注于存储，这也是它制胜的法宝之一。但是，弱点也不可避免，由于它没有其他的资源来补充、协调，如康柏可以将存储产品绑在服务器上一起销售，并利用原有的销售渠道，EMC 则不具有这样的资源优势。

EMC 的专一化战略具体体现在下面几个方面：

1. 专一于做存储产品

回顾 EMC 的历史我们不难发现，由于它专一于存储，使得它曾 4 次引领存储产品的发展趋势。第一次，硬件时代。1990 年推出了一套智能信息存储系统，即 Symmetrix 存储系统，将存储带入了硬件高速发展的时代。第二次，软件时代。EMC 于 1994 年推出了 Symmetrix Remote Data Facility（SRDF）镜像软件，将存储带进了软件时代。现在，EMC 已经拥有 20 多种创造性的软件方案，包括 Power Path、Time Finder 和 EMC Control Center，并成为世界上最大而且成长速度最快的软件公司之一。第三次，网络时代。2000 年，EMC 将注意力转移到网络化信息存储发展趋势上，EMC 又推出了 SAN/NAs 的解决方案与产品系列，为网络存储的发展带来了动力。用户可以通过它，将不同的存储设备、交换机、集线器和服务器组建成一个易于管理的单一信息基础架构。第四次，管理时代。2001 年末，EMC 针对企业用户需要投入更少的人力、完成更多工作的现状，推出了 AutllS 战略，即自动信息存储 Automated Information Storage 方案，满足企业用户对系统管理简便性的迫切需要。这是一个具有跨时代意义的自动信息存储战略，将存储提升到了重视管理的层面，为用户提供了"自动、简化、开放"的存储环境。

2. 独特而专一的服务链

ENC 在服务上一直推崇的是"成本中心"的服务理念。衡量利润中心的标准首先是它能否获利，一旦企业的经营情况不好，就会转变其经营模式、压缩成本甚至取消该部门。但如果将服务作为成本中心，则即便是正在削减劳动力、不动产、存货方面的成本，但公司仍然会对客户服务部作一如既往地投入。

EMC 在服务上的程序一般是首先和客户交流，了解他们的需求，将反馈交给研发部门，生产出客户需要的产品。同时，EMC 还培训面对客户的员工，比如销售队伍和系统工程师，使他们更有能力为客户提供咨询和意见，更有能力为客户解决问题。而且，EMC 还将员工的薪金与客户满意度挂钩，如果满意度达到了某一水平，员工就能得到相应的奖金。EMC 还为客户服务部门设定了标准，比如到达客户处的限定时间等。EMC 有一个逐级上报的体制，如果出现问题，会根据系统逐级上报，最高可以上报到 EMC 总裁兼 CEO 那里。

EMC 非常专注于存储领域，从未分心旁骛过。一直到现在，EMC 的市场开拓力量和开展的服务都百分之百地集中在这个领域，研发资源的投入也是专注于此，投资比几个对手的总和还要多。

在 EMC 的企业文化里，关于战略的解释是：不仅在于知道做什么，更重要的是知道应该停止做什么。①

四、战略钟模型

在哈佛大学波特教授提出的成本领先、差异化、集中化等基本竞争战略的基础上，克利夫·鲍曼（Cliff Bowman）提出了"战略钟"模型。这种模型是在同一个钟形图上将基于一般竞争战略的 8 种类型表示出来，这是一种基于市场的一般战略选择模型，是制定竞争战略的依据，是分析企业竞争战略选择的一种工具。

对于不同企业产品或服务的适用性，战略钟模型一般都假设其基本类似，那么，顾客往往偏向于选择其中一家企业进行购买，可能有两种原因：一是所购买企业的服务和产品的价格比其他企业低，二是顾客认为所购买企业的服务和产品具有更高的附加值。一个企业的竞争战略往往与周围企业的发展战略息息相关，因此，要想在激烈的竞争下保持企业的长盛不衰，应当结合周围企业的战略进行自身战略的策划。其中，企业自身的战略可以分为：低价低附加值战略、低价战略、混合战略、差异化战略、集中差异化战略以及失败的战略六大类。

1. 低价低值战略

如图 4-1 中的途径 1 所示。采用这一战略的企业，主要是关注价格敏感的细分市场，不仅降低价格，同时降低附加值。对于这样的细分市场，消费者意识到产品有着一致的基本功效和功能，并不追求产品附加值，他们往往不愿意购买高价格高附加值的产品。

---

① 案例来源：百度文库. EMC 的专一化战略［DB/OL］. http://wenku. baidu. com/view/320d9fc62cc58bd63186bd6d. html 2011. 10. 8.

2. 低价战略

如图 4-1 中的途径 2 所示。即成本领先战略，指企业通过规模优势降低价格，但需要以保持本身质量不变为前提。使用这种战略的企业只有在成本方面取得了相应的优势，才能取得利益。

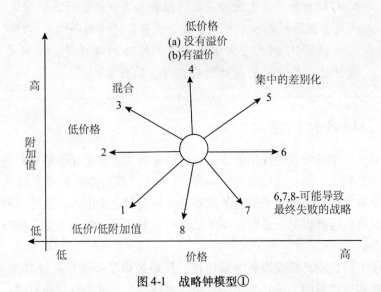

图 4-1　战略钟模型①

3. 混合战略

如图 4-1 中的途径 3 所示。在竞争激烈的复杂的市场环境下，要想保持一定的竞争优势，单纯依靠一种战略，是很难获得更多成效的。企业往往将成本领先和差异化相结合，来进一步提高自身的竞争优势，获得更大的收益和回报。

4. 差异化战略

差异化战略分为有形差异化和无形差异化两种，有形差异化是指产品在质量、功能、外观等方面拥有一定的特色，而无形差异化是指品牌、知名度、服务等各方面。如图 4-1 中的途径 4 所示。企业为了获得更多的市场份额，以相同和略高于竞争对手的价格向顾客提供多样化的特色产品。

---

① 闫志飞. 基于战略钟的企业竞争战略博弈分析 [J]. 中国市场，2011 (32): 54-55.

5. 集中差异化战略

如图 4-1 中的途径 5 所示。企业一般会选择某种特定的细分市场进行竞争和经营，在这个市场上采用高质量高价格策略，给顾客提供价格高于竞争对手的优质产品和服务，通过提高附加值，来获得更多的经济效益。

6. 失败的战略

如图 4-1 中的途径 6、7、8 所示。途径 6 一味地提高价格，而不考虑附加值，除非企业处在垄断地位，否则不可能维持持久。途径 7 则降低附加值而提高价格，途径 8 在价格不变的情况下降低顾客可察觉收益。这些途径均不同程度地损害了消费者利益，从长远看，企图以降低质量和服务水平来提高利润，终将会导致企业亏损。

第二节　位次竞争战略

一、竞争位次的含义

竞争位次是指企业在本行业竞争结构中所处的地位。必须对行业整体竞争结构进行分析，进而才能明确企业在行业中的真实位置。企业可以通过实施位次竞争战略，来保持有效的竞争优势。

在市场竞争中没有哪一种战略是万能的，正是因为竞争位次不同，企业选择的战略就不同。适合企业竞争位次的战略才是有效竞争战略。反之，不适合企业竞争位次的战略必然带有盲目性，不仅不利于企业自身发展，还会造成整个行业的混乱。

二、第一位次企业的控制战略

第一位次企业是本行业中居于领导地位的企业，占有最大的市场份额，在新产品开发、价格变动、分销渠道等方面支配和领导着其他企业。如快餐行业的麦当劳公司、计算机软件行业的微软等，既受到其他企业的尊重，同时又成为众矢之的。企业只有采取正确的竞争战略才能巩固其领导地位[①]。第一位次企业可以采取以下战略。

---

① 杨锡怀，王江. 企业战略管理——理论与案例（第三版）[M]. 北京：高等教育出版社，2010：222-225.

（一）扩大市场需求总量

当某种产品的市场需求总量扩大时，受益最大的是处于领先地位的企业。具体来看，第一位次企业可从以下三个方面来扩大市场需求总量。

1. 挖掘新的客户群

每种产品都有吸引顾客的潜力，然而，有些顾客或许因为不知情，或许因为价格不合适，或者因为缺乏自己需要的特点，而不想或暂时还没有购买这类产品。这些顾客都可以成为企业的潜在顾客，因此，可以通过加大营销宣传力度，使用口碑传播等方式，来挖掘这些新的客户群。

2. 培育产品的新用途

企业可以通过发现并推广产品的新用途来扩大市场。如杜邦公司开发的尼龙产品，最初做降落伞的合成纤维，之后做男女衬衫的原料，再后来又成为地毯、沙发椅套的主要原料，它的每项新用途都成功地扩大了市场需求。

3. 扩大产品使用量

引导使用者增加用量也是扩大需求的一种重要手段。如联合利华公司提醒消费者在使用它的洗发水产品时，每次将使用量增加一倍效果更佳；高露洁公司提醒消费者早晚刷牙，三个月更换一次牙刷，也在某种程度上扩大了牙膏和牙刷的使用量。

（二）保护市场份额

处于第一位次的企业，在努力扩大市场规模时，也需要注意保护自己现有的业务，随时提防竞争对手进行攻击。

作为第一位次企业的领导者，不应满足现状，应该时刻注重对产品进行创新、不断使成本得到降低，在本行业处于持续竞争的地位。还可以采取一些防御措施，防止竞争对手进入自己的市场。

扩展阅读

防御战略的类别

（1）阵地防御。属于静态防御，是防御的基本形式，即在现有阵地建立防线，以保卫自己目前的市场和产品。

（2）侧翼防御。应注意侧翼的薄弱环节，适当建立一些作为防御的辅助性基地，以准确判断挑战者对自己侧翼的进攻，防止竞争对手乘虚而入。

（3）以攻为守。是先发制人的防御，在竞争对手尚未动作之前，先主动攻击，并挫败竞争对手，置身于主动地位。

（4）反击防御。当遭到竞争对手的攻击时，主动反攻入侵者的主要市场阵地，迫使其撤回力量守卫本土。

（5）运动防御。把本企业的势力范围扩展到新的领域中去，并将这一新领域作为未来防御和进攻的中心。

（6）收缩防御。逐步放弃某些不重要的、疲软的市场，把力量集中到主要的、能获得较高收益的市场。

（三）扩大市场占有率

处于第一位次的企业应设法通过提高企业的市场占有率来增加收益、保持自身成长和市场主导地位。需要注意的是，提高市场占有率不一定能给企业增加利润，只有具备规模经济、边际效益递增这两个条件时，利润才会增加。企业在扩大市场占有率的过程中，还需要考虑三方面因素，即为扩大市场份额所付出的成本、争夺市场份额时所采用的市场营销组合战略、违反反垄断法的可能性。

三、第二位次企业的层次战略

在竞争中，处于第二位次企业的基本战略，是在力量用尽时，一面和第一位次企业休战；一面抢在市场变化之前，首先在新领域成为第一名，看准时机向第一位次企业挑战。对于第二位次企业而言，首先必须确定自己的战略目标和挑战对象，然后选择适当的进攻战略。一般来说，可以选择挑战市场领导者、与自己实力相当但经营不善的企业、资金不足的地方小企业。可供第二位次企业选择的战略主要有以下几种。

（一）正面进攻

这种战略是向对手的实力挑战，其结果取决于在产品、广告、价格等方面，谁有最大的实力和持久力。其中，最常用的做法是用减价来同对手竞争，一是以更低价格来打击领先者的价格。二是大量投资在降低生产成本的研究上，以价格为基础攻击竞争对手。

（二）侧翼进攻

即"避实就虚"的策略，是指进攻者装作将要进攻防守者最强的一面，但是实际上在其侧翼或后方发动真正的进攻。如非常可乐利用可口、百事对农村市场的忽略，在渠道和价格上发起进攻；日本丰田以经济型轿车进入美国市场；奇强与纳爱斯进入农村市场，挑战宝洁等。

（三）包围进攻

包围进攻是一种全方位、大规模的进攻战略。若企业拥有优于竞争对手的资源，并确信足以打垮对手，则可采用此战略。如日本的精工表根据各阶层顾客的不同需要，从低级到高级，包括机械式、模拟式、数字式、带摆式等，向市场提供几百种不同款式的石英表。

（四）迂回进攻

即尽量避免正面冲突，从对方没有防备的地方发动进攻。如美国高露洁公司面对宝洁公司竞争压力时，加强公司在海外的领先地位，在国内实行多元化经营，向宝洁没有占领的市场发展，迂回包抄宝洁公司。该公司不断收购了纺织品、医药产品、化妆品及运动器材和食品公司，结果获得了极大成功。

（五）游击进攻

适用于规模较小、力量较弱的企业。主要是向较大对手市场的某些角落发动游击式攻势，以骚扰对手，使之疲于应付，士气低落，并最终使自己在市场上站稳脚跟。

四、第三位次企业的层次战略

第三位次企业在同行业中居于第二、第三甚至更靠后的地位，它不进行挑战而是跟随在第一位次企业后面自觉维持共处的局面。但是，第三位次企业往往是第二位次企业进攻的对象，因此，必须选择一种不会引起竞争者报复的追随战略。

若企业并不进行任何创新，只是单纯利用第一位次企业的投资而生存，则可采取紧密追随战略，全面模仿第一位次企业的产品、包装、分销和广告。

若企业在主要方面如产品创新、目标市场等方面追随第一位次企业，但与其保持若干差异，则可采取距离追随战略，力图给目标市场带来某些新的利益。

若企业接受第一位次企业的产品，但主动改变或改进它们，则可采取选择追随战略，以形成自己的特色，从而选择与第一位次企业不同的细分市场。

比如，处于第三位的三菱、东洋公司，基本上是采取和第一位企业不发生矛盾的战略，集中力量把大众市场当做目标，细致地抓准顾客需要，短期更新产品等灵活机动的战略，对市场的目标重点不是第一位企业，而是第二位企业。

五、第四、五位次企业的共存战略

第四位次企业的基本战略是联合第五位次以下的企业，创造弱者集结的条件，以弱者之间的联合来形成能和前几位次企业相对等的力量。但基本上是和前几位次企业协调，努力稳定市场。第五位次企业的基本战略是不和高位次的企业竞争，而是和前几位次企业共同生存，努力稳定市场，放弃在这个领域成为首位的打算，把力量投到别的领域去。

一般每个行业都有一些小型或微型企业，它们关注市场上被大企业忽略或放弃的某些细小市场，通过为之提供专业化服务来获取最大限度的收益，在大企业的夹缝中求得生存和发展。

然而，这些企业有可能面临一些风险，如市场逐渐枯竭或遭到强者进攻，因此，应该意识到补缺市场并非一劳永逸的市场，必须时刻注意创造、扩大和保护这种市场。

如在竞争中居于第四位的本田公司的位次战略，是努力成为第五位次以下企业的领导者，通过扩大联合，来牵制住高位次的企业和致力于行业的稳定。而第五位的铃木、大发、日野、富士通等公司的战略，是避免被高位次企业敌视，努力稳定市场，充分利用本公司的有利条件，在特定的环节上保持地位。

第三节　行业发展不同阶段的竞争战略

每个行业的发展都会经历由成长到衰退的过程，这个过程被称为行业生命周期。根据生命周期理论，可以把行业分成新兴、成熟、衰退三个阶段（如图 4-2）。在不同的行业生命周期阶段，企业应根据行业具体特点确定不同的侧重点和发展战略。

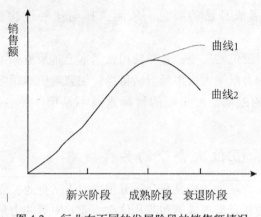

图 4-2　行业在不同的发展阶段的销售额情况

一、行业新兴阶段的竞争战略

"新兴行业（New Industries）指通过一些因素产生的那些新形成的或重新形成的行业，这类因素包括技术创新、相对成本关系的变动、新的消费需求的出现，或其他经济及社会方面的变化致使某种新产品或某项新服务得以提高到一个潜在可行的营业机会的水平。"①

例如，目前国内外正在形成的一些高新技术行业，如电子信息产品、激光产品、生物医学产品、新材料产品、新能源产品、新型建材、精细化工产品等。2010 年 10 月，我国颁布了《国务院关于加快培育和发展战略性新兴产业的决定》（国发〔2010〕32 号），提出战略性新兴产业是以重大技术突破和重大发展需求为基础，对经济社会全局和长远发展具有重大引领带动作用，知识技术密集、物质资源消耗少、成长潜力大、综合效益好的产业，并提出将节能环保产业、新一代信息技术产业、生物产业、高端装备制造产业、新能源产业、新材料产业、新能源汽车产业作为我国七大战略性新兴产业（见表 4-2 所示）。

① 谭忠富等. 企业战略管理——理论与案例［M］. 北京：经济管理出版社，2008：244.

表 4-2　　　　　　　　　　中国七大战略性新兴产业①

战略性 新兴产业	内容
节能环 保产业	重点开发推广高效节能技术装备及产品；加快资源循环利用关键共性技术研发和产业化示范；推进市场化节能环保服务体系建设
新一代信 息技术产业	建设宽带、泛在、融合、安全的信息网络基础设施；加快推进三网融合；着力发展集成电路、新型显示、高端软件、高端服务器等核心基础产业
生物产业	大力发展用于重大疾病防治的生物技术药物、新型疫苗和诊断试剂、化学药物、现代中药等创新药物大品种；加快先进医疗设备、医用材料等生物医学工程产品的研发和产业化；加快海洋生物技术及产品的研发和产业化
高端装备 制造产业	重点发展以干支线飞机和通用飞机为主的航空装备；大力发展轨道交通装备和海洋工程装备；积极发展以数字化、柔性化及系统集成技术为核心的智能制造装备
新能源 产业	积极研发新一代核能技术和先进反应堆；加快太阳能热利用技术推广应用；提高风电技术装备水平，有序推进风电规模化发展
新材料 产业	大力发展稀土功能材料、高性能膜材料、特种玻璃、功能陶瓷、半导体照明材料等新型功能材料；开展纳米、超导、智能等共性基础材料研究
新能源 汽车产业	推进插电式混合动力汽车、纯电动汽车推广应用和产业化；开展燃料电池汽车相关前沿技术研发，大力推进高能效、低排放节能汽车发展

（一）行业新兴阶段的特征

1. 未来发展不确定

由于市场是新兴的、尚未成形的，在行业的运作方式、成长速度以及未来的容量和规模等方面均存在不确定性，未来的发展走向只能一步一步去探索。

2. 技术发展不确定

---

① 中央政府门户网站．国务院办公厅：国务院关于加快培育和发展战略性新兴产业的决定（国发〔2010〕32 号）〔EB/OL〕．http：//www. gov. cn/zwgk/2010-10/18/content_1724848. htm 2010. 10. 18.

在行业新兴阶段存在大量的技术上的不确定性，什么样的产品构造最佳，哪种生产技术最有效，都有待实践来证明，且技术的发展速度、方向也存在不确定性。

3. 市场发展不确定

新兴阶段，在竞争对手的数目、分布、优劣状况，需求规模、偏好、客户特点，行业条件、市场成长速度及将实现的规模等方面，企业尚缺乏足够的信息，只能探索着寻求战略机会。

4. 行业标准未形成

在企业规模、数量、管理以及技术等方面存在多种不确定性，有关行业活动、行业规则、行业关系等共同的标准尚未形成。

在新兴阶段首先进入该行业的企业，往往可以使自己的产品特征、经营方式、分销渠道、组织模式或销售组合成为行业标准的基础，从而成为该企业的特殊优势。这种优势将会成为阻碍其他潜在竞争者进入市场的障碍。

由于尚未形成完备的行业协作系统，此时进入该行业的企业得不到行业分工体系的支持，只能依靠自己的力量形成一些为核心业务服务的能力。

5. 资金需求量大

初始生产阶段，企业对生产资金、营销资金、技术研发资金的需求量都比较大。首先，由于产出量较低，企业又缺乏经验，生产成本相对较高。其次，企业还要花费大量营销成本去打开市场。再次，更需花费资金进行研发来完善技术和产品设计。所以，这个阶段企业很容易陷入资金困境。

（二）行业新兴阶段可能存在的风险

1. 供应与销售风险

新兴行业的供销关系是不稳定的。行业新兴阶段对原材料、零部件有相应的特殊要求，而原材料渠道和零部件商的供给往往不能及时满足需要，造成短缺，导致价格上涨。而当供应商扩展、零部件瓶颈解决，价格又会趋于下降。

2. 顾客观望风险

由于是新兴行业，顾客都是第一次接触产品，对技术、质量、功能方面存在疑问和期待，往往采取等待观望态度，期待有改进的更好的第二代、第三代产品。顾客的这种态度会在一定程度上限制该行业市场的发展。

3. 被替代品的威胁

在面临新产品替代威胁时，被替代产品生产厂商会采用各种办法降低替代品的威胁。被替代产品防范新产品的最佳战略可能是进一步降低成本，而且，受到替代威胁的行业，往往会采取放弃利润的价格政策或采用进攻性投资降低成本，以保持产量。这都会增加新兴行业的企业战略风险。

4. 产品基础薄弱的风险

新兴阶段企业缺乏对产品生产技术熟练的工人，需要企业自己培养；技术协作和服务设置、销售渠道等方面难以很好配合；缺乏产品及技术标准，因此原材料及零配件也难以达到标准化；新产品的质量不稳定，也可能对企业形象造成不利影响。

（三）行业新兴阶段竞争战略的选择

1. 目标市场的选择

（1）用户的需求

用户之所以要购买新产品，通常是由于新产品优于其原来使用的产品，能从中得到效益。这个效益主要表现在两方面，一是性能上的效益，新产品性能优于原来使用的产品。二是费用上的效益，使用新产品的费用支出低于原来使用的产品。新产品的最早购买者通常是那些性能上得益的用户，因此首先应开发对新产品性能感兴趣的用户，然后再扩大至费用上得益的用户。

（2）用户的技术状态

用户能否从早期的新产品得益，取决于用户应用新产品的技术状态，某些用户仅仅使用新产品的基本功能就可获益不小，而另一些用户却需要更复杂的结构和更完善的功能。因此，企业要确定针对哪些用户的技术状态去开发新产品。

（3）对技术和产品过时造成损失的态度

有些用户本身就是高科技企业，企业的技术进步非常迅速，因而它所使用的技术和设备也将随着科技进步而不断更新，这种企业认为，只有不断更新技术和设备才能增强企业竞争力，占领有利竞争地位。另一种用户却认为新产品的过时或技术的变革对自己是一种威胁和损失。前一种用户会早期购买，后一种用户持慎重态度会晚期购买。企业在进行技术创新时应当考虑上述因素，找到自己的目标市场。

（4）对使用新产品风险的态度

用户推测使用新产品不能取得预期效果，甚至导致很大损失，那么就不会早期购买。不同用户购买决策的价值观不同，对风险的承受也会各不相同。

2. 促使行业结构形成

处于新兴行业的企业在制定战略时，首先考虑的应是怎样促进产业结构成型。因为能促进产业结构成型的战略可以使企业在产品销售，营销方法以及价格策略等领域建立一套有利于自身长期发展的竞争规则，促进企业健康发展，便于日后成为行业领军者。

第一，形成产业规则。新兴行业的不确定性中最主要的还是规则的不确定性。企业要想办法尽快塑造行业规则，这样不仅可以营造一个良好的竞争环境，还可以确定自己在行业中的领导地位。

例如，微软公司利用其操作系统非凡的市场占有率，塑造了行业规则，其他的企业为了满足客户的需求，必须在微软的操作系统基础上开发新的应用软件。如果微软更改操作系统的某些重要部分，而不支持原来的版本，那么该软件必须进行升级换代，使自己的产品完全跟着微软的战略计划走。再如英特尔公司每推出一款新的 CPU，凭借很高的市场占有率，全世界的计算机外设配套厂随即根据新款 CPU 来修改自己的配套外设的形状、大小和尺寸，如不更改，该企业就会在几个月内垮掉①。

第二，以标准化引领行业发展。作为行业领导者，要尽快与同行业企业一起大力培育市场，制定产业标准，构建一个良好的产业竞争环境，并与供应商、顾客等一起形成统一战线，以对付外来企业的压力，构建进入壁垒。

3. 改变行业进入障碍

新兴行业具有在原材料、适用技术、分销渠道、成本优势、高风险等方面的进入障碍，但是这些障碍消失得很快。随着行业规模的扩大和技术的成熟，进入障碍的形式会发生变化。行业越是朝着发展和成熟阶段进化，进入障碍就越向资本、规模、创新等方面倾斜。因此企业必须有不断形成并确立自己在行业中独特位置的方法，逐步减少对原进入障碍的依赖。

4. 选择适当的进入时机

面对新兴行业，企业的一个关键战略决策是何时进入最为有利，进入太早，企业承担的风险和成本比较高，但同时也意味着较低的进入障碍和获得较多的收益。

若企业形象和声望对顾客至关重要，则可通过先驱者或早期进入者而发展和提高声望。早期进入可以使企业较早开始学习过程。若在原材料供应、分销

---

① 朱国春．企业的角色［J］．企业管理，2005（1）：96.

渠道等方面拥有成本优势亦可早期进入。

但是，如果开辟市场、技术开发、分销渠道开拓等代价昂贵，而其利益无法成为企业专有，则不宜早期进入。如果技术变化将使早期投资过时，那么也不宜早期进入，这种情况下晚期进入的企业反而会因拥有最新的产品和工艺而获益。

5. 正确对待供应商与销售渠道的改变

在新兴行业中，供应商会希望满足企业某些方面的特殊需求，如产品规格、服务和交货等，而分销渠道可能更乐于作为企业合作伙伴而投资于设备、广告或其他方面。企业应及早分析这些变化方向，从而为制定战略提供依据。

6. 正确对待行业发展的外差因素

所谓外差因素是指企业效率和社会效率之间的不一致。在新兴行业中，企业的发展离不开其他企业和行业整体的发展，必要时企业需要放弃自身利益，而满足行业利益和社会效益。

二、行业成熟阶段的竞争战略

进入成熟期的行业虽然增长并未停止，但是增长速度已经明显放慢，产品和技术趋于稳定。

当行业成熟过渡期发生时，对一个行业内的企业来说，是一段至关重要的时期，各企业的竞争环境会发生种种根本性变化，需要做出各种艰苦的战略反应。

（一）行业成熟阶段的特征

1. 行业增长速度下降导致竞争加剧

进入成熟阶段后，行业产量（或销售量）的增长速度下降，各企业要保持其自身的增长率就必须扩大其市场占有率，从而使行业内竞争加剧。另外，日益增长的产品标准化趋势和技术扩散也使企业内部的竞争日益激烈。

2. 行业竞争趋向国际化

日益增长的产品标准化趋势和技术扩散是该行业内部的竞争日益激烈，尤其是在成本和服务方面。而且，产品标准化趋势和技术扩散降低了进入国际市场的障碍，在成熟行业中，企业所面临的国内需求增长放慢且趋于饱和，在竞争的压力下，企业转向经济发展不平衡，行业演变尚未进入成熟期的国家，到国外寻觅市场和产品销售。最后，在激烈的国际竞争中，那些在世界上很多国家和地区占有较多市场份额，并已确立牢固地位的大企业便可成为在全球范围内具有竞争性的企业。

3. 企业并购行为增加

在成熟的行业中，竞争不断加剧，一些企业利用自己的优势，兼并与收购，形成行业集团。同时，这种行业也迫使一些企业退出该经营领域。伴随着行业的不断成熟，即使是强有力的竞争企业也常因战略与环境的不适应而遭到淘汰。整个行业处于结构性调整过程之中，所有这些变化都迫使企业重新审视其经营战略，进行战略调整和转移。

4. 产品研发、生产、营销方面发生变化

进入成熟期，产品技术成熟的企业投入研发的费用明显减少，生产也趋于标准化，营销手段也相应地发生变化，如注重品牌宣传、售后服务等。企业在竞争中更加注重成本和售后服务，所有企业都设法向市场提供顾客所偏好的产品。产品降价、广告宣传增加及其他的进攻性手段已经被企业广泛使用。由于行业增长速度放慢，企业要根据市场变化来调整自己的生产。

面对所出现的更为激烈的市场竞争、更为成熟的技术，购买者也因此变得更加精明复杂，对各个相互竞争的品牌更加熟悉，能够更好地评价各个不同品牌，逐步增强了他们讨价还价的能力。因此，企业必须在供、产、销等方面进行调整，将原来适应高速增长时期的经营方式调整为与缓慢增长相协调的经营方式。

（二）行业成熟阶段竞争战略的选择

1. 成本领先战略

激烈的价格竞争迫使企业必须重视成本问题。企业可用来降低成本的方式有：同供应商进行价格协商；形成更加经济的产品设计；删除经营成本链中某些不必要的环节；缩紧管理费用，提高产品制造和销售的效率。

2. 创新战略

由于行业逐渐成熟，新产品开发愈来愈困难，使得企业更加注重技术创新。例如，改进产品的设计和生产方式，创新销售系统等。通过技术创新，企业推出低成本的产品设计，更为经济的生产方式和营销方式，力争在买方价格意识日益增强的市场中具有独特的竞争优势。

3. 国际化经营战略

当国内行业市场已经趋于饱和时，企业可以采用开拓国际市场的战略。这样既可以避免在饱和市场上的激烈竞争，又可进入到那些该行业仍处于不成熟阶段的国家和地区，充分利用他国的经营资源使自己的生产经营更为经济，以获得比较优势。

除此以外也应该认识到，随着国际化经营的展开，行业内的国内竞争也会形成国际化竞争。行业内公司开始争夺海外市场，同时与该市场所在国家的公司展开竞争。

4. 集中战略

（1）调整产品结构。当行业处于增长期时，可以经常开发新产品，但在以价格竞争为主要手段的成熟时期，这种战略就不可行了，因为这个时期的竞争主要集中在成本和市场占有率上，更好地降低成本和提高市场占有率，企业要以产品结构分析为基础，进行产品结构调整，削减或淘汰掉那些无利可图的产品，将企业的生产能力和经营资源集中到利润较高或有竞争优势的产品和项目上，努力使产品结构合理化。

（2）集中增加对现有顾客的销售量。主要方法包括：增加某些互补产品和附属性服务，发现更多可供顾客使用的产品方式，以扩大销售量，为顾客提供更多的功能性经营活动。

5. 转移战略

在激烈的竞争中，企业可以采取向相关行业转移的战略，以利用企业已经拥有的资金实力、技术和其他的核心专长。在这一转移过程中，企业可以采取的发展战略有：创新战略、整合战略和多样化战略。实施创新战略，即以原有成熟业务为新业务的发展提供稳定的现金来源，然后用新产品淘汰原有产品，提前结束原有产品的寿命周期。多样化战略，即以现有的业务提供的资金支持对新行业的进入，同时分散资本风险。对于那些没有资本和技术优势的企业，可以通过合资的方式，利用自己的市场或某些其他资源的优势，转入其他行业。

成熟行业的企业在选择战略前要全面分析行业现状，预测行业发展趋势，估计和评价自身优势和劣势，从而选择适当战略。还要注意防止盲目对成熟业务投资，切忌过分依赖创新而轻易放弃现有业务的市场占有率。在缩减成熟业务时要考虑充分利用过剩的生产能力。

三、行业衰退阶段的竞争战略

衰退行业是指在产业结构中处于发展迟缓、停滞乃至萎缩的行业。从时间而言，工业总体结构总是向高级化的方向演进，会不断出现新兴行业和衰退行业，这是时间的相对性。从空间来看，具有一定的地区相对性，同行业中，生产力水平不一样，可能会导致国家或地区在兴衰阶段也出现一定的差异，发达国家（地区）处于衰退期的行业可能正是次发达国家或不发达国家（地区）处于新兴阶段的行业。

从战略分析的角度看，衰退行业是指行业的销售量持续下降的行业。在衰退行业中同样可以有不同的运用而取得成功的战略。

（一）行业衰退的原因

1. 技术上的替代性

由于技术创新产生替代产品，或由于相应的产品成本及本质的变化而产生更优的替代品，从而使原有行业发展速度减慢，甚至停滞。例如，彩色电视机替代黑白电视机。

2. 需求的变化

由于社会因素或其他原因使顾客的需求或偏好发生变化，转向那些更能适应时代特征和生活需要的新产品。

3. 人口因素

如果某一地区的消费者与某种行业的产品或服务联系比较密切，当该地区人口发生变化时，可能引起这一行业衰退，从而引起该行业上下游行业的需求发生变化。

（二）行业衰退阶段的特征

1. 行业产品销量急剧下降，利润水平低

因为在行业衰退阶段，整个行业的需求量下降，而下降的原因可能是由于技术进步、新的更好的替代产品的出现、购买本行业产品的顾客减少，也可能由于政治、经济、社会等条件变化造成需求的改变。

2. 大批竞争者开始退出市场

由于市场需求下滑，利润水平很低，一些企业无利可图，开始实施转移战略。

3. 形成了新的需求结构

主要是消费者的偏好和习惯已经转移，在行业总体衰退的情况下，企业原有的一个或几个细分市场需求可能会保持不变。甚至由于其他细分市场的变化，导致这些细分市场的需求有所增加。因此，在衰退行业中，企业应当选择具有吸引力的细分市场，从而获得竞争优势。

4. 存在退出障碍

一般说来，绝大多数处于衰退期的行业都会存在不同程度的退出障碍，而且退出障碍越高，行业环境对于衰退期间留存的企业来说就越不利。退出障碍如：企业有成本较高的耐用资产或专门化资产；退出费用高，如安置劳动力的费用、与公司其他业务的相互关联性、管理或感情上的障碍、政府或社会的障碍等。

5. 行业衰退方式和速度不确定

在衰退行业中的企业对未来需求继续衰退的估计存在不确定性。如果企业认为需求可能回升，将会继续保持其市场地位，继续在该行业中经营。如果企业确信该行业将继续衰退，则会转移其生产能力，有步骤地退出该行业领域。有时行业直线衰退，速度很快，有时却是渐进式的，速度较为缓慢，又被一些短期因素所影响，使得企业难以判断行业衰退是平缓的衰退，还是由于经济的周期性波动造成的短期现象，从而难以确定采取什么战略。

（三）行业衰退阶段竞争战略的选择

1. 定位战略

企业首先要确定，在衰退行业内并非全部市场需求都处于衰退状况，至少还有一部分市场能带来一定的收益，企业应投资于那些会快速增长的细分市场，在这一市场内形成或维护一段时期较强的地位。定位战略在行业内部一些企业已经实行了领先战略的情况下，可能会收到一些成效，但最终仍需转变为收获战略或迅速撤退战略。

2. 领先战略

领先战略的目标在于利用衰退中行业的结构变化，成为留在行业内唯一一家企业或少数几家企业之一，以便拥有达到平均水平以上的利润潜力，形成较优越的市场地位。一旦获得这种地位，企业将根据随后的行业销售模式转向保持低位或控制性收获战略。有助于实施领先战略的方式如下：

（1）在其他企业把生产能力从行业内迅速撤出的领域里，以积极的竞争行动来进行投资，获得定价、营销、市场占有率等方面的优势。

（2）购买竞争者的生产能力和市场份额，降低竞争对手的退出障碍。

（3）通过为竞争对手的产品制造零部件，接受长期合同，为竞争对手生产具有私人标记的产品等方式使竞争对手得以终止生产活动。

（4）公开明确表示留在行业内的强烈信念，并以竞争行动来彰显明显的优势实力，消除竞争对手想与其进行较量的企图。

（5）发掘并透露有关对未来衰退的不确定性的可靠消息，减少竞争对手过高地估计行业的真正前景而留在行业内的可能性。

（6）通过对新产品或新工艺的再投资来提高其他竞争对手想留在行业内的壁垒。

3. 收获战略

收获战略又称抽资战略。指具有一定实力的企业在考虑退出衰退行业时所采取的一种战略，即逐渐较少在衰退行业的投入，并把企业以前投资的潜力挖尽，最大限度的收回资金，并获取较多的利益。实施这一战略的途径有：

（1）消减或取消新的投资，减少生产设施的运用。

（2）缩减研发费用、管理费用和销售费用，尤其是广告费用。

（3）压缩销售渠道与某些服务项目。利用原有部分主要销售渠道和建立的信誉，继续销售产品，以获取最后的收益。

（4）减少品牌的数量，压缩产品系列。

收获战略实质上是一种有控制的逐步退出的战略。

4. 迅速放弃战略

迅速放弃战略指在行业衰退加剧时，企业将拥有的部分或全部固定资产通过转让或出售的方式转移，达到尽快收回投资的目的。一般来说，企业出售越早，售价越高。及早迅速地退出，固定资产立即转让，对业务的及早清理比缓慢地退出行业更有利，因为早期出售这项业务通常可以找到这项业务的最高卖价、企业可获得较高收益。一旦行业衰退形势明朗，行业内外的资产买主就处于极有利的讨价还价的位置，到那时再卖掉固定资产为时已晚。当然，早期出售固定资产，企业也会冒着对今后需求预测不准确的风险。

行业衰退阶段竞争战略的决策可用图 4-3 表示。企业确定了产业的特性与自身的竞争地位后，考虑是否继续留在衰退行业中的战略需要，即可定位自己所处的坐标，采取相应的战略。

	在剩余需求上 有竞争优势	在剩余需求上 无竞争优势
产业结构尚佳	定位战略或 领先战略	收获战略或 迅速放弃战略
产业结构不佳	定位战略或 收获战略	迅速放弃战略

图 4-3　行业衰退阶段竞争战略决策模型

本章小结

著名战略管理学家波特曾在《竞争战略》一书中提出三种基本战略,即成本领先战略、差异化战略、目标集中战略。

成本领先战略,又称低成本战略,是企业通过有效途径降低成本,使企业的全部成本低于竞争对手的成本,甚至是同行业中最低的成本,从而获得竞争优势的一种战略。成本领先战略的实施途径有 3 种,即控制成本驱动因素、改造公司价值链和培养低成本的企业文化。

差异化战略又称别具一格战略,是指为使企业产品、服务、企业形象等与竞争对手有明显的区别,有一种或多种特质,从而赢得顾客,赢得市场,取得高于竞争对手的收益而采取的战略。实现差异化战略,可以培养顾客对品牌的忠诚度,降低其对价格的敏感性,即使价格高于同类产品,顾客也会产生偏爱。

目标集中战略,又叫集中化战略或目标聚焦战略,是指企业将经营活动的重点放在一个特定的目标市场上,为特定区域或特定购买群体提供差异化产品或低成本产品的竞争战略。目标集中战略容易培育竞争优势,可迅速占领市场,适用于中小企业。

战略钟模型(SCM)是由克利夫·鲍曼(Cliff Bowman)提出

的，"战略钟"是分析企业竞争战略选择的一种工具，这种模型为企业的管理人员和咨询顾问提供了思考竞争战略和取得竞争优势的方法。

位次竞争战略是在梯级式的竞争结构中，明确本公司的竞争地位，对不同位次的竞争对手确立相应的对策。处于第一位次企业的基本战略，是稳定整个市场。处于第二位次企业的基本战略，是在力量用尽时，一面和第一位休战，一面抢在市场变化之前，首先在新领域成为第一名，然后看准时机向第一位挑战。第三位次企业在同行业中居于第二、第三甚至更靠后的地位，它不进行挑战而是跟随在第一位次企业后面自觉维持共处的局面。第四位次企业的基本战略是联合第五位次以下的企业，创造弱者集结的条件，以弱者之间的联合来形成能和前几位次企业相对等的力量，但基本上是和前几位次企业协调，努力稳定市场。第五位次企业的基本战略是不和高位次的企业竞争，而是和前几位次企业共同生存，努力稳定市场，放弃在这个领域成为首位的打算，把力量投向别的领域。

根据生命周期理论，一个行业一般都会经历由成长到衰退的过程，可以把这个过程分成新兴、成熟、衰退三个阶段。在不同的行业生命周期阶段，企业须根据行业具体特点，采取不同的发展战略。

思考题

1. 企业基本竞争战略有哪些？
2. 什么是成本领先战略？其优势体现在哪些方面？
3. 实施成本领先战略的条件是什么？如何实施？
4. 简述差异化战略的含义和优势。
5. 简述目标集中战略的含义、优势与风险。
6. 什么是战略钟模型？简述其类别划分。
7. 什么是竞争位次？分为哪几个层次？
8. 简述不同位次企业的竞争战略。

9. 简述行业新兴阶段与成熟阶段的竞争战略。

10. 行业衰退的原因有哪些？简述这一阶段的特征与战略选择。

案例分析及理论归纳

西南航空的成功之道

20 世纪 70 年代，美国航空业利润较高的长途航线基本被瓜分完毕，成立不久的西南航空审时度势，选择了把汽车作为竞争对手的短途运输市场，开辟了一个新的巨大的市场。

西南航空取得了非凡的成绩。统计数据表明，西南航空每座位英里的运营成本比联合航空公司低 32%，比美国航空公司低 39%；美国航空业每英里的航运成本平均为 15 美分，而西南航空的票价却仅为 59 美分。

选择短途支线运营的西南航空必须在运营的各个细节中，围绕差异化、低成本这一战略定位，想方设法化解所有比传统航空公司更大的成本压力。

1. 细节之一：关于飞机

西南航空只拥有一种机型——波音 737，公司的机舱内既没有电视也没有耳机，客机一律不搞豪华铺张的内装修。单一机型能最大限度地提高飞机的利用率，因为每个飞行员都可以机动地驾驶所有飞机，此外，这样做简化了管理，降低了培训、维修、保养的成本。同时，西南航空将飞机大修、保养等非主业业务外包，保持地勤人员少而精。比如，西南航空的飞机降落以后，一般只有 4 个地勤人员提供飞机检修、加油、物资补给和清洁等工作，人手不够时驾驶员也会帮忙地勤工作。

2. 细节之二：关于转场

西南航空尽可能选用起降费、停机费较低廉的非枢纽机场。这样做不仅直接降低费用，而且也保证了飞机快速离港和飞机上限量供应等低成本措施的可行性。为了减少飞机在机场的停留时间，增加在空中飞行的时间，也就是挣钱的时间，西南航空采用了一系列规定以保证飞机的高离港率：没有托运行李的服务；机舱内没有指定的座位，先到先坐，促使旅客尽快登机；建立自动验票系统，加快验票速度；时间紧张时，驾驶员帮助地勤，乘务员帮助检票；不提供集中的订票服务。这些特色使得西南航空70%的飞机滞留机场的时间只有15分钟，而其他航空公司的客机需要1~2小时。对于短途航运来说，这节约下来的1~2小时就意味着多飞了一个来回。

3. 细节之三：关于客户服务

选择低价服务的顾客一般比较节俭，所以西南航空意识到，自己的客户乘坐飞机最重要的需求就是能实惠地从某地快速抵达另一地。比如，飞机上不提供正餐服务，只提供花生与饮料。一般航空公司的空姐都是询问："您需要来点儿什么，果汁、茶、咖啡还是矿泉水？"而西南航空的空姐则是问："您渴吗？"只有当乘客回答"渴"时才会提供普通的水。

与之相配套的细节是，西南航空把飞机上的饮料和食品放在登机口，让旅客自取，以使西南航空能保持86∶1的机服比例。而美国其他航空公司则平均为126∶1甚至更高。在顾客满意度上，西南航空一直是业内佼佼者。从1992—1996年的整整5年中，西南航空始终同时保持着"航班准点率冠军"、"顾客满意率冠军（即投诉率最低）"以及"行李转运准确率冠军"的殊荣，这样的成绩在整个民航界中无人能与之比肩。

这些措施使它从20世纪70年代在大航空公司夹缝中谋求生机的小航空公司一跃发展成为美国第四大航空公司，持续30余年保持远高于行业平均水平的高利润。①

思考问题：

1. 西南航空公司主要采用了何种竞争战略？

2. 这种战略的实施条件和途径分别是什么？

---

① 林忠礼. 报业竞争中的集中差异化战略——理论及案例分析 [J]. 青年记者，2005（9）：51-52.

分析：

西南航空公司主要采用了成本领先战略。成本领先战略，又称低成本战略，是企业通过有效途径降低成本，使企业的全部成本低于竞争对手的成本，甚至是同行业中最低的成本，从而获得竞争优势的一种战略。

成本领先战略的实施条件：西南航空进入的市场是单位成本高、利润高的短途航线，该市场具有价格弹性，因此只能采用成本领先战略。西南航空成功的秘诀就在于它很好地实施了低成本战略。

成本领先战略的实施途径：找到成本驱动因素，西南航空的成本驱动因素主要体现在飞机的类型、数量、转场等几个方面，因此公司针对这几个方面做了调整，进一步完善了公司的价值链，同时公司上下建立起节约的企业文化。

归纳：准确定位，重视差异化、低成本，从而创造更高的价值。

第 5 章　企业发展战略

学习要点

- 企业发展战略的基本类型
- 市场渗透、开发、产品开发等集约型战略
- 多样化战略的类型、优势与路径
- 一体化战略的性质、类型、利益与成本
- 中小企业发展战略

导引案例

从武汉样本看万达的商业发展策略

有媒体总结，万达的经营哲学是"用不动产运营城市"。万达地产十年商业谋略，在 2011 年开始全面爆发。一个水网连通的市政工程，一个箱涵"暗改明"的设计，最终却衍生出了一个改变城市格局、提升城市功能的大构想。一个中部中心城市，一个亚洲最大不动产商，在这个构想里碰撞出了最耀眼的火花。武汉汉街开街以后的火爆情况，证明了万达在商业地产上的成功。让我们回过头来看看，万达是如何从一个普通的地方房地产企业，走向全国的商业地产巨头。

在房地产发展道路上，2001 年万达的开发路径还一直是集中在住宅地产上，赫赫有名的万达星海人家、万达长春明珠、大连明珠、江南明珠、万达星城、万达河滨印象等一系列上乘之作，都是那一时代的杰作。假设万达迄今为止仍然延续着住宅开发路线，今日可能同样可以与像万科这样的王牌企业齐名。

但在 2001 年底，万达忽然笔锋一转。当年随着长春万达沃尔玛购物广场开工，预示着万达向商业地产领域进军的号角正式吹响，也预示着一个企业领跑中国商业地产的时代开始了。2002 年 9 月，成立了大连万达商业地产股份有限公司，是大连万达集团旗下商业地产投资及运营的唯一业务平台。公司的核心产品是以"万达广场"命名的万达城市综合体，主营业务是商业地产投资及运营管理。

万达集团的业务结构以商业地产为核心产业，其五大支柱产业分别是：商业地产、高级酒店、文化产业、连锁百货、旅游度假。

在涉足商业地产的初期，万达的第一代产品，就是所谓的"订单模式"。但万达"订单模式"初期遭遇局限——通过将主力店低价出租给沃尔玛等知名品牌带来影响力，而将成本压力过大地转嫁给购买铺面的小商户，导致小商户经营压力大。而且，第一代产品是单体购物中心，造成商铺经营品种庞杂，商铺经营权分散和管理职能的滞后，严重影响商铺的后期盈利，反过来影响万达广场的整体形象。

第二代产品：多盒子纯商业组合。面积达到 10 万～15 万平方米，业态有百货、超市、影院。但多个盒子间没有进行多层次连接，人流动线不合理。无文化、娱乐、体育等别的业态，业态单一和局限，同质化竞争加剧和其他功能不足。

第三代产品：城市综合体。城市综合体由高星级酒店、高档写字楼、酒店式公寓（或 SOHO）、大型综合购物中心、独立商铺及街区、市民广场及大型高尚居住社区等组成。选址也从核心商圈演变成城市副中心、新区的中心，规格也从不超过 10 万平方米扩大到 50 万到 100 万平方米。

表5-1　　　　　　　　三代万达产品对比表

	第一代	第二代	第三代
产品种类	纯商业	纯商业	商业、酒店、写字楼、住宅
选址	核心商圈黄金地段	核心商圈黄金地段	城市副中心、城市开发区及 CBD
规模	5 万平方米	15 万平方米	40 万~80 万平方米
业态	购物功能组合	购物功能组合	24 小时不夜城+集体功能组合
主力商家	超市、家电、影院	超市、建材、家电、影院	百货、超市、家电、美食、影院
建筑形态	单个盒子式	组合式	综合体，盒子+街区+高层组合
案例	长沙、南昌、青岛	沈阳、天津	宁波、上海、北京、成都

　　2009 年初，湖北省、武汉市为建设大东湖水网治理工程，首次向王健林推介了东沙湖项目。武汉地理位置优越、人口众多、区位最优，在东沙湖项目上提供的两湖连通、市中心 1.8 平方公里的广阔空间，这偶然出现的机缘让王健林兴奋起来了：终于有机会做一个梦想中的、有超越性和创新性的项目了，"北京、上海、广州等城市，不会给这么好的土地，土地广阔的边缘省份我不会去做，与武汉结缘也是必然的"。

　　2011 年 9 月 30 日，广受瞩目的"汉街"正式开街。这条街不是普通的街道，它是东沙连通工程的一部分，也是武汉中央文化区重要的商业组成部分。"东沙"这一生态、景观、交通、区位俱佳的宝地和"万达"这一商业地产开发领域的金字招牌赋予了汉街双重基因，使得汉街开街后人气爆满。

　　自从第三代万达广场面世后，万达广场对市场的销售物业也随之发生巨大变化，只对市场销售居住、办公物业，其余部分由万达全部持有，用于出租经营。万达的不动产运营商的角色因此越来越突出。按照万达集团董事长王健林的说法，万达不应再被称为开发商，而应该叫不动产运营商。

2011 年，万达集团在全国开建 20 个、开业 16 个万达广场，扩张速度让人惊叹。但是，王健林并未沉浸在扩张的快感中不能自拔，因为后续运营团队承受的压力已快到极限，人力资源成了最大制约。"现在要经得起诱惑，每年都有来自各地的 70~80 个项目来找我们谈，但我们只选其中的 1/3，这是从万达团队的管理极限倒推而出的"，王健林对此有着清醒的认识，"万达不是神。太原万达广场就出现过定位失误、生意不好的问题，我们的团队迅速找出问题并解决了，现在不到 10 万平方米的卖场每天有 5 万的客流量，这就是我们的核心优势"。

尽管万达近年来新确定了旅游作为集团的五大支柱产业，但还是与地产、酒店、百货、文化等其他产业互为支撑，"有很多机会，可以进入煤炭、钢铁甚至医药产业，但最后都放弃了，我们只做可以进入全球前三名的产业"，王健林曾这样说。①

思考问题：

1. 万达集团经营的产品主要有哪些？它采用了怎样的发展战略？

2. 万达集团的核心优势体现在哪些方面？未来有着怎样的市场定位？

第一节 集约型战略

所有企业都会随着内外经济环境的变化而不断思索发展之道，寻找成长之路。制定出好的发展战略就能使企业实现销售额、市场占有率以及利润的增长。企业经济增长的方式会因企业规模、企业不同导向而各不相同，主要有三类基本的发展战略，即集约型战略（又称密集型战略）、多样化战略、一体化战略。企业战略管理的学者鲁梅特（Rumelt）制作出了企业增长战略的模型，如表 5-2。

---

① 案例来源：亿房网. 从武汉样本看万达的商业发展策略［DB/OL］. http://news. fdc. com. cn/sydc/395011. htm 2011. 12. 7

表 5-2　　　　　　　　　　企业发展战略的基本类型

密集型发展战略	多样化发展战略	一体化发展战略
市场渗透	相关多样化战略	纵向一体化
市场开发	不相关多样化战略	横向一体化
产品开发		混合型一体化战略

　　集约型发展战略是指集中生产单一产品或服务的战略，它的发展速度是比较快的。虽然企业的发展速度不一定比整个经济发展快，但一定是比产品销售的市场发展快。企业实施集约型战略通常是通过定期开发新产品、新市场、新工艺及老产品的新用途等手段，来获得行业平均水平的利润率。集约型战略具体包含市场渗透战略、市场开发战略、产品开发战略。

一、市场渗透战略

　　市场渗透战略是企业经营的最基本发展战略。它以已有的产品为基础，通过利用灵活定价、改进产品的式样、增加产品的特点、提高产品质量、增加销售点、加强产品的宣传等手段，获得现有产品更多市场份额。市场渗透战略普遍适用于各类企业，对于那些尚没有明确的发展战略、或者一味热衷于追"新"求"大"的企业提供了一个战略反思的基础平台。对于那些缺乏多样化战略能力和资源的中小企业而言，实施市场渗透战略这种专业化的基本战略更有利于企业的发展，这种做法在国内已有很多公司取得了显著成果，例如，青岛海尔、同仁堂、佛山照明等企业。

（一）实施市场渗透战略的一般条件

　　（1）当企业的产品或服务在当前市场中还未达到饱和时，即市场处于成长期，采取市场渗透战略具有潜力。

　　（2）当现有用户对产品的使用率还可显著提高时，企业可以通过营销手段进一步提高产品的市场占有率。

　　（3）在整个行业的销售额增长时，竞争对手的市场份额却呈现下降趋势，企业就可通过市场份额的增加获得收益。

　　（4）企业在进行产品营销时，随着营销力度的增加，其销售呈上升趋势，且二者的相关度能够保证市场渗透战略的有效性。

（5）企业通过市场渗透战略带来市场份额的增加，使企业达到销售规模的增长，且这种规模能够给企业带来显著的市场优势。

（二）实施市场渗透战略的主要途径

1. 扩大产品使用者的数量

努力发掘目标市场上那些尚未使用企业产品的消费者，或者通过跨国经营等方式在地域上进一步延伸，把产品推销给从来没有使用过本产品的消费者。如某些专门为妇女设计的洗发水，目前经过新的包装又推销给男性或儿童使用。将非使用者（产品进入市场到走向成熟的过程中，有些人会对新产品持怀疑或观望的态度而成为非使用者）转变成为产品的使用者。把竞争对手的顾客吸引过来，使之购买本企业产品，如说服 KFC 的消费者食用麦当劳；飞机货运服务公司吸引更多的用户采用空运方式而减少陆运或水运。通过上述相应的一些手段努力发掘潜在顾客，使之成为本产品的使用者。

2. 扩大产品的使用频率

刺激现有顾客更频繁地消费本企业的现有产品或增加新产品的新用途。如农协蜂蜜厂宣传它生产的各种味道的蜂蜜不仅可以冲水饮用还可以涂在面包里吃，而且还可以当做面膜使用。牙膏生产公司通过广告宣传一天刷牙三次有助于口腔的健康，从而增加人们对牙膏的使用次数。

3. 改进产品的特性

提高产品质量，增强其功能特性。增强产品在重量、尺寸、材料、附件等方面的特点，增强其安全性和便利性。改进产品的样式。

全球一体化在不断增强，而国外很多知名品牌也已经深深渗入中国市场。与国际先进水平相比，中国企业的管理水平和技术水平还有较大差距。但同时，不能忽视中国企业与外国企业在中国的市场上竞争也具有得天独厚的优势，这就是中国企业更具有中华特色、更了解中国传统文化，因此，能够更准确地分析和研究消费者的生活方式、行为习惯以及与此相关的市场需求。

二、市场开发战略

市场开发战略是企业用现有的产品去开辟新的市场领域的战略。如果企业现有的产品在现市场上已经没有进一步渗透的余地时，就必须设法去开辟新的市场，比如将产品由城市推向农村，由本地区推向外地，由国内市场推向国际市场等。

（一）市场开发战略的适用条件

（1）在空间上存在着未开发或未饱和的市场区域。

（2）可以获得新的、可靠的、经济的、高质量的销售渠道。

（3）拥有扩大经营所需要的资金、人力和物力资源。

（4）存在过剩生产力。

（5）主营业务属于正在迅速全球化的产业。

（二）实施市场开发战略的途径

1. 发掘潜在顾客，进入新的细分市场

对相关市场进行市场调查，找出顾客的实际需求，通过赠送、免费体验等方式，发掘潜在的顾客，以进入新的细分市场。如联合利华在中国市场，针对男女发质的差异，推出"清扬洗发水"产品，从而巩固了在男性洗发水市场的地位。

2. 开辟新的营销渠道

通过各种途径，开辟新的营销渠道，包括雇佣新类型的中间商和增加传统类型中间商的数目。通过建立多样化的营销网络，在一定程度上，可以进一步扩大原有的市场份额。

3. 开拓区域外部或国外市场

由于市场的容量是有限的，消费者的需求在某段时间内也具有一定的稳定性，企业若是将目光局限于某一个单一的市场，要想取得长久的发展，则会遇到一定的瓶颈。因此，企业应该将目光放得更长远，根据企业实际情况，不断开发区域外部或国外市场。

三、产品开发战略

产品开发战略是指以市场和社会观念为基础，在现有市场上，企业通过改良原有产品或开发新产品，来满足消费者的需求，进一步扩大销售量的战略①。企业采取新产品开发战略时，要留意新产品对现有产品的影响，尤其是对于尚处于成长期的产品。这种战略的核心内容是激发顾客的新需求，以高质量的新品种来引领消费潮流。企业以现有顾客为其新产品销售市场，应特别注

---

① 潘国平 . SY 公司发展战略研究［D］. 苏州：苏州大学，2008：38.

意了解他们对现有产品的意见和建议，根据他们的需要去开发新的产品，增加产品性能或者开发不同质量、不同规格的系列产品，充分满足他们的需要，达到扩大销售的目的。

（一）产品开发战略的类型

1. 领先型开发战略

采取这种战略，需要求企业有雄厚的资源和较强的研究与开发能力，在保证产品技术水平和最终用途新颖性的基础上，获得技术上的持续竞争优势和市场竞争中的领先地位。

2. 追随型开发战略

企业一般不急于率先研究开发新产品，往往等到市场上出现良好新产品以后，才加以模仿或改进，从而迅速地占领市场。这对企业的消化、吸收、创新等能力有很高的要求，但在某种程度上对领先型企业会产生相应赝品的威胁。

3. 替代型开发战略

比较适合研发能力不强、资源有限的企业。企业通过支付一定的金额，有偿使用其他企业所研发的成果，这样就不用花费时间和精力自己来研发新产品。

4. 混合型开发战略

根据企业的实际情况，本着提高产品市场占有率和经济效益的目的，混合使用上述几种产品开发战略。

（二）产品开发战略的适宜条件

（1）企业产品具有较高的市场信誉度和顾客满意度；
（2）企业所在产业属于适宜创新的高速发展的高新技术产业；
（3）企业所在产业正处于高速增长阶段；
（4）企业具有较强的研究和开发能力；
（5）主要竞争对手以类似价格提供更高质量的产品。

（三）新产品开发战略

新产品是指产品的物理性能、化学成分和功能用途等方面与老产品有着本质的区别或显著的差异。可以分为全新产品、换代新产品、改进型新产品和仿制型新产品等①。

企业开发什么样的产品，是一个重大的战略选择。产品开发的角度不同，从而形成不同的产品开发战略类型。

1. 新产品开发战略的类型

（1）全新型新产品开发战略

全新型新产品是新颖程度最高的一类新产品，它是运用科学技术的新发明而开发和生产出来的，具有新原理、新技术、新材质等特征的产品。选择和实施此战略，需要企业投入大量资金，拥有雄厚的技术基础，开发实力强，同时花费时间长，并需要一定的需求潜力，故企业承担的市场风险比较大。调查表明，全新产品在新产品中只占10%左右。

（2）换代型新产品开发战略

换代型新产品使原有产品发生了质的变化。选择和实施换代型新产品开发战略，只须投入较少的资金，费时不长，就能改造原有产品，使之成为换代新产品，具有新的功能，满足顾客新的需要。

（3）改进型新产品开发战略

所开发的新产品与原产品相比，只发生了量的变化，即渐进的变化，同样能满足顾客新的需求。这是代价最小、收获最快的一种新产品开发战略，但容易被竞争者模仿。

（4）仿制型新产品开发战略

开发这种产品不需要太多资金和尖端技术，因此比研制全新产品要容易得多，但企业应注意对原产品的某些缺陷和不足加以改造，并结合市场的需要进行改进，而不应全盘照抄。

以上四种产品开发战略中，第一类开发战略，一般企业实施较难，只有大型企业或特大型企业在实行"产学研"联合开发工程的条件下，才能仿效。第二、三、四类开发战略，多数企业选择和实施较为容易，且能迅速见效。

2. 新产品的定价策略

（1）撇脂定价

是指在产品生命周期的最初阶段，把产品的价格定得很高，以攫取最大利润。这种定价策略可以给购买者造成高价商品具有高价值的印象，有利于企业迅速回收成本。

---

① 彭仲生. F公司产品组合优化策略［D］. 成都：西南财经大学，2008：11-12.

（2）渗透定价

与竞争对手相比，为了吸引更多的顾客和获得更多的市场份额，企业把新产品的价格定得相对较低，赢得一定的竞争优势。

此外，还有优质高价策略、优质中价策略、优质低价策略、中质高价策略、中质中价策略、中质低价策略、低质高价策略、低质中价策略、低质低价策略等一系列的定价策略，企业需结合自身实际加以利用。

3. 新产品的促销策略

首先制订营销计划，明确如何把新产品投放到市场并加以促销。其次制订一些销售战略，为营销人员提供新产品所需要的促销工具和有关信息，如销售手册、最新的价目表等。如果利用营销或广告代理，则应让他们适当参与进程。再次还应该制订一个交货计划，明确如何将产品交送到消费者手中。若是对零售商进行销售，则应该在拿到他们订单的基础上，明确如何交货；若提供新的服务，则要给员工提供足够的培训，能有效地提供服务。

阅读案例

美国摩托罗拉公司产品开发战略

美国摩托罗拉公司创建于 1929 年，是一个高科技电子公司，主要生产移动电话、BP 机、半导体、计算机和无线电通信设备。1988 年公司的销售收入为 85 亿美元，纯利额为 4.5 亿美元，1993年销售收入增至 170 亿美元，纯利额达 10 亿美元，1995 年的销售收入进一步增至 270 亿美元。公司始终将提高市场占有率作为基本方针，摩托罗拉品牌移动电话的世界市场占有率高达 40%。该公司贯彻高度开拓型的产品开发战略，其主要对策有：

（1）技术领先，不断推出让顾客惊讶的新产品，公司进行持续性的研究与开发，投资建设高新技术基地。

（2）新产品开发必须注意速度时效问题，研制速度快，开发周期短。

（3）以顾客需求为导向，产品质量务求完美，将顾客怨言减少到零为止。

（4）有效降低成本，以价格优势竞逐市场。

（5）高度重视研究与开发投资，由新技术领先中创造出差异化的新产品领先上市，而占领市场。1994 年该公司研究与开发投资达 15 亿美元，占其销售收入的 9%。

（6）实施著名的 G9 组织设计策略。该公司的半导体事业部成立 G9 组织，由该事业部的 4 个地区的高阶主管，所属 4 个事业部的高阶主管，再加上一个负责研究与开发的高阶主管，共同组成横跨地区业务、产品事业及研究开发专门业务的"9 人特别小组"，负责研究与开发的组织协调工作，定期开会及追踪工作进度，并快速、机动地作出决策。

（7）运用政治技巧。该公司在各主要市场国家中，均派有负责与该国政府相关单位进行长期沟通与协调的专业代表，使这些政府官员能够理解到正确的科技变革与合理的法规限制。该公司能进入中国、俄罗斯市场，就得力于这种技巧的应用。

（8）重视教育训练。该公司全体员工每年至少有一周时间进行以学习新技术和质量管理为主的培训，为此每年支付费用 1.5 亿美元。①

第二节　多样化战略

多样化战略又称多角化战略，是指企业同时经营两种以上基本经济用途不同的产品或服务的一种发展战略。

从某种程度来看，多样化经营一般指产品生产的多样化，是同一个企业的产品进入了与之不同的市场，是增加新产品的种类和进入新市场两者同时发生的。所以多样化经营是属于经营战略中的产品—市场战略范畴，而产品差异属于同一产品的细分化。同时，对企业的多样化经营战略的界定，必须是企业异质的主导产品低于企业产品销售总额的 70%。

---

① 杜丽娟. 基于工具思维方式的设计管理研究——中小型企业的产品开发管理模型[D]. 上海：东华大学，2011：52-53.

一、多样化战略的类型

多样化战略属于公司层战略，是企业为涉足不同行业环境中的各项业务制定的发展计划，包括进入何种领域，如何进入等。企业实施多样化是为了获得更大的战略竞争力和超额利润。成功的多样化使企业的收入来自不同业务，从而降低企业获利的不确定性。多样化战略的内容包括：产品的多样化、市场的多样化，投资区域的多样化和资本的多样化。

（一）多样化发展战略的类型

多样化发展战略又称为多样化发展战略、多角化发展战略，是企业为了更多地占领市场或开拓新市场，或避免经营单一带来的风险，而选择进入新领域的战略。多样化战略按照不同的标准有不同的类型划分，常见的有相关多样化和非相关多样化。

相关多样化又可具体为同心多样化发展战略，不相关多样化可具体为水平多样化发展战略和复合多样化发展战略。

1. 水平多样化发展战略

水平多样化又被称为专业多样化。是指以现有消费者为出发点，向其提供新的、与原有产品服务不相关的产品或服务。

水平多样化基于原有产品、市场和服务进行变革，因而在开发新产品、服务和开拓新市场时，可以较好地了解顾客的需求和偏好，风险相对较小。比较适合原有产品信誉高、市场广且发展潜力大的企业。

2. 同心多样化发展战略

同心多样化又被称为相关多样化或集中多样化。这种战略是指以企业现有的设备和技术能力为基础，发展与现有产品或劳务不同的新产品或新业务。比如，某制药企业利用原有的制药技术生产护肤美容、运动保健产品等。

3. 复合多样化发展战略

复合多样化又被称为混合多样化、不相关多样化或集团多样化。是一种通过合并、购买、合资以及自我发展，使企业增加与现有业务大不相同的新产品或新劳务的发展战略。

阅读案例

海尔集团的多样化战略

一、海尔集团的发展阶段

海尔集团成长的历程，大致经历了四个阶段：第一阶段是1984—1991年期间的名牌发展战略，只作冰箱一种产品，通过7年的努力，逐步建立起品牌的声誉与信用。第二阶段是1991—1998年期间的多样化战略，按照"东方亮了再亮西方"的原则，从冰箱到空调，冷柜，洗衣机，彩电等，每1~2年做好一种产品，7年来重要家电生产线已接近完整。第三阶段是从1998年迄今为止的国际化战略发展阶段，即海尔到海外去发展。第四阶段：全球化品牌战略阶段（2006年— ）。

其中，多样化是重要的成长方式。具体而言，海尔的发展阶段大致如下：

（一）单一产品——电冰箱

自从1984年到1991年底共七年时间内，海尔只生产一种产品——电冰箱。是一个专业化经营企业。1991年海尔集团销售收入7.24亿元，利润3118万元。"海尔"牌电冰箱成为中国电冰箱史上第一枚国产金牌，是当时中国家电唯一的驰名商标，并通过美国UL认证出口到欧美国家。同时，海尔集团OEC管理法基本形成，全国性销售服务网络初步建立起来。

（二）制冷家电——电冰箱，电冰柜，空调

1991年12月20日，以青岛顶部西厂为核心，合并青岛电冰柜总厂、空调器厂，组建海尔集团公司，经营行业从电冰箱扩展到电冰柜、空调器。到1995年7月前，海尔集团主要生产上述制冷家电产品即海尔集团用了3年时间进入电冰柜、空调行业，并成为中国的名牌产品。1994年海尔销售收入达到25.6亿元，利润2亿元，分别居全国轻工业行业的第二名和第十二名。

（三）白色家电——制冷家电，洗衣机，微波炉，热水器等

1995年7月，海尔集团收购名列全国第三的洗衣机厂——青

岛红星电器股份有限公司，大规模进入洗衣机行业。其后通过内部发展生产微波炉，热水器等产品。1997 年 8 月，海尔与莱阳家电总厂合资组建莱阳海尔电器有限公司，进入小家电行业，生产电熨斗等产品。至此，海尔集团的经营领域扩展到全部白色家电行业，用时两年。

（四）全部家电——白色家电，黑色家电

1997 年 9 月，海尔与杭州西湖电子集团合资组建杭州海尔电器公司，生产彩电，VCD 等产品，正式进入黑色家电领域。至此，海尔集团几乎涉足了全部家电行业，成为中国家电行业范围最广，销售收入超过 100 亿元的企业。与此同时，海尔集团海控股青岛第三制药厂，进入医药行业。并向市场推出整体厨房，整体卫生间产品，进入家居设备行业。

（五）进军知识产业

1998 年 1 月，海尔与中科院化学所共同投资组建"海尔科化工程塑料研究中心有限公司"，从事塑料技术和新产品开发。4 月 25 日，海尔与广播电影电视总局科学研究所合资成立"海尔科广数字技术开发有限公司"，从事数字技术开发与应用。6 月 20 日，海尔与北京航空航天大学，美国 C-MDLD 公司合资组建"北航海尔软件有限公司"，从事 CAD/CAM/CAE 软件开发。这表明，海尔集团开始进入知识产业，而且上述知识产业的产品都是海尔为了发展所需要的，从而形成一体化关系。

二、海尔集团多样化战略的特点

（1）根据企业能力控制多样化的节奏，量力而行、步步为营地发展，其核心基础是海尔不断提高的企业管理、品牌及销售服务能力。

（2）根据行业相关程度进入新行业。多样化经营的成功率与老新行业之间的相关程度呈正相关，即相关程度高，成功率高，相关程度低，其成功率低。海尔集团的多样化正是根据行业相关程度，从高相关，到中相关，再到低相关发展。

（3）针对不同情况采取不同的进入方式进入新行业一般有三种不同的方式；一是内部发展，主要依靠企业自身的经营资源进入新行业；二是外部并购，通过合并收购其他企业进入新行业；三是以合资合作为主的战略联盟，通过与其他企业建立合资合作等形式的战略联盟进入新行业。海尔集团进入新行业的方式是综合运用这三种方式的。

（4）进入某行业后，通过扩大产销规模，努力成为全国同行业的前三名。①

三、多样化战略的优势

（一）企业实行多样化经营的条件

企业要想能够成功实现多样化战略，首先需要准确分析外部环境和正确评价内部条件。

1. 新技术革命的影响

新技术迅速被应用于生产领域，为企业多样化经营提供了技术基础。性能更优越的新产品逐渐替代原产品，许多企业在原有产品的基础上，逐渐向高附加价值、前景较好的新兴产业发展。

2. 社会需求的变化

生产力的发展使得人们的消费渐趋理性，社会需求呈现多样性趋势。依据产品的生命周期，企业原有产品若不加以改良或创新，就会容易被市场所淘汰，社会需求多样化则为企业提供了新的市场机会，使得企业不断扩展经营范围，从事多样化发展，从而赢得更多的市场份额。

3. 竞争格局的演变

企业的外部竞争格局发生了一些变化，使得企业不得不进一步扩大生产规模、变革经营手法，以谋求在竞争中立于不败之地。

企业能否成功地运用多样化经营战略，达到分散风险、提高投资收益率的目的，关键是能否准确分析外部环境和正确评价内部条件。

（二）多样化战略的优势

企业实施多样化是为了规避风险，同时能够提高企业内资源

---

① 王雅丽. 海尔集团的并购动因与整合策略研究 [D]. 北京：北京交通大学，2009：37-39.

的利用，为企业创造更多的价值。那么，实施多样化战略，对企业来说相当重要也具有现实的积极意义。

多样化战略是公司战略（Corporate Strategy）的起点，没有多样化经营的企业就没有独立的公司战略，只有竞争战略（Competitive Strategyor）。竞争战略关注的重点是如何在既定的行业或产品市场的竞争中取得可持续的竞争优势（How to compete）；而公司战略指的是通过选择进入不同的行业或产品市场，并对不同行业或产品市场的业务组合进行管理，以获得可持续的竞争优势。

公司战略主要关注两个问题：一是选择在哪几个行业或产品市场同时竞争（Where）；二是如何管理和协调在不同行业或产品市场同时竞争的业务组合（How）。公司战略的目的同样是让企业获得竞争优势，或者实现高于平均水平的回报，但对多样化经营的企业来说，其竞争优势的来源在于，业务组合里的各个业务整合起来实现的价值，要大于它们各自单独经营时实现的价值总和。这也是一加一大于二的协同效应（Synergy）。因此，尽管一个企业选择多样化经营的动因很多，但从公司战略的角度看，只有实现协同效应，多样化战略才有存在的理由，否则就不应该多样化。

多样化经营的协同效应主要来自于对共享成本的分摊（范畴经济）和交互销售（Cross-selling）。范畴经济是指企业由于经营活动的多样化而带来成本的减少。这些成本的降低主要是通过对公司共享资源或要素的成本分摊而实现的。

例如，当年丰田汽车公司准备进入高端车市场，却对顾客接受这个低端厂家生产的高档车没有足够的信心。于是它决定由 Camry 的生产线试产 Lexus，Lexus 前几款车就这样生产出来的。这样，生产线的固定成本就由两个产品分摊，从而降低了成本，实现了范畴经济。

交互销售指企业可以向同一个顾客销售多种不同的产品或服务。范畴经济帮助企业节省成本；交互销售帮助企业增加销售额。如果企业能够为现有客户提供另外的产品或服务，它不仅节省了很多成本（营销、渠道、谈判能力的加强，知识和资源的分享等），更为企业找到了新的收入来源。

137

由此可以得到一个重要结论，多样化战略的经济基础是范畴经济和交互销售，如果这两个基础一个都不存在，多样化的预期好处就很难实现。

企业实施多样化，不仅扩大了经济规模，同时还能规避投资风险，降低了企业经营失败的风险。

四、多样化战略的路径

（一）自我扩张战略——内部创业

创业意识是创新和成功开展内部创业所需要的。但是实行创业要想成功，最好是在企业拥有了一系列的有价值的资源和能力之后。进行内部的创业要谨慎考察市场环境。内部创业更多的是去发展和本企业具有一定相关性的相关新产品和新市场，如3M公司。

（二）合并战略

合并战略的实行可以是强强联合型也可以是强弱联合型。强强联合型是指一流或二流的企业和能力相当的企业合并，从而展现出更大的实力。强弱结合型是指一流或二流的企业和更小的企业合并，从而组建一个市场竞争强势更大，拥有市场份额更多的企业。合并战略具体来讲还可以分为三种具体的战略模式：合并统一型、收购或兼并型、控股型。

合并统一型是指两个或几个业务或产品服务相同的企业，为了壮大实力，形成更高规模的市场抢占能力和获取更高额的效益而作出的战略选择。收购或兼并型又称为"并购"型。企业以合理的价格，迅速并购进入一个新的或是竞争不够的领域，从而快速的获得市场份额形成盈利能力。这种做法的风险对自主创业来说相对较小，因为不确定性少。控股型是指拥有集团企业的部分股份，只是个利润中心，只做资本投资，不参与其他的。

（三）合资经营战略

它是以合资合作为主的战略联盟，是指通过与其他企业合作出资共同建立的战略联盟进入新行业。

阅读案例

日本佳能公司的多样化战略

20 世纪 60 年代初，佳能公司在照相机世界市场上占据了领先地位，并且在精密机械和光学领域积累了丰富的技术资源。其后，公司主动进入同步计数器行业（电子计算器），取得了相当的成功。到 60 年代后期，佳能公司在精密机械技术、光学技术、微电子技术三个技术领域具有了绝对的优势，三者相互结合构成了图像化方面的核心竞争力。随后，佳能公司利用其核心竞争力，不断进入了复印机、打印机、传真机、医用仪器等新行业，均取得了巨大的成功。[1][2]

第三节　一体化战略

一、一体化战略的概念及性质

（一）一体化战略的概念

"一体化"在当今社会俨然已经成为一个十分流行的名词，无论是在工业、农业或者服务业，还是在生产或者生活方面，也或者在政治或者经济领域，都随处可见"一体化"的身影，常见的比如说有城乡一体化、企业一体化、物流一体化等。因为当今社会发展越来越迅速，各种各样的接触也越来越多，无论是政治领域还是经济等其他领域，都需要彼此不同的两个主体去互相协调和沟通，而进行协调和沟通必然会产生社会成本和代价，因此为了减少协调所需的成本，越来越多的社会主体开始重视"一体化"的作用，采用"一

---

[1] 俞红. 基于多元化视角的大连城市供气企业发展战略研究［D］. 大连：大连海事大学，2009：18.

[2] 王卫星. 论企业核心竞争力与多元化经营战略的关系［J］. 当代经济，2008（3）：21.

体化战略"。

由于"一体化战略"在现代社会中发挥着重要的作用，已经得到普遍应用，但人们对它的理解却不尽相同，从以下几种解释可见一斑。"全球范围内公司一体化的形成，主要是从 F&D 到生产再到销售的整个价值增值链的各个环节被按照最有利的区域布局安排在世界各地，使全球范围的国际分工越来越多地转化为企业内部分工。"① "一体化成长战略是指企业充分利用自身在产品（业务）上的生产、技术、市场等方面的优势，沿着其产品经营的纵向或水平方向，不断的扩大其业务经营的广度和深度，以扩大生产规模，提高收入水平和利润，使企业不断发展壮大。"② "一体化战略是指企业充分利用自己在产品、技术、市场上的优势，向经营领域的深度和广度发展的战略。"③"所谓一体化战略是指企业充分利用自己在产品、技术、市场上的优势，根据价值链的方向，使企业不断向深度和广度拓展的一种战略。"④

综合以上定义，笔者认为，所谓一体化战略是指企业为减少社会成本，扩大经营规模，增加收入，而向企业生产经营链条的上方或下方扩展或者向非相关产业扩展的一种战略。

（二）一体化战略的性质

一体化战略的性质从根本上说是指企业在经营的深度和广度上的扩大，具体包含企业经营规模的扩大、业务范围的扩展、内部业务活动的增多、管理幅度的提高等几个方面。

二、一体化战略的类型

关于一体化战略的分类，不同的专家学者也有不同的看法，有的将一体化战略分为"纵向一体化、横向一体化"两种类型，有的将一体化战略分为"前向一体化成长战略、后向一体化成长战略、横向一体化成长战略"三种类型，还有的分得更加详细，将一体化战略分为"纵向一体化、水平一体化、同心型一体化和混合型一体化"四种类型。本书认为一体化战略主要有以下三种类型。

① 李春波.企业战略管理［M］.北京：清华大学出版社，2011：116-117.
② 龚荒.企业战略管理（第二版）［M］.徐州：中国矿业大学出版社，2009：112.
③ 姚莉.企业战略管理［M］.武汉：武汉大学出版社，2010：145.
④ 赵顺龙.企业战略管理［M］.北京：经济管理出版社，2008：111-112.

（一）纵向一体化战略

纵向一体化也叫做垂直一体化，是指生产企业与原材料供应企业、或者生产企业与产品销售商联结在一起的组织形式。依据一体化的方向，企业的纵向一体化又可分为后向一体化和前向一体化。

1. 后向一体化

后向一体化是指某产品生产企业将其业务领域向后扩展到原材料生产制造领域，目的是为了确保产品或劳务所需要的全部或部分原材料的供应，加强对所需原材料的质量控制。如制衣厂向织布厂的延伸，啤酒厂向制造啤酒瓶的玻璃厂延伸等。

企业实现后向一体化之后，不仅能保证及时交货，享受低价优惠，还有利于保证供应质量，使企业生产稳定，增强企业对环境变化的适应能力。

2. 前向一体化

前向一体化是指某产品生产企业将其业务范围向前扩展到最终产品的最终用户，目的是为了促进和控制产品的需求，搞好产品营销。前向一体化一般又可分为以下两种情况。

（1）产销一体化，即生产企业与销售企业的一体化，目的是促进产品的销售。例如服装制造厂和销售业务的一体化等。

（2）产用一体化，即生产原材料和半成品的初级加工企业，根据市场需要和生产技术的可能条件，充分利用现有原材料、半成品的优势和潜力，决定由企业自己生产成品或者与成品加工企业组成联合体。例如，炼钢厂与轧钢厂的一体化等。

（二）横向一体化战略

所谓横向一体化战略，也称为水平一体化战略，是指与处于相同行业、生产同类产品或工艺相近的企业实现联合，实质是资本在同一产业和部门内的集中，目的是实现扩大生产规模、降低生产资本、巩固市场地位。例如食品生产企业 A 与食品生产企业 B 在具有相同工艺、技术和技能的基础上实现一体化，从而能扩大企业的规模，提高企业的市场占有率。

（三）混合型一体化战略

混合型一体化战略是指处于不同产业部门、不同市场且相互之间没有特别的生产技术联系的企业之间的一体化。例如，钢铁厂与电子厂的联合、银行与百货店的联合、食品厂与服装厂的联合等。

三、一体化战略的利益

（一）纵向一体化战略的利益

实行纵向一体化战略可以给企业带来如下利益：

1. 确保供给和需求

企业要想顺利地进行生产经营活动，一是要有充足的原料供应；二是要有较为畅通的销售渠道。在商品短缺时代，原材料的供应一般跟不上，在买方市场的条件下，商品的销售又成为企业最发愁的事。企业实行纵向一体化战略后，可以在某种程度上较好的解决这些问题，从而保障企业的正常的运营。

2. 提高经济效益

纵向一体化可以通过以下几个方面降低企业的经营成本，提高企业的经济效益。

（1）减少生产和运输环节

这是指在生产活动中，把相互联系的一些工作放在一起做，这样做就能比分开做节省成本。例如，在热钢压平的过程中，如果钢铁生产和压平活动被连接一起，钢坯就没有必要再次进行加热，同样，面粉厂如果也搞食品加工，那么生产的面粉就没有必要去进行运输。

（2）收集信息经济化

当今社会发展日新月异，经济发展越来越快，因而信息的更新变化也越来越快，然而信息在社会经济发展中的作用却越来越大，有时甚至事关企业的生死，因此企业必须要重视收集信息。而为了搜集到不同的信息，一个企业往往要多设信息部门，企业实行一体化后设置一个信息部门就可以了，这样无形中企业就降低了成本，收集信息经济化了。

（3）节约交易成本

企业在市场活动中，为了经济活动的顺利进行，需要跟其他的企业或组织进行谈判和磋商很多本来属于市场上的谈判、磋商，因而交易成本就下降了。

（4）内部协调，减少浪费

从整个社会再生产过程来看，企业与其上下游企业之间存在着一种平衡关系，企业上游提供原材料，下游接受企业的产品，而如果企业与它们之间没有协调好，产品过多过少，原材料过多过少，都会产生浪费，而实行一体化后，企业与它们的协作程度提高，从而能有效地减少浪费。

3. 拓宽技术领域

纵向一体化给企业提供了进一步熟悉上游和下游业务相关技术的机会。

4. 建立进入障碍

企业实行纵向一体化，可以在一定程度上控制关键的资源和销售渠道，从而对行业的新进入者建立进入障碍，阻止竞争对手进入企业的经营领域。

（二）横向一体化的利益

1. 扩张生产能力

实行水平一体化，把处在同一经营领域的企业或经营单位联合起来，从而可以降低成本，较容易的扩张企业的生产能力。

2. 减少竞争对手

横向一体化是一种收购企业竞争对手的增长，减少了竞争对手，企业在市场上的发展就越有利，也就越有利于企业的获利。

（三）混合型一体化战略的利益

1. 有利于增加企业的收入

企业实行混合一体化，与其他的企业联合，即减少了企业的成本，而且企业的收入来源增多，所以企业的收入也相应地会增加。

2. 有利于扩大企业的规模，增强企业的竞争力

企业与自己上游或下游的企业或者非相关企业进行联合，从整体而言，企业的规模就会扩大，形成规模效益，在市场上的竞争力就会越强。

3. 有利于分散企业的风险

企业实行混合一体化，企业可以销售的产品就会更多，收入来源就会增加，这样企业受市场上某个产品行情不好的影响就会变得更小，即风险就会分散变小。

四、一体化战略的成本

一体化战略是目前市场上企业发展采用的一种重要的战略，它有助于企业的发展，可以给企业带来利益，但是一体化战略同样也会给企业带来一些负面影响，即战略成本。

（一）纵向一体化战略的成本

1. 增加了改换交易伙伴的难度

纵向一体化后，企业由于拥有了达成了协议的固定的交易伙伴，因此一旦企业想转向更加有优势的原材料供应商或产品销售商，就会十分的困难。

2. 增大了企业管理的难度

企业的纵向一体化，使得企业业务范围扩大，人员增加，管理的幅度和管理的层次也会增加，这些都增加了企业的管理难度。

3. 弱化上下游企业的激励作用

如果企业没有实行一体化，一个企业与其他企业的经济联系就会通过市场，而当一体化后，这样的市场交易就内部化到企业交易，因此产生了上游企业不用担心原材料的销售而弱化改进企业的工艺，同时也会产生下游企业不用担心没有产品销售而努力去获取业务，上下游企业的激励作用就因此被弱化了。

（二）水平一体化战略的成本

水平一体化战略的成本主要表现在管理问题上。企业在收购活动结束后，母子公司在历史背景、业务风格、管理机制、人员组成、企业文化等方面有较大的差异，因此在管理协调工作上会增加难度，提高原有的成本。

（三）混合一体化战略的成本

1. 分散了企业的精力

企业混合一体化后，所需要管理的企业就会越多，所需要经营的产品也会越多，企业与之前相比管理和经营要耗费的经历就会越大，这样不可避免地会造成精力分散，可能会不利于企业的整体发展。

2. 增大了管理难度

混合一体化所涉及的企业多种多样，中间有许多的不同的地方，因此需要企业去协调和沟通的东西就有很多，从而产生企业的管理难度增加。

3. 造成企业主业不突出，不利于企业的长远发展

企业混合一体化联合了其他各种各样的企业和公司，这些企业和公司各行各业都有，虽然一方面它能丰富企业的经营范围，增加企业的收入，但是它也会在后期给企业造成主业不突出，长远发展受到困扰的问题。

第四节　中小企业发展战略

一、中小企业的界定

由于世界各国经济发展阶段和发展水平不同，因此，各国对中小企业的定义并不是统一的，各国都是根据自己的实际情况加以确定。

（一）外国的界定标准

外国对中小企业的界定标准如表 5-3。

表 5-3　　　　　　　　　　国外中小企业的界定标准①

国家	从业人数	年营业额
美国	<500 人	<1 亿美元
加拿大	<500 人	<2000 万加元
澳大利亚	<500 人	
日本	<300 人	<1 亿日元
韩国	<300 人	<5 亿韩元
欧盟	<250 人	<5000 万欧元

其中，欧盟中小企业分为微型企业、小型企业和中型企业三类（如表 5-4 所示）。

---

① 杨玉民．我国中小工业企业基本状况及有关分析［J］．中国高新技术企业，2006（6）：19．

表 5-4   欧盟中小企业的界定标准①

类型	雇员人数	年营业额
微型企业	<10 人	<200 万欧元
小型企业	10 人≤雇员<50 人	<1000 万欧元
中型企业	50 人≤雇员<250 人	<5000 万欧元

（二）我国的界定标准

我国各行业对中小企业的界定标准如表 5-5。

表 5-5   我国中小企业的界定标准

		职工人数（人 . X）	销售额（万元 . Y）	资产总额（万元 . Z）
工业	中型	300≤X≤2000	3000≤Y≤30000	4000≤Z≤40000
	小型	X≤300	Y≤3000	Z≤4000
建筑业	中型	600≤X≤3000	3000≤Y≤30000	4000≤Z≤40000
	小型	X≤600	Y≤3000	Z≤4000
零售业	中型	100≤X≤500	1000≤Y	
	小型	X≤100	Y≤1000	
批发业	中型	100≤X≤200	3000≤Y≤30000	
	小型	X≤100	Y≤3000	
交通运输业	中型	500≤X≤3000	3000≤Y≤30000	
	小型	X≤500	Y≤3000	
邮政业	中型	400≤X≤1000	3000≤Y≤30000	
	小型	X≤400	Y≤3000	
住宿和餐营业	中型	400≤X≤800	3000≤Y≤15000	
	小型	X≤400	Y≤3000	

---

① 杨玉民 . 我国中小工业企业基本状况及有关分析［J］. 中国高新技术企业，2006 (6)：19.

二、中小企业的特点

（一）"小、精、快"

中小企业的主要特征之一，即在于企业的规模小，经营决策高度集中，其次是中小企业的员工人数比较少、组织结构简单，这些都使得中小企业呈现出"小、精、快"的特点。

（二）"小而专"和"小而精"

中小企业能立足于自身的实际情况，将有限的财力、人力、物力投向那些被大企业所忽略的细分市场，为了在市场竞争中站稳脚跟，主要专注于某一细小商品的经营，不断改进产品质量、提高生产效率。

（三）小批量，多样化

中小企业由于自身的财力有限，为了规避风险，同时由于生产能力有限一般都是采取小批量生产。但小企业接触为获得更多的利益，会广泛接触各种各样的顾客，这样又使得小企业的生产具有多样化的特点。

（四）是成长最快的科技创新力量

中小企业为了在竞争中占据有利的地位，往往把创新作为竞争战略的核心，并且以市场为导向，不断地根据市场的变化作出创新决策，而中小企业的宽松环境有利于创新活动的展开，因此中小企业也是成长最快的科技创新力量。

三、中小企业发展战略选择

（一）"小而专，小而精"战略

由于中小企业的规模相对较小，资源有限，很难同时对多种产品进行经营，因此，为了获得相应的竞争优势，可以集中资源，选择一个适合自己的细分市场，在这个市场上从事专业化生产，从而最终展现自身的优势。

首先，中小企业可以在批量生产上进一步扩大，提高产品质量，重视专业化从而增加更多收益，最终赢得更多的市场份额。其次，一般实力比较强大的企业对于某些质量优异、专业化强的中小企业非常欢迎，希望他们能为本企业在配套产品上提供帮助。因此，"小而专、小而精"战略对中小企业而言，是非常适合的。

（二）拾遗补缺战略

凭借自己快速灵活的优势，中小企业可以通过寻找市场上的各种空隙并进入，从而取得一定的成功。实施这种战略主要就在于中小企业能充分发挥它的灵活性，企业规模比较小，容易进出，进可以扩大空隙，向专业化方向发展，退可以在别的企业随后进入空隙时，迅速撤离，寻求新的空隙[1]。

（三）特色经营战略

中小企业的经营范围相对较窄，与顾客接触起来比较容易，因此可以实施特色经营战略，在竞争中达到以奇制胜的效果。企业进行特色经营，不仅可以满足顾客的需求，而且在某种程度上可以赢得顾客的信任，不容易被其他企业所取代，因而能够树立长期的竞争优势。实现特色经营战略有许多方式，如独特的外观，特别的技术，新奇的设计，优质的品牌形象，优雅奇异的购物环境，优良的服务等[2]。

（四）联合竞争战略

中小企业可以平等互利为基础，与其他类似企业保持紧密联系，互相取长补短，一起来开发市场。采用这种战略的优点十分明显，如各企业能够取长补短，共同克服困难，并且能够在与大企业竞争中取得一定的优势；另外，进行联合竞争，可以更有效地利用有限的资金和技术力量，这是单个企业经营所无法比拟的。

（五）依附战略

为了弥补力量单薄、产品单一的不足，中小企业可以把自身的经营和发展与大企业联系起来，为他们提供稳定长期的货源，并为其提供配套服务。中小

① 赵广兴.中小企业的经营战略选择［J］.中国煤炭，2002，28（7）：29.
② 张玉福.中小企业发展战略选择［J］.山西煤炭管理干部学院学报，2006，19（4）：6.

企业采用的这种战略，从长远来看，对其自身的发展壮大有很大帮助，能够保证他们持续长久的生存和发展下去。特别是对于某些实力不够、创办时间短、暂时还没有完善销售网络的中小企业来说，采用这种战略在某种程度上可以减少其经营风险。

（六）技术创新战略

现代科技发展飞速，许多尖端技术领域中，企业规模小型化已成为一种趋势，中小企业由于规模小、灵活性大、能够及时利用新技术开发新产品，所以，许多在企业中难以实现的技术创新设想在中小企业中却可以实现。

以上六种企业发展战略，企业可以在经济发展中根据实际情况同时使用，也可以组合使用，总之企业要根据外部的环境和企业自身的内部条件，依据企业的目标，合适的谋划来选择发展战略。

本章小结

集约型发展战略是指集中生产单一产品或服务的战略，它的发展速度是比较快的。虽然企业的发展速度不一定比整个经济发展得快，但一定是比产品销售的市场发展得快。集约型战略具体包含以下具体内容：市场渗透战略、市场开发战略、产品开发战略。

多样化发展战略又称为多样化发展战略、多角化发展战略，是企业为了更多地占领市场或开拓新市场，或避免经营单一带来的风险，而选择进入新领域的战略。多样化战略按照不同的标准有不同的类型划分，常见的有相关多样化和非相关多样化。多样化战略的路径主要有自我扩张战略、合并战略、合资经营战略。

所谓一体化战略是指企业为减少社会成本，扩大经营规模、增加收入，而向企业生产经营链条的上方或下方扩展或者向非相关产业扩展的一种战略。其性质从根本上说是指企业在经营的深度和广度上的扩大，具体包含企业经营规模的扩大、业务范围的扩展、内部业务活动的增多、管理幅度的提高等几个方面。主要有纵向一体化、横向一体化、混合型一体化三种类型。

由于世界各国经济发展阶段和发展水平不同，因此，各国对中小企业的定义并不是统一的，各国都是根据自己的实际情况加以确定，而且在不同的经济发展时期，中小企业的定义也是有所变动的。中小企业发展可选择"小而专，小而精"战略、拾遗补缺战略、特色经营战略、联合竞争战略、依附战略、技术创新战略等。

思考题

1. 结合所学知识，试分析企业进行市场渗透战略的途径有哪些？
2. 企业多样化战略的优势及路径分别是什么？
3. 以一个实际企业为研究对象，鉴别出它所采取的战略。
4. 什么是中小企业？其特点有哪些？
5. 中小企业应该如何选择适合自身发展的战略？
6. 企业如何找准自己的发展方向？
7. 试分析哪一类型的企业更适合特色经营战略，为什么？
8. 什么是一体化战略？简述其类型、利益与成本。
9. 简述产品开发战略的类型、层次与适宜条件。
10. 如何确定合适的多样化程度？

案例分析及理论归纳

福特可持续发展战略在中国

（苏珊·西斯基——负责福特环境可持续发展和安全工程的集团副总裁，长期工作和关注于可持续发展的战略以及环境安全方面的内容，负责协助公司开发满足客户及社会需要的产品和生产工艺。同时，还负责未来的环境和安全法规，并确保福特汽车公司达到甚至超越全球范围内所有安全和环境方面的法规要求。）下面是东方早报记者对其专访时的对话：

"亚太非区对我们福特整个的发展来说是非常重要的，在未来十年，它会占到60%到70%的增长率。同时到2020年，我们在亚太非地区的销售量将占到福特全球销售量的 1/3，尤其中国市场将成为销售主力军。到 2015 年前，我们会推出 15 款新产品进入中国市场，这个就进一步完善了我们对中国市场的承诺，我们为中国消费者推出全系的福特车型。"

东方早报：请问未来福特的两个整车厂和新的发动机厂、变速箱厂都是分别在什么地方？

苏珊·西斯基：重庆有一个长安福特马自达的整车厂，还有一个是在南昌小蓝基地是我们跟 JMC 合作的整车厂，另外的发动机和变速箱都是在重庆。

东方早报：您是否能具体说一下 2015 年推出的 15 款车型里有 50% 是小型车的策略吗？

苏珊·西斯基：在全球市场我们到 2020 年前会有 55% 的车都是小型的、紧凑型的车。但是车型的选择上，小型、中型、大型都还是有的。这个不管是对我们美洲市场还是欧洲，都是一个很大的观念上的改变，从大车到小车。一个背景大家都知道，通常在美国市场以及欧洲一些市场原来都是大型车的天下，现在到 2020 年的时候，福特的大部分车型，即 55% 的主要比例车型会变成小型车和紧凑型车，这是一个非常大的变化。

东方早报：我们最早可能什么时候在中国可以看到福特的绿色环保电动车？

苏珊·西斯基：这是一个很好的问题，不过现阶段我们还是要更多收集信息，了解消费者的需求。因为我们要向中国市场推出的不是单一车型，而是一个平台，以全球平台为基础，将这个平台产量上最大的车型电气化，然后再推出，所以我们要了解哪种车型销量最好，哪种是最受消费者欢迎的。我们的电气化战略就像我刚才也说过了，包括我们的混合动力车、插电混动车和纯电池电动车，我现在能说的是，到 2020 年我们全球产品当中的 10% 到 20% 都会是这种新能源车，其中混合动力车所占的比例是最高的，插电混动和电动车可能会相对比例稍微小一些。我知道在全球也有很多国家的汽车厂商也相应制定了到 2015 年的计划和目标，但是福特旨在向消费者推行一种实用而且他们能够负担得起的新能源车。

东方早报：我知道福特这两年一直在推全球车型，但是在中国国内无论是美国通用或者是德国奥迪和大众都在做本地的开发，我想问福特会不会以某种形式来做本地车型？

苏珊·西斯基：我们共享这个全球平台的好处是说我们的全球车能够分摊成本，而且能够共享一些汽车的平台。但是我们也是会针对各个地区制定一些具有不同特殊功能的针对地区性的车。其实这是一个平衡，福特确实是在讲全球车、全球平台，有了全球车、全球平台，其实会给我们一个比较好的经济量，能够让车子以更合理的价格到市场上为消费者服务。但是同时福特在各个地区也会预留或者允许一定比例的本地化工作，来适合不同区域市场的具体要求。

这就是我们一直在强调的一个福特的战略，我们提供最可靠的质量、安全性能还有绿色科技和智能科技，运用于我们福特的所有车型当中。所以我认为全球车型的好处就是我们能够共享平台，能够共享一些零部件等，能够把我们全球的优势结合起来，同时也可以为本地市场服务。

东方早报：福特的电气化战略里面混动的车型可能开发的最多，但是现在中国政府对混动车型其实并没有补贴，对一些电动车是有补贴的，您是怎么看待中国政府制定的这些政策的？

苏珊·西斯基：其实我们的出发点是怎么样把技术研发更有效率地应用到车型当中，同时我们也考虑到消费者的需求。现阶段来看，混合动力用的电池板是相对比较小的，其他的插电混动和纯电池电动他们用的电池成本就非常高，我们出于对消费者需求以及经济接受能力的考虑来说，混合动力车是更可行、更容易接受的选择，我相信中国政府也会考虑到这一点。但是因为纯电池电动车和插电混动方面成本相对比较高，可能需要政府政策的支持和扶植来促进相关的研发。①

---

① 案例来源：东方早报．专访福特环境可持续发展与安全工程副总裁苏珊·西斯基 [N/OL]．http：//www.dfdaily.com/html/14/2011/9/1/658076.shtml 2011.9.1.

思考问题：

1. 试分析福特公司在中国的发展战略是什么？

2. 结合你所学的企业发展战略知识，谈谈如何理解苏珊·西斯基说的"其实我们的出发点是怎么样把技术研发更有效率地应用到车型当中，同时我们也考虑到消费者的需求。"

3. 你觉得福特公司在中国成功的原因是什么？

分析：

福特公司在中国采用的是多样化（可持续发展）的发展战略。多样化战略又称多角化战略，是指企业同时经营两种以上基本经济用途不同的产品或服务的一种发展战略。多样化战略属于公司层战略，是企业为涉足不同行业环境中的各项业务制定的发展计划，包括进入何种领域，如何进入等。企业实施多样化是为了获得更大的战略竞争力和超额利润，成功的多样化使企业的收入来自不同业务，从而降低企业获利的不确定性。

苏珊·西斯基的这句话表明福特公司把自己研发的产品与消费者的需求紧密地结合在一起，也可以看出福特公司的产品的研发到生产都是以市场为导向的。

福特公司在中国成功的原因主要有：准确定位本公司的市场人群、不断适应新的市场变化、不同的时期能够及时的更换发展战略、深入了解市场的需求导向等。

归纳：准确定位细分市场，了解顾客需求，及时变通发展战略。

第 **6** 章 企业国际化经营战略

学习要点

■ 国际化经营战略的含义和特征

■ 国际化经营战略环境的主要内容及其对跨国企业的影响

■ 国际化经营企业进入国际市场的主要方式

■ 国际战略联盟的运行

导引案例

湖北万向汽车零部件有限公司的国际化整合优势

万向公司主业致力于汽车零部件产业，竞争实力在中国零部件行业位居第一，产品进入通用、福特、大众等国际大汽车公司的全球采购网络。万向是中国向世界名牌进军具有国际竞争力的企业之一；商务部"重点培育和发展的出口名牌"企业。2006年，实现营业收入逾300亿元，名列福布斯中国顶尖企业百强榜单。作为中国企业国际化中较为成功的企业，其基于整合优势的国际化方式对其他企业具有典型的借鉴意义。

万向公司国际化的成功关键在于其具备了在全球范围内进行资源整合的能力。特别是充分利用了国际并购，获得了战略性资产；借助被收购公司原有的品牌和销售渠道，扩大与一流汽车厂商的配套业务，与国际主流市场接轨，不断扩大生存发展空间。

（一）通过并购获得战略性资产

美国舍勒公司始建于 1923 年，是全球拥有万向节技术专利最多的企业，具有强势的品牌和销售渠道。1998 年被万向以 42 万美元的低价收购了品牌、专利技术、专用设备和市场网络，使万向继舍勒之后成为全球万向节专利最多的企业。创立于 1890 年的美国洛克福特（Rockford）公司，是翼形万向节传动轴的发明者和全球最大的一级供应商，占全美主机配套市场 70% 左右的供货量。洛克福特拥有大量的产品专利、先进的检测技术中心。万向以 33.5% 的股权成为洛克福特公司第一大股东，有效实现了资源互补，提升了万向在国际汽车零部件领域的影响力。万向通过并购获得了一系列战略性资产，迅速从万向节扩大到等速驱动轴、传动轴、轴承等系列化汽配产品。在消化吸收国外同行的专有技术的同时，万向根据企业的发展战略和自身实际，有选择的培育有良好市场潜力的高技术产业领域进行自主研发，拥有自主的知识产权，以多种途径强化企业核心竞争力。

（二）通过并购开拓新的销售渠道

万向通过在海外收购，可以扩大在当地的销售网络，获得进入国际市场的渠道。2001 年，UAI 因并购扩张出现问题时，万向以 280 万美元取得第一大股东地位，要求 UAI 每年向万向采购不少于 500 万美元的制动器产品，打开了万向制动器产品进入美国市场的通道。2005 年 6 月，万向集团收购美国 PS 公司 60% 股份，成为第一大股东。此项收购打通了向美国三大汽车制造企业供货的渠道，成为在北美制造并直接供货美国三大汽车厂的一级供应商。此外，万向还收购了美国历史最悠久的轴承生产企业 GBC 公司，获得了完整的市场网络，并与最大的汽配供应商 TRW、DANA 等形成战略合作关系。万向正是通过收购，使其在制造方面的竞争优势不断得到强化，开拓了更广阔的国际市场空间。

（三）通过反向 OEM 模式整合国内外资源

万向公司在国际化并购中形成了独特的"反向 OEM 模式"，

155

即在收购国外知名品牌汽配供应商后，把产品转移到国内生产，再利用原来的品牌返销国际市场。这种模式充分利用了国内的规模化生产、低成本优势，以及并购后获得的国外市场稳定的客户关系和销售渠道；以低成本制造、高价格销售带来了高额利润空间。万向并购舍勒后，将舍勒公司的所有产品全部搬到国内生产，在美国市场仍以舍勒的品牌销售，实现了国内低成本生产，国外高价格销售。万向并购 UAI 后，获得了 UAI 每年 2500 万美元的产品订单，将 UAI 一部分产品在国内生产，大大降低了成本，充分发挥了国内制造的低成本优势。万向通过"反向 OEM 模式"，实现国内外资源的互补，以技术和营销渠道建立国际竞争力，得以分享更多的利润。万向也因此创造出了中国后发型企业国际化值得借鉴的整合新模式。①

思考问题：

1. 万向公司的跨国经营优势从何而来？

2. 中国企业国际化的本土环境、外部环境与发达国家、新兴发展中国家和地区的企业国际化环境有什么不同？

3. 中国企业如何进行战略选择来整合外部各种要素，以获得并强化国际化优势？

第一节　国际化经营战略概述

一、国际化经营战略的含义及特征

（一）企业国际化经营战略的含义

企业国际化经营主要指以世界市场为导向跨国经营，即从国内市场进入国外市场，对国内外生产要素进行综合配置，利用国际性的管理技能，在一个或

---

① 案例来源：王莉. 基于整合优势的中国企业国际化分析框架［J］. 商业时代，2008（22）：39.

若干个经济领域从事经营的活动。企业国际化经营是当代世界经济活动的一大特征，已对世界经济的发展产生了巨大的影响。在经济全球化、一体化深入发展的当今世界，企业作为全球经济产业链条中的一环，其经营活动不可避免地都要与国际经济发生联系，无论其是否愿意或是否主动，都必须面对来自全球的国际化竞争。只有参与国际竞争，企业才能谋求可持续发展。它的衡量标准之一应当是企业在其注册地（通称为母国）之外的国家从事生产经营活动的程度。

企业国际化经营战略是企业产品与服务在本土以外的发展战略，是企业在国际化经营过程中的长远发展规划。国际化经营战略是企业经营总体战略中重要的组成部分，其实质是使企业生产经营活动的规划、组织和执行适应国际市场的要求，通过国际市场使企业价值最大化。

制定国际化经营战略要求企业着眼于世界市场和世界资源分布，以全球化的视野来优化企业的经营活动，协调和整合企业分散在各地的业务，预测和应对全球环境与东道国环境变化，获得全球资源共享，规避企业的国际化经营风险。

（二）企业国际化经营战略的特征

企业国际化经营战略有以下明显特征。

（1）以国际化经营为目标规划其全球性经营活动。实施国际化经营战略既是企业谋求在更大空间发展的需要，更是全球经济一体化的要求。企业面对的已不仅仅是国内那些熟悉的差别不大的同行企业，而是许多陌生的早已国际化了的强势企业。企业经营目标也就不仅仅是国内，而是面向全球，在世界范围内筹划其生产经营活动。

（2）研究国际经营风险来确定总方针。国际化经营与众多国家或地区发生联系，企业面临的经营风险的范围更广，程度更深，可测性更模糊，要实现国际经营目标的最优化，就必须重点研究国际经营风险及竞争机构，分析自身国际化经营约束条件，为有效利用和配置国际资源，做好总体谋划，确定总方针策略，以指导企业国际经营活动。

（3）在全球化视点下规范各相关企业与职能部门的行为。国际化经营战略的实施已经不再是单一化的对市场变化的直接反映，而是对企业所处竞争环境和企业本身资源进行评估后的有计划、有组织的行动。它要求各相关企业和各部门必须协调配合，达到资源在国际空间范围中的合理配置。

4. 注重跨文化性质以便有效进行战略控制。不同文化背景下，人们对问题的想法和看法不尽相同，在经营问题的感知、理解和意义赋予上存在着差异，这就是国际化经营的跨文化性质。国际化经营战略注重在国际经营活动中创造恰当的跨文化沟通氛围，谋求相互理解，在资源投入、技术选择、生产效率、产品销售和市场定位等方面按国际惯例运作，以利于经营绩效的实现。

二、企业国际化经营动因及条件

（一）企业国际化经营动因

为什么要实施国际化经营战略？每一个企业的具体动因可能存在一些差异，但很显然，国际化经营的企业比完全在国内经营的企业有更多的盈利机会和更大的发展空间，企业可以为自己的产品和服务找到新的市场，可以充分利用国外市场、资源、资金、技术、信息和管理经验，以国内企业所不能及的方式增加盈利，提高企业的竞争优势。可以说，企业国际化经营的根本动因就是从国际化扩展中获得成长与发展。一般而论，企业国际化经营有以下动因。

1. 转移核心竞争力

随着企业的技术和产品创新，企业规模的扩大，国内市场难以满足企业发展的需要，就需要企业走向国际市场。由创新、高效、质量、顾客忠实度构成的核心能力是企业竞争优势的基础，企业将在国内拥有的这种特殊的竞争能力以及自己的产品转移到国外市场，就可以使核心竞争力在更大的范围中发挥作用，使企业占领更多的市场，获得更大的利润。企业充分利用国际国内两个市场两种资源，可以获得规模效应和学习效应，继而提高经营效率，获得更长远的发展。

例如麦当劳的全球扩展，就是因为其具备经营快餐业的能力和特长，它运用其独特的技能和产品迅速扩展了海外市场，从而依靠转移核心竞争力的战略极大地提高了盈利能力。再如本田公司依靠其品质高、设计优、成本低的发动机设计和生产方面的核心能力，使其汽车、摩托、发电机及其他以车辆内燃机为动力的机械产品在全球获得了竞争优势。

2. 实现区位经济性

区位经济性指企业利用要素禀赋方面的差异，选择最佳地点从事价值创造活动，从而获得生产产品的比较优势和经济优势。不同国家由于历史、地理、资源、经济、政治、司法、文化等方面的差异，使某种产品在设计、生产、营销、服务等方面的成本也存在差异，企业把价值创造活动放在最适合此活动的地方，如接近原材料或廉价劳动力的地方，进入竞争程度弱或无竞争的市场，享受低关税、低税收的国家等，就可以降低成本、占据成本领先地位，形成差别化，获得超过平均水平的利润。

例如通用汽车公司邦帝莱曼汽车生产全过程就是在全球范围内追求区位经济性的结果。在美国销售的这种汽车，其设计主要在德国完成，因为德国子公司拥有最合适的设计手段；零部件在日本、中国台湾和新加坡制造，组装在韩国进行，因为这些地方拥有低成本的熟练工人；广告策划则在英国完成，因为英国具有能力最强的广告策划公司。依靠这种创造活动的全球价值链网络，把价值创造活动分散到最佳地点，使附加值最大化，从而实现了区位经济性。这对于把所有价值创造活动集中在一个地方的竞争者来说，就具有了极大的竞争优势。

3. 形成最佳经验曲线

最佳经验曲线指在某种产品的整个市场寿命周期中，生产成本有规律地下降，使企业获得成本优势。经验曲线取决于企业规模，企业从事国际化经营，扩大了市场规模，其累积生产量必然大幅度增加。企业的营销和服务也面向国际市场，进一步增加了顾客需求，促使企业产品经验曲线下滑，从而获得降低成本的效益。

产量翻番生产成本会随之下降，一是因为工人们通过重复性地做某项工作而学会如何最有效地完成这项工作，劳动者掌握了最有效率的方法时，劳动生产率随之提高。管理人员也会随着时间推移而逐步掌握更有效率的管理方法。因此，由于劳动生产率和管理效率的提高，生产成本便最终下降。二是因为规模经济，即大批量生产某种产品而实现某种产品单位成本的下降。企业的规模经济就是经验曲线的成因。

（二）企业国际化经营的条件

企业要实现国际化经营必须具备一定的内部条件。

1. 思想观念条件

在经营思想上具有国际化经营意识，即在商品观念、市场观念、竞争观念、效益观念上都要国际化。具备了国际化的观念才能适应国际市场的需求，承担国际竞争风险，建立起国际市场竞争实力，获取产品质量、服务质量上的优势，追求高于国际市场平均利润的利润目标。

2. 人才条件

具备符合国际化经营要求的一批人才。这些人才除了具有一般经营者的素质之外，还必须具备一些特殊条件，比如：具有国际化全球化视野、国际教育或跨国经营经历；对不同文化的敏感和适应能力较强；具备国际贸易、财务、金融知识，深刻了解东道国政治、法律、经济、社会状况；掌握企业业务流程、技术和经营模式，熟悉自己的产品和服务；善于交往，能打开新的经营局面；细心、耐心、稳健、老练，具备不屈不挠的品质和精神等。

3 经营机制条件

企业在经营机制上应符合国际化需要，具有清晰的国际化战略运营逻辑，依据企业的发展诉求、结合企业自身条件，采取明确的国际化运营策略。能对国际竞争者的行动、国际市场顾客的需求作出快速反应，在国际竞争中抢得先机。在某些行业避免激烈的国内竞争，在某个较小领域实现较低程度的竞争，以及避免国内市场惯性等。建立起符合国际市场竞争的决策机制、研究开发机制、利益机制、自我积累和自我调节机制、内部管理机制等。

4. 研发创新条件

国际市场需求多样、变化迅速，满足这种市场需求就要具备研发、创新和技术变革的实力，同时追求其经济性。较高的研发成本和较短的产品生命周期要求有较大的国际市场规模，国际市场上较快的技术发展步伐要求获得较快和较大的回报，企业产品的差异化程度、要素密集程度及高技术产品和市场特性要求持续创新。

5. 组织条件

国际化经营要求企业在组织上必须进一步得到强化，使其在生产、开发、经营、服务一体化方面，在规模效益方面，在信息搜集和处理方面，在资金筹措及吸引人才方面，都能够适应国际化经营的需要，发挥出整体优势和灵活机动的优势。这就要求企业构建跨职能、富有弹性的新型组织结构。

除了以上内部条件之外，外部因素也是必须考虑的条件，如国际市场条件，主要是国际市场的市场容量、市场竞争结构及自由化程度。还有生产要素条件，信息、通讯与交通技术条件，合作伙伴的资源与吸引力条件等。

三、企业国际化经营战略的类型

根据战略实施重点可以将企业国际化经营战略分为国际化战略、多国本土化战略、全球战略、跨国战略四种类型。

（一）国际化战略

企业国际化战略是相对于国内经营而言的，是指企业把产品与服务推向本土之外的市场来创造价值的发展战略。其动因是企业实力的壮大以及国内市场的饱和，企业便把目光投向本土以外的全球市场。

企业的国际化战略是在国际化经营过程中的发展规划，它使企业逐渐融入到世界经济一体化进程之中。不仅产品、服务走向国际市场，资源配置和利用也国际化，在技术、资金、人才、生产制造、市场、品牌等方面均走向国际化。

（二）多国本土化战略

多国本土化战略是根据不同国家的不同市场，提供更能满足当地市场需要的产品和服务。实施多国本土化战略的企业在国内市场开发产品，再把产品提供给国外的子公司进行销售或改造。多国本土化战略的优势是可以将企业的竞争策略与东道国的环境匹配起来。

这种战略与国际化战略的共同点是将在本国所开发出来的产品和技能转到国外市场，在重要的东道国市场上从事生产经营活动。不同之处在于要根据不同国家的不同市场，提供更能满足当地市场需要的产品和服务。

（三）全球化战略

全球化战略是指跨国企业将价值链环节和职能配置在具有区位比较优势的国家或地区，进行综合一体化生产和经营，向全球市场推广标准化产品和服务。采用这种战略便于抓住全球性机遇，在全球范围内实行资源的最优化配置，从而降低成本，获得长期、稳定的全球竞争优势，实现效率效益最大化。

全球化战略的着眼点在于全球，而非孤立地考虑某国的市场和资源。要求在多国基础上取得最大经济收益，而不计较于经营活动中一时一地的损失。正因为全球化战略面向的是全球标准化产品需求市场，因而，在地方特色产品的需求市场上则不合适采用这种战略。

（四）跨国战略

跨国战略是指企业在激烈的全球竞争中转移核心竞争力，把在一国开发成功的产品和能力推向他国市场，而设立在开发国的工厂便成为供应各国市场的生产中心。采用这种战略，母公司与子公司之间、子公司与子公司之间是可以相互提供产品和技术的，这样就具有了业务经营的多样化和市场的多样性特征。因此，不仅要制定和执行面向推广国的战略，还要根据各国市场需求进行调整。跨国战略并不侧重于某个单方面，而是创造多样化的资产和能力组合，在集中保护和利用核心竞争力的同时全面提高效率和能力，以较低投入建立竞争优势。

第二节　国际化经营战略环境分析

企业国际化经营活动都是在一定环境下进行的，一旦走出国门，企业便面临着完全不同的外部环境，各国的政治、法律、经济、技术、文化、社会等各不相同，还可能面临世界突发事件，这些都会给企业的国际化经营带来困难和风险。企业通过国际化经营环境分析，便于把握哪些因素对企业有利，哪些因素对企业不利，并明确自身的优势和劣势，从而为制定国际经营战略提供依据。

一、国际贸易体制

企业实行国际化经营针对的是国际市场，因而，首先必须了解国际贸易的格局和体制。国际贸易体制主要包括关税、非关税壁垒和国际贸易支付方式。

（一）关税

关税是一国政府对进出该国的产品所征收的税金，向进出口商收取。其作用是增加国家财政收入、维护国家经济利益，保护本国民族工业的发展，稳定市场。

在国际贸易中出口商以低于本国国内市场价格或低于正常价值在其他国家进行商品销售的行为谓之倾销。进口国政府为了抵制外国商品倾销给本国生产和市场造成的严重危害而征收反倾销税。反倾销税是对商品倾销国货物征收的一种进口附加税，进口国以征收相当于出口国国内市场价格与倾销价格之间差额的进口税来保护本国产业。

（二）非关税壁垒

非关税壁垒是一国政府采取除关税以外的各种办法对本国的对外贸易活动

进行调节、管理和控制的一切政策与手段的总和。目的是在一定程度上限制进口，以保护国内市场和国内产业的发展。通过这些手段可以起到贸易保护的作用，但也会使本国消费者蒙受损失。非关税壁垒名目繁多，据《关税与贸易总协定》的统计，已有 850 多种。主要有进口配额制、进口许可证制、外汇管制、最低限价和禁止进口、技术标准及检验制度、卫生检疫规定、商品包装和标签的规定、繁杂的海关手续、政府采购政策、贸易救济措施等。最常用的是进口配额，以保护国内某些产品和就业。

（三）国际贸易支付方式

国际贸易支付方式会影响国际经营的效益。国际贸易需要将一国的货币兑换成另一国的货币，由于各国货币价值经常波动，因此汇率就会带来一定影响。国际经营活动中销售和交货与收回货款之间存在时间滞后，有时就因汇率变动而使收益大打折扣。

汇率的影响具有决定性意义，汇率的变化意味着货币价值的变化，货币的升值或贬值直接影响到产品计价、货币支付方式和是否打入某国市场等决策。

二、政治与法律环境

（一）政治环境

企业国际化经营必然要受到东道国的政治、法律环境的规范、强制和约束。东道国的支持鼓励或抑制禁止，会直接影响企业的生存和发展。因此，对国际化经营的政治和法律环境进行分析评估非常必要。

企业国际化经营的政治环境主要包括东道国政治体制、行政体制结构及效率，政府对经济的干预程度，政府对外国企业的态度，政治的稳定性，东道国与母国的关系，东道国与其他国家的关系等。主要分析以下因素：

1. 东道国政治的稳定性

东道国政治的稳定性直接影响跨国企业经营。在政治稳定性分析中需要考察东道国政权更叠的形式和频繁度，各种利益集团的政治参与程度和民族主义力量。

政治环境的突变会给经营者造成措手不及的打击。政权更叠比较平稳、政策延续性强，对外国企业经营影响就不大。但政权更迭频繁而且突然，外国企业在经营策略上就来不及调整，会影响到正常经营活动。尤其是东道国政府变更或改组、政治动荡或发生战争，这时跨国公司的资本就处在最高风险之中。在政治冲突、政党对立、民族矛盾激化、劳资关系紧张、暴力活动频繁、骚乱事件时有发生的环境中，轻则影响政府对外来投资政策的变化，重则造成对人员的伤害和企业财产的损害，甚至使外国企业成为国内危机的替罪羊。

东道国各种利益集团如劳工组织、环保组织、宗教团体等，其政治参与程度也对跨国公司有着双重影响，积极影响是有的利益集团的活动有利于促进跨国公司的利益，消极影响则是损害跨国公司利益。

2. 东道国政府对经济的干预度

各国政府在经济活动中均发挥着重要的作用，并以经济活动的参与者和管理者的身份出现。政府常常通过控制货币流通和调整政府开支来削弱经济波动，政府也往往是产品和服务的最大买主。政府还控制着许多公共部门，控制着具有自然垄断性和战略性的行业和企业。对国际化经营企业的主要影响来自于东道国政府对外国企业的政策，当跨国公司的经营与东道国的政策发生冲突时，东道国政府为保护自身经济利益会以各种理由采取限制跨国公司自由度的政策，包括外贸政策、货币政策、财政政策、国际收支与汇率政策、经济保护主义政策和经济发展政策等。比如以没收、征用、国有化、本国化、外汇管制、进口限制、市场控制、税收控制、价格控制、劳动力使用限制等措施对外国企业进行干涉，迫使外国企业改变经营方式和策略。

3. 东道国的国际关系状况

在经济全球化大环境中，企业生产的边界不断扩大，除了在某一东道国的经营活动外，产成品、原材料的国际流通日益频繁，东道国的国际关系对国际化经营的影响越来越明显。

在国际关系中最重要的是东道国与母国的关系。在相互友好的国家从事经营活动，政治风险较小，相反，在关系紧张的国家从事生产经营活动，风险就大。当关系恶化到一定程度，企业在东道国的经营就无法进行下去。从国家经济关系方面来看，东道国与母国相互依赖程度越高，经济互补性越强，跨国经营风险就越小。东道国与母国结盟程度越紧密，跨国经营的风险就越小。

若东道国是区域性经济组织的成员，就要考虑这种组织的排外性，其强弱对企业竞争力会有很大影响。东道国与其他国家的关系也会影响到跨国公司在其他国家的经营，所以，也是考察因素之一。另外，东道国开放程度和国际交往程度越高，采取极端性经济政策和措施的可能性就越小，因为世界贸易组织和区域性经济组织会发挥很大的约束作用。

政治与跨国公司的关系一直是国际化经营发展进程中的一项重要内容，预测国家政治风险对选择东道国和落实投资项目计划十分重要。为了减少损失，国际化经营企业应当做好风险分析、风险评估和风险调适。

（二）法律环境

国际化经营的法律环境指相关的国际公约、国际惯例、东道国涉外法律法规等。如国际法律规范形式的国际公约（如《保护工业产权公约》、《商标注册条约》、《马德里条约》等）、涉及海外子公司设立的公司法、劳工立法、商标法、专利法、所得税法，与竞争有关的法规，与进口有关的法规，投资保护法规等。

企业在市场经济中的行为主要由法律来规范和约束，因此，企业在进行国际市场营销活动时必须了解国际法律，尤其是东道国的法律体系，才能依法经营，避免不必要的法律纠纷。

三、经济环境

企业国际化经营必然受到国际经济环境的影响，各国贸易体系、金融体系、经济体制都存在差异，经济发展阶段也不相同，会直接影响企业资本和商品在国际间的转移和流动，影响企业经营决策的成败。企业国际化经营需要重点分析以下经济环境因素。

（一）国家的经济体制及发展水平

世界各国经济体制不同，组织形式与经济调控程度也不尽相同，在国际化经营中，只有充分了解东道国的经济体制，才能制订出相应的营销策略。

国民经济发展水平分为原始农业型、原料输出型、工业发展型和工业发达型。原始农业型国家基本属于自给自足的自然经济，商品推销机会相对较少。原料出口型国家某种或几种自然资源非常丰富，而其他资源相对贫乏，其收入主要来源于这些资源的出口换汇，主要消费品则依赖于进口。工业发展型国家已经建立一定工业技术基础，需要先进设备和本国无力生产的关键中间产品，而新形成的富裕阶层日益壮大，成为国外进口商品的主要消费群。工业发达型国家多为高技术产品、资金、技术出口国，但又是大量传统商品的大市场，其需求多样化、个性化突出，市场容量不仅大且变化迅速，消费者需求包罗万象。这些因素的分析评估，对企业国际化经营的决策方向有着重要指导意义。

（二）国内生产总值总量及其分布

国内生产总值的总量反映一个国家的总体经济实力，而国内生产总值的增长率更能判明一个国家的经济运行状况及其前景。国内生产总值的分布状况主要影响市场需求结构和需求规模，其分布既与国家总体经济发展水平有关，更受政治制度的影响，应与政治环境结合进行分析。

（三）国际收支

国际收支是企业国际化经营必须考虑的问题，一方面国际收支影响该国的本位货币的币值，一个国际收支严重逆差的国家往往会贬低本国货币，扩大出口；另一方面，国际收支影响该国政府的经济政策以及对外来资本的态度。市场开放的国家是欢迎国外直接投资的，这有利于该国经济的发展与国际收支稳定，但国际收支逆差会影响国际企业的汇出利润与原料进口。

（四）集团贸易与区域性经济

这里所说的"区域"是指一个能够进行多边经济合作的地理范围，这一范围往往大于一个主权国家的地理范围。20 世纪 80 年代以来，集团贸易与区域性经济集团迅速发展，经济合作的模式包括建立共同市场，开辟自由贸易区，成立区域开发合作集团等形式。世界主要贸易集团比较成熟的有欧洲联盟、东南亚国家联盟。区域经济一体化趋势更为明显，除了欧盟是目前世界经济中最为成功的区域性经济一体化组织之外，主要表现还有"东盟 10+1"（1 指中国）和"东盟 10+3"（3 指中、日、韩）、非洲国家联盟、北美自由贸易区等。另外，各区域之间的经济关系也在迅速发展，主要表现如"欧亚经济论坛"、"中非经济论坛"、"中阿经济论坛"等。以安全为核心的国际组织比如上海合作组织，也兼有区域经济合作职能，并不断得到丰富和加强。在这种多国经济区域内，贸易壁垒被削弱或消除，生产要素趋于自由流动。20 世纪 90 年代以后，新一轮区域经济一体化浪潮波澜壮阔，区域协议涵盖的范围大大扩展，如贸易自由化、贸易争端解决机制、投资自由化、知识产权保护标准、环境标准、劳工标准等。

（五）科学技术水平

科技水平高的发达国家，产业结构在进行重大调整，集中发展技术密集型产业，而技术性不强的产品往往需要大量进口，这就为发展中国家提供了一个市场发展的机会。相对而言，发展中国家则往往由于科技水平不高，迫切需要进口先进的技术设备。企业在开展国际化经营时正确认识东道国的科技发展水平，才能增强经营决策的针对性和适应性。

四、地理与社会文化环境

(一) 地理环境

地理环境主要包括以下方面：

1. 气候与地形

地形与气候条件不仅影响着产品的生产与适应能力，也影响着市场的建立与发展。如海拔、温度、温差、湿度都会给产品的功能和使用条件带来影响。世界各国地理气候条件存在着差异，企业国际化经营就必须选择有利的气候和地形条件。

2. 自然资源

资源是跨国经营必不可少的重要条件。自然资源的位置、质量及可供应量都影响着投资规模和技术选择。

(二) 社会文化环境

社会文化环境相对于其他环境因素来说，更难以理解和把握，尤其是基本信仰、价值观、行为准则等，而且往往影响到企业经营的成败。不同的民族，不同的社会有着自己各具特色的文化环境和亚文化环境，外来企业要在经营上取得成功，必须对此有充分的了解。重点从以下方面进行分析。

1. 人口状况

包括人口总量规模，人口增长趋势，人口密度，人口分布状况及变化趋势等。由于家庭结构会影响对商品的需求，不同家庭结构存在明显需求差别，因此，对家庭结构的研究也不容忽视。

2. 基础设施

社会基础设施包括交通运输、能源供应、通讯、商业等方面的设施。商业设施包括广告、销售渠道、银行和信贷机构。基础设施越发达，国际企业就越能顺利地在目标国开展投资、生产和销售活动。

3. 教育水平

人们受教育程度影响着对商品的需求、对商品的鉴别和接受能力，受教育程度不同，接受文字宣传的能力就有区别。一国的总体教育水平，影响着对商品需求、鉴别和接受能力的平均水平。

4. 宗教信仰

不同的宗教信仰有不同的文化倾向与戒律，影响着人们认识事物的方式、行为准则、价值观念以及对商品的需求，包括商品的结构、外形、颜色等都有特殊的要求。

5. 价值观及其他

东道国占统治地位的社会价值观、审美观、风俗习惯、生活方式、语言文字等因素都是社会人文环境的重要内容。国际化经营的企业不可避免地要面对自身文化与东道国文化的协调问题，需要迎合当地人的消费观与消费习惯，熟悉东道国各种社会文化关系、劳动关系的处理方式。文化随着社会的变迁在不断扬弃，人们的观念也随之变化，因此，国际化经营中企业还要善于发现潜在变化，抓住有利时机，以防范社会文化风险。

第三节　企业进入国际市场的方式

国际市场的进入方式是指企业产品、技术、人力、管理模式以及其他资源转移到他国的方式。有商品出口、合同进入、投资进入等方式。这些方式在资源投入、所有权控制、投资、技术扩散等方面的风险都有所不同。正确选择进入国际市场的方式，是企业国际化经营成败的关键。

一、出口进入方式

出口进入是一种传统的进入国际市场的方式，企业的最终或中间产品在目标国之外生产，然后运往目标国。出口进入方式中又分为间接出口和直接出口两种方式。

（一）间接出口进入方式

间接出口是指企业通过本国的中间商（即专业性的外贸公司）来从事产品的出口。这种出口方式主要有外贸收购、外贸代理、委托出口管理公司代理、联营出口等。企业在进入国际市场初期常会使用这种方式。

间接出口方式的优点是：投资少，企业既可避免在东道国建立制造设施的重大成本，也无需向国外派遣销售人员和设立机构，通过全球销售可以获得规模经济效应；风险小，企业可以利用中间商现有的销售渠道，不必自己处理出口的单证、保险和运输等业务，在保持进退国际市场和改变国际营销渠道灵活性的情况下，不用承担各种市场风险。

间接出口方式的缺点是：难以开展营销活动；不利于了解国际市场环境和与国外客户保持密切联系，不利于获取国际经营信息和经验，难以树立企业在国际市场上的形象和信誉；需向中间商支付较高的手续费从而降低了出口效益。

（二）直接出口进入方式

直接出口是指企业自行承担一切出口业务。主要做法是直接向外国用户提供产品和承接订货，参与国际招投标活动；委托国外代理商代理经营业务；在国外建立自己的销售机构。

直接出口方式的优点是：可以节省中间环节的费用，有利于企业摆脱对中间商的依赖；可以直接面对国际市场，有利于培养自己的国际商务人才，积累国际市场营销经验；可以直接获取国际市场需求变动信息，及时调整生产经营活动；便于提高产品在国际市场上的知名度。

直接出口方式的缺点是：要承担直接出口带来的风险；由于企业自己处理单证、保险和船务，不利于达到规模经济；需要聘用专门的国际营销人才，或在国外建立机构，增加了费用；企业进退国际市场和改变营销渠道的灵活性不足。

二、合同进入方式

合同进入方式指国际企业在转让技术、工艺和管理体系等方面与目标国法人订立非股权性合作合同，从而进入国际市场的方式。

合同进入方式的优点是经营风险较小，费用较低，尤其是克服了东道国对进口和外国直接投资的限制。合同进入方式的缺点是控制力量弱，可能培养潜在竞争对手。

合同进入方式主要有以下几种。

（一）许可证贸易

许可证进入方式指企业在一定时期内向国外法人单位转让其工业产权

（如专利、商标、配方等无形资产）的使用权，以获得提成或其他补偿。根据转让方授权大小程度的不同，可分为独占许可、排他许可、普通许可；根据合同对象不同可分为专利许可、商标许可、专有技术许可；根据被许可方是否有再转让权可分为有可转让权许可、不可转让许可等。

许可证贸易的优点是能绕过进口壁垒的困扰，政治风险小。因而，这种方式是企业进入国际市场的最方便途径。缺点是不利于对目标国市场的营销规划和方案控制，还可能把被许可方培养成强劲的竞争对手。

（二）特许经营

指特许权人以合同形式允许被特许人有偿使用其商标、商号、专有技术、产品、企业形象、运作程序、管理经验等从事经营活动的商业经营模式。

特许经营和许可证贸易很相似，是许可证贸易的延伸和扩展。但是，二者在动因、提供的服务和有效期限等方面是有差异的。在特许经营方式中，除了转让企业商号、注册商标和技术之外，特许方还要对被特许方给予生产、组织和管理方面的帮助，以使其经营持续下去。

这种进入方式的优点是特许方不需投入太多的资源就能快速地进入国外市场，而且对被特许方的经营拥有一定的控制权。缺点是很难保证被特许方按照特许合同的规定来提供产品和服务，不利于特许方在不同市场上保持一致的品质形象。

（三）管理合同

是通过向国外企业提供管理经验、情报信息、专门技术知识的合同来进入国际市场的方式。企业以合同形式承担另一公司的一部分或全部管理任务，以提取管理费和部分利润或以某一特定的价格购买该公司的股票作为报酬。

这种方式的优点是企业通过输出管理经验、技巧和劳务获取收入，由国外企业提供所需资本，不发生现金流出。具有企业在目标国管理工厂日常运行的权力。可以通过管理活动与目标市场国的企业和政府接触，为以后的营销活动提供机会。相比其他方式，以管理合同进入国际市场风险最小，合同开始生效就有收益。缺点是具有阶段性，合同完成企业就须撤离。

（四）合同制造

指企业与国外制造商签订合同，由该制造商生产产品，而企业负责产品销

170

售的一种合作形式。采取这种方式可以输出技术、商标、劳务和管理以及部分资本。

这种方式的优点是能使企业尽快进入国际市场，其风险很小。有利于企业同国外制造商建立合伙关系以至于将来买下其产权。缺点是由于合同制造往往涉及零部件及生产设备的进出口，有可能受到贸易壁垒的影响。

（五）工程承包

工程承包方式指企业通过与国外企业签订合同完成某工程项目，并将其交付对方的方式进入外国市场。是劳动力、技术、管理、资金等生产要素的全面配套进入的方式。有利于发挥工程承包者的整体优势。

工程承包进入方式的优点是所签订的合同往往是大型的长期项目，利润颇丰。缺点是由于具有长期性，增加了不确定性因素。

（六）双向贸易

指在进入一国市场的同时同意从该国输入其他产品作为补偿。双方都达到了进入对方市场的目的。根据补偿贸易合同内容的不同，双向贸易可以分为易货贸易和补偿贸易等形式。

1. 易货贸易

是一种以价值相等的商品直接进行交换的贸易方式。不需要货币媒介，在不动用现汇的情况下出口商品并取得国内急需设备和产品。交易往往是一次性的，履约时间短。交易的商品具有局限性，达成大宗交易较难。

2. 补偿贸易

是一种与信贷相结合的贸易方式。如产品返销、互购、部分补偿等。可以避免外汇短缺造成的市场收缩，扩大产品出口。可以较容易地进入贸易保护程度较高的国家。但因交易带有信贷性质，交换的对等性和互利性难以保证。

双向贸易通常是贸易、许可协定、直接投资、跨国融资等多种国际经营方式的结合。

三、投资进入方式

投资进入方式是指企业以投资的方式进入目标国市场，包括合资进入和独资进入两种形式。投资进入方式是一种比较高级的方式，企业拥有在目标国家的制造工厂和其他生产经营系统的所有权。

（一）独资进入

独资进入方式指企业直接到目标国投资建厂或并购目标国的企业，独立经营，自负盈亏。这种方式的优点是企业可以完全控制管理和销售并独立支配利润，利于保护技术和商业秘密。缺点是资金投入大，扩大市场规模易受限制，有可能面临如货币贬值、外汇管制、政府没收等较大政治经济风险。

（二）合资进入

合资进入方式指企业与目标国企业联合投资，共同经营，共同分享股权及管理权，共担风险。这种方式的优点是因有当地企业参与容易被东道国所接受，可以利用合作伙伴的成熟营销网络。缺点是因股权和管理权分散，造成了企业经营协调的难度，技术秘密和商业秘密易于流失到对方手中，将其培养成将来的竞争对手。

四、国际战略联盟

（一）国际战略联盟的概念

国际战略联盟是企业实现国际化经营的灵活而重要的方式。是指两个或两个以上的国家或地区的两个或多个企业为了实现优势互补、提高竞争力及扩大国际市场等共同目标通过签订双边或多边长期或短期合作协议而建立的战略伙伴关系。国际战略联盟偏重"战略"，并不以追求短期利润最大化为首要目的，也不是一种为摆脱企业目前困境的权宜之计，而是与企业长期计划相一致的战略活动。战略伙伴必须坚持平等互惠、共享利益，共担风险的原则。跨国公司为实现某一战略目标而建立的合伙关系。由于这种合伙关系是建立在某一战略目标上，因此，只要有利于实现这一目标的，战略联盟可以采取任何一种形式，而不必拘泥于一种形式。

国际战略联盟的优点是可以分散风险，分享资源，弥补劣势、提升彼此竞争优势，迅速开拓新市场，获得新技术，提高生产率，降低营销成本，谋求战略性竞争策略，寻求额外的资金来源。国际战略联可以使企业绕过各种经济壁垒和法律障碍，在全球范围实现最优的资源配置，实现整体收益最大化。国际战略联可以在更广的范围内寻找合作伙伴，实现价值链上的更优合作。国际战略联盟的缺点是合作难度大，利益平衡难，合作开发的技术被滥用。

（二）国际战略联盟的形式

国际战略联盟的形式灵活多样，根据不同战略目标，可以采取不同形式。

（1）研究和开发联盟。这种联盟是在研究开发新产品和新技术方面结成的联合体，进行合作创新，而制造和销售最终产品则由企业各自完成。

（2）合作生产联盟。这种联盟是由各方集资购买设备，共同从事某项生产，便于根据供需关系调整和优化各自的产量，以达到效率最高的生产能力。

（3）市场营销与服务联盟。这种联盟是由合作企业共同拟定营销计划，使加盟企业取得当地政府支持而迅速占领市场，提升市场营销能力。

（4）项目合作联盟。这种联盟形式更为灵活，是加盟各方就业务项目而开展合作的一种形式。根据需要和企业实力，可以同时在几项业务领域中进行合作，也可以采取渐进方式，由单项业务合作逐渐发展到多项合作。

此外，从联盟企业活动性质的角度又可以分为横向战略联盟和纵向战略联盟，前者是企业在相同价值链环节中的结盟，如开发联盟、生产制造联盟、营销联盟等；后者是企业在不同价值链环节的结盟，如与供应商、分销商、生产商的结盟。从联盟的组成方式角度又可分为股权性联盟和非股权性联盟。前者是合作各方通过购买股权相互持股从而建立长期合作关系，这种方式可能会使企业追求投资回报率，形成短期行为；后者则不涉及股权，仅在产品制造、工艺技术、操作技能与诀窍、支付等方面进行交换与转让，无需为了股权去追求短期财务业绩。

（三）国际战略联盟的运行

1. 选择合适的联盟伙伴

选择伙伴是建立战略联盟的关键因素，合伙人是否合适关系到联盟的生存和发展。合适的合作伙伴必须有助于企业实现其战略目标，结盟动机必须一致，必须具有良好的企业声誉。合伙人还必须具有某种专长或优势，且能经得起时间的考验。如果联盟各方都不具备优势或优势不明显，甚至具有明显的弱点，都想借助对方发展自己，这样的联盟是很难持续运行的。

2. 构建有效的联盟管理系统

构建有效的联盟管理系统才能规范战略联盟的管理。这个系统有符合联盟企业特点的专门管理机构，有有效的沟通、协调机制和运行规则，有利益分配机制和核心竞争力培育、维护与提升机制，对各方的责任、义务、权利有明确的界定，在技术、人员、利润等方面均有合理的制度安排。

3. 尊重和协调各方的文化差异

国际战略联盟首脑来自于不同国家的不同企业，其文化背景和立法背景以及企业文化各不相同，看问题的角度也会不同，从而影响决策与合作。故此，战略联盟运行中的沟通、协调尤为重要。在各方原来的管理传统和企业文化都很强势的情况下，除了尊重彼此文化和立法的差异之外，还应相互理解和适应，提高学习能力，特别是尊重对方的核心文化。这样才能使合作关系保持必要的弹性。尤其是当差异威胁到联盟的正常运行时，必须及时协调，以避免联盟的解体。

4. 保持竞争性的合作关系

在国际战略联盟中竞争与合作是对立统一的辩证关系。企业只有在竞争中才能拼搏，建立战略联盟的目的就是要增强企业的竞争能力，实现自己的经营目标，使自己有能力进行更高层面的竞争。而合作则意味着联盟企业存在着共同的利益，各自拥有的资源能够发挥互补的功效，联盟企业的发展需要依靠彼此的合作。没有真正的竞争也不会有真正的合作，竞争并不排斥合作，合作则是为了更有实力去竞争。所以，在联盟中忽视竞争只依赖于合作，或只强调合作而忽视竞争都是偏颇行为。联盟企业彼此之间应在竞争性合作中把握适度原则，只有保持竞争性的合作关系，才能双赢。

本章小结

企业国际化经营战略是指从事国际化经营的企业通过系统评价自身资源和经营使命，确定企业战略任务和目标，并根据国际环境变化拟定行动方针，以求在国际环境中长期生存和发展所作的长远的总体的谋划。

企业国际化经营战略的特点：以国际化经营为目标规划其全球性经营活动，在国际化经营前提下合理配置企业资源，运用全球化视点规范各相关企业与职能部门的行为，注重跨文化性质以便有效进行战略控制。

企业国际化经营的动因有：转移核心竞争力，实现区位经济性，形成最佳经验曲线。

企业国际化经营的条件包括思想观念、人才、组织、经营机制、研发创新能力等方面。

企业国际化经营的影响因素包括国际贸易体制、政治和法律环境、经济环境、地理和社会文化环境。

企业国际化经营战略的意义：协调和整合企业分散在各地的全球业务；预计和应付全球环境与东道国环境的变化；活动全球资源共享；规避企业的国际化经营风险。

企业进入国际市场的方式主要有出口进入，合同进入，投资进入，建立国际战略联盟。

思考题

1. 怎样理解国际化经营战略？国际化经营战略有什么特征？
2. 企业开展国际化经营的动因是什么？
3. 影响企业国际化经营的因素有哪些？
4. 怎样进行国际化经营战略环境分析？
5. 企业实现国际化经营需要具备哪些条件？
6. 企业如何进入国际市场？有哪些方式可以选择？如何选择？
7. 中国企业如何走出国门？
8. 国际战略联盟有哪些形式？具有什么优点？
9. 国际战略联盟发展趋势如何？
10. 选择一个成功和一个失败的国际战略联盟企业的案例，对比分析其原因。

案例分析及理论归纳

沃尔玛的全球化和本地化

沃尔玛自 1991 年开始从美国向海外拓展，一直大力推行全球化。1993 年沃尔玛海外商店数量仅占全部商店的 1%，到 2000 年增长到 25%，两年之后又增长到 27%。1996 年到 2000 年该公司销售增长中的27%来自海外经营。即使是全球经济不景气的2001年和2002年，海外经营对公司的贡献也达到17%。

沃尔玛在全球化道路上充分利用了通过美国国内市场获得的两大关键资源。第一，沃尔玛与宝洁公司、Campbell Soup、Clorox、高露洁、通用电气、Hallmark、Kellogg、雀巢、可口可乐、Pfizer及3M等供货商巨头保持密切的供销关系，从而为沃尔玛的海外连锁店提供了高效的供货渠道。第二，沃尔玛利用其完善的国内信息库以及商店管理、经营技巧和后勤保障等方面的丰富经验，为海外分店提供指导和帮助。沃尔玛首先选择了墨西哥（1991年）、巴西（1994年）、加拿大（1994年）与阿根廷（1995年）作为海外发展的突破口。这固然是因为与欧洲和亚洲相比，这些国家与美国相对较为接近，同时也是因为这些国家还是美洲最大的四个经济体，为零售业提供了巨大的发展前景。

到了1996年，沃尔玛已经做好准备挺进亚洲市场，并把发展方向锁定中国市场。这一选择非常明智，因为中国消费者相对较低的购买力为沃尔玛这样的廉价折扣零售商提供了巨大的发展空间。同时，考虑到中国在文化、语言、地理距离等方面的障碍，沃尔玛决定以两个市场作为滩头堡垒，逐步进入亚洲市场。

首先，沃尔玛在1992年和1993年首次进入亚洲市场，分别与两家日本零售商Ito-Yokado和Yaohan签订了低价商品的购销协议。作为条件，这两家日本零售企业在日本、新加坡、中国香港、马来西亚、泰国、印度尼西亚和菲律宾等地销售这些低价商品。接着在1994年，沃尔玛通过与总部设在泰国的C. P. Pokphand集团组建合资公司，成功进入中国香港市场，在中国香港开设了三家Value Club会员制折扣商店。

而后，沃尔玛在深圳连续开店5家，却连续5年没有向其他中国城市扩张，而是进行了长达5年的本地化建设。由于中国的政策环境和市场环境都不适宜大规模购并或扩张。沃尔玛的隐忍就完全可以理解了。但这5年，恰恰为他赢得了一支本土化的团队和本土化的运营经验。并不急于赢利的沃尔玛（中国）公司，把更多的眼光放在沃尔玛全球采购对中国商品的充分熟悉直至放量采购上。2002 年，其采购规模已达到 130 亿美元。其采购赢利就足以在中国开 100 家大店。直到 2001 年，才放开了异地开店的步伐。而在其充分本地化的人力资源和全球采购资源的支持下，可以说沃尔玛比其他外资零售企业更可怕。因为庞大采购实力足以支持其在任何一个中国城市保持长期不赢利的水平而最终占领市场，最后用购并和改造的手段把自己的直接对手吃掉。

只有当跨国企业在所在国具有本地化的巨大竞争优势时，才能够与严阵以待的当地竞争对手进行正面交锋。沃尔玛进入巴西市场的经历就深刻说明了他的本地化策略。从 1975 年起，法国零售商家乐福就已经开始在巴西经营。1994 年沃尔玛进入巴西市场时，采取了率先降价的方法与对手竞争。这一战术失败了，家乐福与其他当地竞争者也相继降价，结果引起了一场价格大战，沃尔玛出师不利，出现亏损。该公司很快发现，巴西的购物中心中销量最大的商品是食品类，而此类商品主要是在当地进货的，因此企业的全球进货制完全无助于企业创造价格优势。而家乐福等竞争对手则可以凭借与当地供货商的老关系从当地进货中获得实惠。

沃尔玛于是改变方针，不再尝试在价格上压倒当地的对手，而是独辟蹊径，选择两个方面突出自身特色。首先，争取在客户服务上超过家乐福。其次，在选择销售产品的广度和精度上下工夫，把改进的重点从美国转移到当地。通过这两方面的努力，沃尔玛终于成功压倒了家乐福与当地的众多小竞争对手，巩固了在巴西市场中的地位。进入中国后，沃尔玛汲取了这一教训，而率先进行了充分的市场适应。而加入 WTO 之后，中国市场环境已经今非昔比，竞争条件更加平等。一旦放开手脚。沃尔玛就将使出其擅长的购并加改造的杀手锏。因此，沃尔玛的下一步对其他外资零售企业以及中国同行的正面进攻将是游刃有余的。

比如，1997 年，沃尔玛最终打入欧洲市场，收购了拥有 21 家商店的 Wertkauf 超级连锁店系统。由于德国马克币值稳定，德国消费者购买力较高而且消费者群体规模较大，以及德国在欧洲的地理中心位置，沃尔玛打入德国市场，为未来在欧洲大陆上的拓展提供了坚实的基础。

而当沃尔玛进军英国市场的时候，英国的零售市场早已发展成熟，因此他通过兼并的方式进入。1999 年，沃尔玛收购了英国的 Asda 集团。这是一家实力强大、管理完善的连锁超级市场集团，是英国零售业的巨头之一。尤其是 Asda 与沃尔玛的风格非常接近。实际上，Asda 集团很久以来一直在借鉴沃尔玛的经营宗旨与经营模式，因此几乎根本无需进行任何企业文化方面的改造。Asda 的一些经营理念与沃尔玛如出一辙：例如当日特价制，无促销，积极销售独有品牌的产品，重视客户服务，把员工称为"同事"等，就连服务口号"乐于助人"都与沃尔玛的"顾客至上"非常相似。2002 年，Asda 一举创下 150 亿美元的销售额。2002 年 1 月 14 日，沃尔玛便宣称，将以全现金方式收购英国第四大超市连锁公司 Safeway 公司。沃尔玛是借助其英国子公司 Asda 来筹划与英国第二大超市连锁店森斯伯瑞公司联合投标，参与收购 Safeway 的竞争。Safeay 占有英国零售市场的 10% 市场份额，此举将奠定沃尔玛全面制服英国零售业，而成为其霸主。不知这样的历史会不会在中国零售业的未来重演？这也许是危言耸听，但绝对是一个值得我们大家更加深入思考的课题。

总结沃尔玛成功拓展海外市场的经验，就是将全球化管理体系与本土化运营体系有效地结合在一起而取得成功，其主要做法是：

（1）选择产品：选择一个或少量的产品系列作为全球化的先头部队。

（2）选择市场：通过认真分析，挑选适合进入的市场。

（3）选择打入市场的方式：选定目标市场后，企业应确定出口产品与当地生产的比例。

（4）移植企业文化与经验：把企业的经营模式带入目标市场。

（5）赢得当地市场：对当地客户、竞争对手和所在国政府的要求与行动进行预估并作出相应的调整与反应。

　　（6）取得霸主地位：最终以绝对的优势实施同业购并，而且是低成本的对手无讨价还价余地的购并。

　　对沃尔玛来说，赢得当地市场需要两个步骤：了解当地情况，确定需要进行本地化调整的规模与内容；要对当地竞争对手的行动与反应作出应变。

　　要想在新打入的市场立足，企业首先必须了解当地市场的特殊性，这样才能确定企业的经营模式中有哪些部分可以原封不动地保持下来，哪些需要进行本地化，还有哪些必须彻底改变。沃尔玛进入中国市场的经历就是一个明证。

　　沃尔玛在中国的本土化战略做得比较好。1996 年，沃尔玛在深圳开设了亚洲第一家购物广场和山姆会员商店，截至 2002 年已在中国开设了 26 家分店。目前沃尔玛中国公司经营的商品 95% 来自本地，其在中国的采购以每年 20% 的速度递增，中国已经成为沃尔玛全球最大的供应商之一。

　　在中国，沃尔玛在华南以深圳为中心、西南以昆明为中心、华北以北京为中心、东北以大连为中心的区域发展格局已经初步形成。2001 年，沃尔玛把全球采购总部从香港搬至广东，并以深圳为基地，再向世界延伸 20 个采购据点。沃尔玛已在东北和珠三角布点，并开始设点华东地区。走出珠三角，加快在中国布点的速度和范围，无疑是沃尔玛中国公司今后的重点。

　　本土化就是沃尔玛国际化的保障。他在中国的做法最后验证了他的这一策略：

　　管理团队本土化。沃尔玛明白，要真正实现其全球扩张的战略，在中国扎下根，就必须坚决地实行本土化战略。沃尔玛公司一直以其良好的团队建设及对员工的有效培训著称。1996 年在中国开设第一家商店之前，沃尔玛曾花了整整 8 个月的时间对其主管级以上的管理层进行系统的培训。尽管到目前为止，沃尔玛的决策层基本上仍然是美国人，但它希望在今后几年，创建基本上能够自治的、由本地人员管理的团队，这些本地管理人员将负责当地的人力资源、财务及营运。人才的本地化是沃尔玛的管理基础。本地员工对当地的文化、生活习惯比较了解。在运作时，还懂得节约成本，所以人员和管理的本地化能增强企业竞争力。目前，整个沃尔玛中国总部的外籍管理人员占中国所有员工的1%，正在向本地化发展。公司根据其业务发展趋向，加大专业培训力度，委派当地有才华的商业管理人员进行管理。

采购本土化："采购中国"是沃尔玛中国发展战略的一部分。本土化采购不仅可以有效地节约成本，而且还能促进与当地政府、商界的关系，可谓一举两得。沃尔玛中国公司经营的商品有95%以上是由中国生产的。2002年，沃尔玛在中国直接采购和通过供应商间接采购的中国产品总额，超过了任何一家外贸出口企业的业绩。如果按照每个工业职工年均产品销售收入12万元人民币计算，沃尔玛公司的采购额相当于解决了我国100多万人的就业问题。

经营方式本土化：沃尔玛在中国的本土化战略已取得阶段性成效。这几年，沃尔玛除了在中国培养人才外，进行适应中国市场的调整也一直在进行。近来，沃尔玛新开设的分店和最初进入中国开设的店铺已经有不小的变化，调整的范围不仅包括产品结构，还涉及经营方式，沃尔玛在深圳华侨城和大连新开设的店铺都出现了专柜，国外沃尔玛店没有专柜。

今天，沃尔玛已不再向中国顾客竭力推销折叠梯或可供一年食用的酱油。相反，它开始卖1美元左右的烤鸡，举办吃西瓜大赛，还在一家新开的店铺里教销售人员跳Macarena（一种现代舞），这些举动都得到了顾客的积极反应。

沃尔玛在卖场布置和商品促销方面非常讲究技巧，能很好地迎合消费心理。另外，部分国际品牌商品的价格优势也非常明显。沃尔玛为适应中国市场的调整一直在进行，范围不仅包括产品结构，还涉及经营方式。比如设专柜，从最初的购物广场向现在的大卖场、社区店转变等。沃尔玛实行多业态共同并举，形成了以大型超市卖场与会员店为"纲"、小而多的社区店为"目"的格局。

沃尔玛在中国市场中进行了多种尝试，寻找最受顾客欢迎的商店形式。其中之一就是深圳超级购物中心，它采用了一种集商业中心与仓储购物商店特点的混合形式，既采用会员制销售，同时对非会员提供"当日特价商品"。此外，沃尔玛还开办了一些规模较小的卫星店进行试验，力求把握中国运输与购物的发展趋势，适应中国人的购物习惯。

而且，沃尔玛也和中国的零售企业一样，对供应商的付款，也延长了账期——给供货商的货款结算周期从以往的 3~7 天一举延长到 2 个月。

需要进行调整的另外一个方面是产品进货。在进货方面，沃尔玛有三种选择：一是从国际供应商在世界其他地区进货，二是从国际供应商设在中国的厂家进货，三是从中国当地的厂家进货。沃尔玛最终选择了 85% 从中国市场上进货这一比例。这样，一方面满足了当地顾客购买美国生产的高档消费品的愿望，另一方面又缓解了当地政府鼓励购买本国产品而给商店带来的压力。

但这些环境适应的调整政策并没有改变沃尔玛的商业风格。2002 年，沃尔玛向中国供应商宣布，不收取供应商的"进场费"，此举立即赢得中国供应商的喝彩。也使中国的同行们大跌眼镜。沃尔玛的零售工业化开始崭露锋芒。可以看出，沃尔玛的国际化和本土化是并行不悖的。

任何一个企业在进入一个新的外国市场时，不仅要面临当地竞争对手的竞争，还要防备那些已经打入这一市场的跨国企业的威胁。要想在当地市场上站稳脚跟，必须对这些竞争对手的威胁进行有效的预估与应对。沃尔玛应付当地竞争对手的方式，根据市场的具体情况而各不相同，有时是收购一家相对弱小的企业，有时收购一家经营成功的企业，而有时则是向当地市场上的领先者直接发起正面攻击。[1]

思考问题：

1. 沃尔玛进入中国大陆在深圳连续开店 5 家之后，为什么连续 5 年没有向其他中国城市扩张？

---

[1]　穆健玮. 沃尔玛的全球化和本地化［J］. 商场现代化，2003（6）：20-22.

2. 沃尔玛是如何保障其国际化经营战略的?

分析：

管理团队本土化，采购本土化，经营方式本土化，是沃尔玛取胜的关键。沃尔玛的本地化策略正是它全球化扩张的一部分。只有充分的本地化并将全球化管理体系与本土化运营体系有效地结合，才能成为国际化经营的跨国企业。这是沃尔玛的过人之处。

归纳： 国际化和本土化是并行不悖的，国际化为扩张提供战略，本土化为战略提供保障。

第 7 章 企业战略评价方法

学习要点

■ SWOT 分析法及战略评价
■ 波士顿矩阵分析法及战略评价
■ 通用矩阵分析法及战略评价
■ 产品/市场演变矩阵法及判断原则

导引案例

某炼油厂该如何营销

某炼油厂是我国最大的炼油厂之一，至今已有 50 多年的历史。目前已成为具有 730 万吨/年原油加工能力，能生产 120 多种石油化工产品的燃料—润滑油—化工原料型的综合性炼油厂。该厂有 6 种产品获国家金质奖，6 种产品获国家银质奖，48 种产品获 114 项优质产品证书，1989 年获国家质量管理奖，1995 年 8 月通过国际 GB/T19002-ISO9002 质量体系认证，成为我国炼油行业首家获此殊荣的企业。

该厂研究开发能力比较强，能以自己的基础油研制生产各种类型的润滑油。当年德国大众的桑塔纳落户上海，它的发动机油需要用昂贵的外汇进口。1985年厂属研究所接到任务后，立即进行调研，建立实验室。在短短的一年时间内，成功地研究出符合德国大众的公司标准的油品，拿到了桑塔纳配套用油的认可证，1988年开始投放市场。以后，随着大众公司产品标准的提高，该厂研究所又及时研制出符合标准的新产品，满足了桑塔纳、奥迪的生产和全国特约维修点及市场的用油。

但是，该炼油厂作为一个生产型的国有老厂，在传统体制下，产品的生产、销售都由国家统一配置，负责销售的人员只不过是作些记账、统账之类的工作，没有真正做到面向市场。在向市场经济转轨的过程中，作为支柱型产业的大中型企业，主要产品在一定程度上仍受到国家的宏观调控，在产品营销方面难以适应竞争激烈的市场。该厂负责市场销售工作的只有30多人，专门负责润滑油销售的就更少了。

上海市的小包装润滑油市场每年约2.5万吨，其中进口油占65%以上，国产油处于劣势。之所以造成这种局面，原因是多方面的。一方面在产品宣传上，进口油全方位大规模的广告攻势可谓是细致入微。到处可见有关进口油的灯箱、广告牌、出租车后窗玻璃、代销点柜台和加油站墙壁上的宣传招贴画，还有电台、电视台和报纸广告和新闻发布会、有奖促销、赠送等各种形式。而国产油在这方面的表现则是苍白无力，难以应对。另外，该厂油品过去大多是大桶散装，大批量从厂里直接售了，供应大企业大机构，而很少以小包装上市，加上销售点又少，一般用户难以买到经济实惠的国产油，而只好使用昂贵的进口油。①

思考问题：

该炼油厂怎样才能扭转在市场营销方面的被动局面？应该采取什么措施？

---

① 案例来源：MBA 智库百科 . SWOT 分析模型 . http：//wiki. mbalib. com/wiki/SWOT% E5% 88% 86% E6% 9E% 90% E6% A8% A1% E5% 9E% 8B. 2013. 06. 20.

第一节　企业战略评价概述

一、战略评价的含义及前提

战略评价是通过对战略的执行情况进行检测和评价，使企业战略最终达到预期目标的管理活动。

战略评价的具体管理活动包括考察企业战略执行的内在基础，检查和观测战略执行的进度及状况，比较预期结果与实际结果并纠正偏差，以保证战略目标的实现。

战略评价的基础是各种战略方案，这些方案虽只是设想，但它为战略评价提供了前提。战略评价的目的是对各方案的可行性和有效性进行评估和确认，根据评估结果，选出少数几个方案作为备选方案。

有效完成战略评价工作的前提条件是，第一，必须对企业战略的环境条件进行充分地调查与分析。战略评价的对象是战略方案，只有对企业内外情况进行充分的调查研究与分析，才能提出多个相应的备选战略方案作为评估的对象。第二，评价标准必须符合实际情况，且切实可行。战略方案的评价标准不可能有完全统一的、特别具体的标准，因为企业战略方案中涉及了各式各样的因素，而且不同的企业在战略期所处的外部环境和自身条件都有独特性。因此必须制定科学的、可行的评价标准。应以战略方案能否切实有效的保证企业长远生存和发展作为战略评价的总标准，再将总标准展开并进行细化和具体化，从而形成一系列较为具体的评价标准。第三，评价方法必须科学合理。只有方法科学才能确定正确的备选战略方案，只有合理才能确定适合本企业的备选战略方案。

二、战略方案评价原则与标准

（一）战略方案评价原则

战略方案的评价必须遵循以下基本原则。

1. 谋求战略方案的整体最优

战略目标、方针、政策和措施等是战略方案组成的基本要素。在战略方案中某个单一要素最优，并不等于整体最优，几个要素均优，但整体优势也并不一定能发挥得最大。因此在进行战略评价时必须把整体最优作为战略评价的第一标准。要获得整体最优就必须使这些要素相互匹配并保持一致，而且必须与企业的经营目标和宗旨相吻合。

2. 使方案优势与企业实力相结合

战略方案自身优势能否充分发挥，除了方案本身的因素及其匹配之外，还决定于企业的实力。因此，必须把战略方案对企业实力的要求作为战略评价的一项重要标准。再好的方案，企业没有实力去实施，也不可能实现战略目标。战略方案只有具备了卓越的资源、卓越的技术、卓越的位置，才有较强的竞争优势。也就是说优秀的战略方案只有与企业优势实力相结合才能使企业竞争优势发挥得更加充分。

（二）战略方案评价标准

企业战略在执行过程中会受内外环境变化的影响，可能使企业战略出现与企业发展需要不相适应的情况，这就必须对战略决策及其实施进行检查和评价，以发现问题，找出原因，纠正偏差，使企业战略动态地适应企业发展需要。具体可从以下方面确定评价标准。

1. 考察战略方案的一致性

战略方案的一致性包括两方面，一是方案本身的战略目标、方针、政策和措施相互匹配和一致，二是战略方案要与企业的总体经营目标、宗旨等相吻合。英国战略学家理查德·努梅特提出了检验战略方案一致性的准则，一看问题的存在是否随人员更换而消失，如果不是，问题就与人员无关，而可能与战略不一致有关。二看某部门的成功是否意味着其他部门的失败，如果是，则说明战略可能不一致。三看高层管理者是否不断收到各种政策性问题，如果是，则可能战略不一致。考察一致性就是战略方案评价的一个重要标准。

2. 评估战略方案与环境条件的适应性和协调性

任何企业的生存、竞争和发展都是在一定环境中进行的，任何环境都是不断发生变化的，企业必须适应环境的变化，才能获得竞争优势。因此，其战略方案就需要与其所处的环境相适应。在对战略进行评价时，就应该评估战略方案与环境条件的适应性。这里所说的适应性是指企业的战略方案应该与企业的外部环境和内部条件相适应，并应具有一定的灵活性，当外部条件发生变化时能够很好地适应新的环境。在企业经营实践中，虽然适应环境的战略并不一定总是取得成功，但可以肯定地说，不适应环境的战略是一定不会取得成功的。

评估战略方案与环境条件的协调性主要有三层含义，第一，战略方案要考虑外部环境和内部条件中单个要素的发展变化趋势。第二，战略方案的外部环境和内部条件中多个要素组合起来的发展变化趋势。第三，战略方案能够很好地将企业内部因素与外部因素匹配起来。

3. 全面评价战略方案的可行性

这里的可行性是针对战略方案与企业能力的关系而言的，即企业现有资源和能力条件以及未来可以预见的资源和能力条件能否保证战略的顺利实施。战略方案的可行性评价重点是企业的财力资源、人力资源和组织能力。一看企业是否具备实施战略方案所需的财力、物力、人力等资源。二看企业的竞争优势和竞争手段能否支持战略方案的有效实施。三看企业现有管理能力能否驾驭和处理战略实施中遇到的问题。四看面对激烈的市场竞争企业是否具备较强的反击能力和一定的弹性。

4. 极力提高战略方案的可接受性

战略方案往往既有支持者也有反对者。某个战略方案可能只被一部分人所接受，同时也有可能被一部分人所反对。因为利益相关者都会从自身利益的角度出发来衡量战略，评估战略实施后对自己会造成什么样的影响、在多大程度上造成影响。所以从一定角度而言，战略方案的最终选择其实是各个集团在利益冲突中讨价还价后的折中产物。可见，评价战略方案的可接受性是一项比较困难和复杂的工作，在实际中极少有可能达成"一致同意"，但应该尽量去争取多数人的同意和支持，尤其是利益集团中最主要利益相关者的同意和支持。

第二节　SWOT 分析法

SWOT 分析法是一种常用的企业战略分析方法，又称为态势分析法。是对企业自身内在条件和外部环境进行分析，找出企业的优势和劣势、机会和威胁，从而明确企业的核心竞争力。SWOT 四个英文字母分别代表：优势（Strength）、劣势（Weakness）、机会（Opportunity）、威胁（Threat）。其中，S、W 为内部因素，O、T 为外部因素。运用 SWOT 分析法，可以对研究对象所处的情景进行全面、系统、准确的研究，从而根据研究结果制定相应的发展战略、计划以及对策。

　　SWOT 分析方法的运用过程是调查企业内部优势、劣势和外部机会、威胁四个方面的具体因素，并依照矩阵形式将其排列出来，以系统理论将这些因素关联匹配起来进行分析。优、劣势分析主要着眼于企业自身的实力及其与竞争对手的比较，机会和威胁分析则着眼于企业外部环境的变化及其对企业的影响。把所有的内部因素（即优、劣势）集中在一起，用外部的力量对其进行评估，从中得出相应的决策性结论。

　　SWOT 分析方法的形成基础是资源学派和能力学派的分析方法。迈克尔·波特在其竞争理论中提出了"企业竞争战略"的完整概念，他认为战略应是一个企业"能够做的"和"可能做的"两者之间的有机组合。所谓"能够做的"是指组织的强项和弱项，"可能做的"是指环境带来的机会和威胁。迈克尔·波特从产业结构的角度出发对一个企业"可能做的"方面进行了透彻的分析和说明。而能力学派学者则是运用价值链解构企业的价值创造过程，着重于企业资源和能力的分析。SWOT 分析法，就是在综合了资源学派和能力学派两者观点的基础上，以资源学派学者为代表，将企业内部分析与产业竞争环境分析结合起来而形成的。

一、优势与劣势分析

　　企业的优势（S）是指企业特别擅长的，能够提高企业竞争力的各个方面。比如企业特有的有形资源、人力资源、企业文化、良好的企业形象、品牌、企业的专利技术、企业的营销能力等。

　　企业竞争优势就是一个企业超越其竞争对手的能力，这种能力有助于实现企业的主要目标——赢利。比如，当几个企业处在同一细分市场或者都有能力向同一顾客群体提供产品和服务时，如果其中一个企业有更高的赢利率或赢利潜力，这个企业就比其他企业更具有竞争优势。在消费者眼中，企业的竞争优势是其产品有别于其竞争对手的任何优越的东西，如产品线的宽度、产品的质量、可靠性、适用性、风格、形象、服务质量、服务人员的专业素质等。

　　企业的劣势（W）是指企业不具备或不擅长的，导致企业竞争力落后的各个方面。例如管理能力欠缺、企业形象不佳、设备落后、人才短缺等。

　　由于企业是一个整体，同时企业竞争优势的来源十分广泛，故对企业的优势、劣势进行分析时必须将整个价值链的各个环节与竞争对手做详细的对比。如产品的新颖度，制造工艺的复杂度，销售渠道的畅通度，价格的竞争性等。

如果一个企业在某一方面或几个方面的优势正是该行业企业应具备的关键成功要素，那么，该企业的综合竞争优势就有可能更强。

企业往往在建立起了某种竞争优势之后，就处于维持这种竞争优势的状态中。而随着市场竞争的激烈化，其竞争对手则开始逐渐作出反应。如果竞争对手直接进攻企业的优势所在，或采取其他更为有力的策略，就会使企业优势受到削弱。因此企业在维持竞争优势的过程中，必须深刻认识自身的资源和能力，并采取适当的措施以保持自己的优势。

二、机会与威胁分析

社会、经济、科技等各个方面都在日新月异的发展，尤其是随着是全球经济一体化进程的加快，世界信息网络的建立和市场需求的多样化，企业所处的宏观环境更为开放和复杂多变。这种变化几乎对所有企业都产生了深刻的影响。正因为如此，外部环境分析对企业而言更加至关重要。

环境发展趋势会给企业带来两方面影响，一方面是造成环境威胁，另一方面是提供环境机会。

环境威胁（T）指的是环境中不利的发展趋势对企业所形成的挑战，如竞争对手的壮大、市场增长的缓慢、消费力水平降低、设备的老化、政府的限制等。如果不采取果断的战略行为，这种不利趋势将导致企业的竞争地位受到削弱。

环境机会（O）是指对企业富有吸引力的领域，如政府政策的支持、新技术的应用、新行业的产生等。在这一领域中，企业将拥有竞争优势。

对环境的发展趋势进行分析的方法常见的有 PEST 分析法和波特的五力分析法。PEST 分析法是一种简明扼要的方法，波特的五力分析法也是一种比较常用的方法。它结合了迈克尔波特提出的"波特五力模型"来对环境的发展趋势进行分析。

三、SWOT 的四种组合

SWOT 分析有四种不同类型的组合，即优势—机会（S—O）组合、劣势—机会（W—O）组合、优势—威胁（S—T）组合、劣势—威胁（W—T）组合，从而形成四种战略类型。如表7-1 所示。

表 7-1   **SWOT 矩阵**

内部 外部	优势	劣势
机会	优势—机会（S—O）战略 （增长战略）	劣势—机会（W—O）战略 （稳定战略）
威胁	优势—威胁（S—T）战略 （多元化战略）	劣势—威胁（W—T）战略 （紧缩战略）

（一）优势—机会（S—O）战略

优势—机会（S—O）战略是增长型战略，是一种理想的战略模式。这是一种发展企业内部优势与利用外部机会相结合的战略。当企业具有某方面的优势，而同时外部环境又为企业发挥这一优势提供了有利机会时，企业就可以采取这种战略。例如某企业的市场份额持续提高，同时外部条件对其非常有利，比如企业生产或拥有的产品市场前景良好、供应商规模扩大或者企业的竞争对手有财务危机等，那么此时企业就可以通过收购竞争对手、扩大生产规模等战略方式来实现自身的发展、壮大。

（二）劣势—机会（W—O）战略

劣势—机会（W—O）战略是稳定型战略，是试图通过利用外部机会来弥补自身缺陷与不足，通过改变企业劣势来获得竞争优势的战略。即便企业内部有缺陷、有不足，但是如果外部存在适当的机会，企业便可以利用这一机会获得发展。如果企业自身的缺陷妨碍了企业利用该机会，那么企业就应该采取一定的措施，克服或修正这些缺陷与不足。例如，某企业原材料供应不足，而原材料供应不足会导致生产能力闲置，导致单位成本上升。这是企业自身的弱点。但如果此时产品市场前景比较好，企业可利用这个外部机遇，通过扩大供应商规模、降低新技术设备的价格、利用竞争对手的财务危机等机会，进行上下游的整合，重新构建企业的价值链，以保证原材料供应，这样就能通过利用各种外部机遇来克服企业自身的弱点，从而赢得竞争优势。

（三）优势—威胁（S—T）战略

优势—威胁（S—T）战略的多元化战略，该战略试图利用自身优势，来回避或减轻外部威胁对企业所造成的影响。当企业有明显的竞争优势时，如果外部威胁较大，企业可以选择多元化的路线来分散风险，减少危害。譬如某企业资金充足、生产能力强、产品开发能力较强，但同时企业面临严重的威胁，其竞争对手利用新技术大幅度降低了生产成本，同时企业原材料供应紧张，消费者要求大幅度提高产品质量等，这些外部因素都导致企业成本状况进一步恶化，威胁和动摇企业在竞争中的地位。此时，企业就可以采用优势-威胁（S-T）战略，一方面利用其生产能力和研发优势来开发新工艺，简化生产过程，提高原材料利用率，从而降低材料消耗、降低生产成本。另一方面，企业可以开发新技术产品。新技术、新材料和新工艺的开发与应用是最具潜力的成本降低措施，同时可提高产品质量，满足消费者对产品质量的新需求。

（四）劣势—威胁（W—T）战略

劣势—威胁（W—T）战略是紧缩型战略，是一种防御性的战略。该战略的主要目的是通过减少企业内部的弱点，来回避或减轻外部环境对企业带来的威胁。当企业自身困难重重，同时又面临外部威胁时，为了维持企业的生存，企业往往会通过降低成本来挽回局面。但如果企业无法通过降低成本挽回局面，比如企业资金状况恶化、原材料供应不足，生产能力不够，无法实现规模效益，设备老化等，企业通常会采取目标聚集战略或差异化战略，通过为某一细分市场服务或者提供某与众不同的产品或服务来回避成本方面的劣势，并回避由于成本劣势所带来的一系列威胁。

四、对 SWOT 分析法的评价

SWOT 分析法自形成以来，广泛应用于战略研究与竞争分析，成为战略管理和竞争情报的重要分析工具。

SWOT 分析法的优点在于分析直观、使用简单。运用 SWOT 分析法进行分析可以使研究者在缺乏精确数据支持和更专业化分析工具的条件下得出有说服力的结论。

SWOT 分析法的缺陷是缺乏精确度。SWOT 分析主要是通过罗列 S、W、O、T 的各种表现，对企业的竞争地位作出模糊的描述，这是一种定性的分析方法，因而作出的判断会带有主观臆断的成分。故在使用 SWOT 分析方法时要做到尽量的真实、客观、精确，并尽可能提供充分的定量数据，这样才能有效避免或弥补 SWOT 定性分析的缺陷与不足。

第三节　波士顿矩阵分析法

一、波士顿矩阵的基本原理

波士顿矩阵分析法（BCG Matrix）由美国大型商业咨询公司——波士顿咨询集团（Boston Consulting Group）提出，又称为波士顿咨询集团法，由于它是一种规划企业产品组合的方法，又称为增长率——市场份额矩阵法、产品系列结构管理法。

选择战略组合的关键问题是企业如何将有限的各种资源与企业能力分配到不同的战略业务单元中，在各项业务之间合理地配置企业资源。在资源分配过程中不能仅凭主观判断，而应当通过理性地分析，明确各项业务在企业中所处的地位和发展前途，从而决定资源的分配。波士顿矩阵法就提供了这样一种选择战略组合的分析工具。

波士顿矩阵分析法的基本原理是对企业所拥有的产品从销售增长率和市场占有率的角度进行分析，继而实行再组合，如图 7-1 所示。

图 7-1 中，横坐标表示相对市场占有率，即企业某项业务的市场份额与最大竞争对手市场份额之比，高市场份额意味着竞争力强，处于市场领先地位。纵坐标表示行业市场增长率，即前后两年市场销售额增长的百分比，表示每个经营单位（SBU）所在行业的相对吸引力。圆圈代表企业的经营单位（SBU），其收益占企业全部收益之比以圈的大小来表示。

波士顿矩阵的纵横两轴和市场占有率、增长率高低的分界线将坐标图划分为四个象限，形成四种业务组合，如图 7-1 中所示，依次为"明星业务（产品）"、"问题业务（产品）"、"瘦狗业务（产品）"、"现金牛业务（产品）"。根据波士顿矩阵的原理，产品市场占有率越高，该业务创造利润的能力越大；市场增长率越高，企业为维持其增长及扩大市场占有率所需投入的资金也就越多。

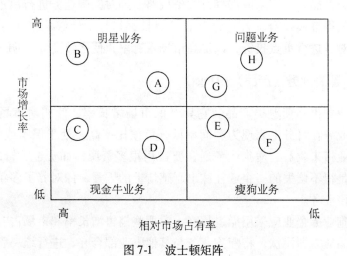

图 7-1   波士顿矩阵

（一）明星业务（产品）（Stars）

明星业务具有高市场增长率、高相对市场份额的特征。它主要是指高投入、高成长率但现在利润贡献不大的一类业务或产品。明星业务是由问题业务继续投资发展起来的，因为明星业务的市场处于高速成长期，它们的市场增长率非常高，企业必须继续对明星业务进行投资，以帮助其市场占有率继续增长，在市场竞争中获得优势。随着市场份额的扩大，一部分明星业务会演变成现金牛业务（即低成长率、高利润贡献的业务），用来取代部分衰退的现金牛业务，这些衰退的现金牛业务将会成为瘦狗业务。

（二）问题业务（产品）（Question Marks）

问题业务具有高市场增长率、低相对市场份额的特征。高市场增长率说明该业务的市场机会大，前景好，低相对市场份额则说明该业务在市场营销上存在这样或那样的问题。因此问题业务在财务上往往表现为利润率较低，所需资金不足，负债比率高。通常问题业务是一个企业的新业务，新业务在产品生命周期中处于引进期，市场局面尚未打开，因此企业为了发展问题业务，往往必须建立工厂，增加设备和人员，因此企业对问题业务必须辅以大量的资金投入，造成负债率比较高的状况。

193

对问题产品企业应采取选择性投资战略。即对问题业务进行慎重考察，确定其是否值得继续投资，若符合企业发展长远目标，能够增强企业核心竞争力，便可对其进行重点投资，以提高市场占有率，使之转变成"明星产品"。

（三）瘦狗业务（产品）（Dogs）

瘦狗业务也称衰退类产品。它具有低市场增长率、低相对市场份额的特征。瘦狗业务在财务上表现为利润率低，负债比率高，处于保本或亏损状态，无法为企业带来收益。瘦狗业务通常要占用很多资源，如资金、管理时间等，多数时候是得不偿失的。企业往往出于感情上的因素，像对养了多年的狗一样不忍放弃该业务。

对瘦狗业务企业应采用撤退战略。对那些销售增长率和市场占有率均极低的瘦狗产品应立即淘汰，将瘦狗业务与其他事业部合并，进行统一管理，并且将剩余资源向其他产品转移，使企业资源得到合理利用。

（四）现金牛业务（产品）（Cash Cow）

现金牛业务又称厚利产品、金牛产品。它具有低市场增长率，高相对市场份额的特征。金牛产品已经进入成熟期，发展速度放缓，拥有稳定的市场，因此企业不必对其继续大量投入。同时现金牛业务凭借其规模经济和高边际利润的优势，还可为企业提供大量的现金收入，满足整个企业的需要。现金投入明星产品发展中则可使其成为金牛产品。

将业务或产品按各自的销售增长率和市场占有率划分至不同象限，就能对现有产品组合一目了然，从而帮助企业更准确、迅速的作出发展决策，果断地淘汰没有发展前景的产品，保持有前途的"问题业务"、"明星业务"、"现金牛业务"的合理组合，实现产品结构、业务结构和资源分配结构的优化。

二、波士顿矩阵分析步骤

（一）统计销售增长率和市场占有率

销售增长率可用本企业业务或产品在一年或是三年以至更长时间中的销售额或销售量增长率。市场占有率，可用业务或产品的相对市场占有率或绝对市场占有率，但要注意的是，在对资料和数据进行选择时应选取最新资料。其中市场占有率的基本计算公式为：

绝对市场占有率=本企业销售量/市场销售总量

相对市场占有率=本企业市场占有率/竞争对手市场占有率

（二）绘制波士顿矩阵四象限图

以纵坐标轴表示市场增长率，以横坐标轴表示市场占有率，以 10% 的销售增长率和 20% 的市场占有率作为高低标准的分界线，从而将坐标图划分为四个象限。

把企业全部业务或产品按各个业务或产品的销售增长率和市场占有率大小，在坐标图上标出其相应的位置。在定位所有业务或产品的位置后，以各业务或产品当年的销售额为面积单位，绘成大小不等的圆圈，标上代号。所有业务或产品根据其所处的象限将被划分为四种类型，即"问题业务"、"明星业务"、"现金牛业务"、"瘦狗业务"。

（三）针对各类型产品作出战略决策

1. 对明星产品采取发展战略

由于明星产品处于高增长率、高市场占有率象限内，这类业务或产品很有可能成为企业的现金牛产品，因此企业需要加大投资以支持其迅速发展。所以对明星产品应该采用发展战略，即立足全局、着眼于长远，利用其高速发展的市场增长率，积极扩大该业务或产品的经济规模，积极寻找市场机会，提高明星产品的市场占有率，加强明星产品的竞争优势和市场地位。

2. 对现金牛产品采取稳定战略

由于现金牛产品处于低增长率、高市场占有率象限内，已进入成熟期。现金牛产品具有销售量大、产品利润率高、负债比率低的特征。处于成熟期的现金牛产品市场增长已放缓，故没有必要为其增大投资。同时因其市场占有率很高，可以持续地为企业发展提供所需资金，企业可将这些回收的资金用于支持其他产品。但在现金牛产品中也有可能存在销售增长率仍有所增长的产品，对于这类现金牛产品则可进一步进行市场细分，以维持这类产品现有的市场增长率或延缓其下降的速度。

3. 对问题产品采取选择性投资战略

由于问题产品处于高增长率、低市场占有率象限内，高增长率说明该类业务或产品市场机会大，前景好，但是低市场占有率说明该类业务或产品在市场营销上存在问题。因此其财务往往表现为利润率较低，所需资金不足，负债比率高。对这类产品不能一刀切，而应有选择性地进行投入。首先，对问题产品进行分类定性，以便有针对性地采取相应战略。可将问题产品分为有发展前途的和没有发展前途的两类。有发展前途的问题产品又分为经过改进短期内可能成为明星的产品和将来有希望成为明星的产品。其次，对经过改进短期内可能成为明星的产品重点进行投资，提高其市场占有率，以帮扶其转变成下一个"明星产品"。对于将来有希望成为明星的产品则可将扶持计划列入企业的长期计划，在一段时期内采取扶持政策。对没有发展前途的问题产品采取收缩甚至撤退战略，使企业资源得到充分合理的配置。

4. 对瘦狗产品采取清退战略

由于瘦狗产品处在低增长率、低市场占有率象限内，其财务特点是利润率低、处于保本或亏损状态，负债比率高，不仅无法为企业带来收益，还要花费企业的资源来维持其运营。因此对瘦狗产品应该减少批量，逐渐撤退。对于瘦狗产品中销售增长率和市场占有率都极低的产品则应立即淘汰。瘦狗产品清退后企业可将资源转移到其他类型的产品中去，帮助其他类型产品更好地发展。

三、对波士顿矩阵的评价

（一）波士顿矩阵的优点

波士顿矩阵分析工具简单明了，可使企业更迅速、更准确地确定其总体战略。

第一，波士顿矩阵有助于直观的分析每项经营业务在竞争中的地位，使企业了解不同业务的特点，指导企业有针对性地选择不同战略，以实现对有限资源的合理利用和优化配置。

第二，波士顿矩阵有利于迅速总结出不同类型业务的特色和发展方向，使企业建立全局性观念，确定经营业务的投资组合和战略资源分配的优先次序。

第三，提示企业追求比较理想的组合结构，即拥有较多的"明星"业务和"现金牛"业务，减少"问题"业务和"瘦狗"业务所占比例。

（二）波士顿矩阵的缺陷

第一，波士顿矩阵对企业的各类经营业务进行战略评价，是基于市场增长率和市场占有率来确定经营单位的地位和战略，仅仅依靠这两个指标往往不能全面反映市场竞争状况，况且有些综合性产业的市场占有率很难准确确定。

第二，波士顿矩阵采用固定分界点来划分市场增长率和相对市场占有率的高低未免过于简单，这会使一些业务仅仅一线之隔就形成截然不同的两种战略，更何况不同行业有着不同的增长率，偏差就在所难免了。

第三，波士顿矩阵中竞争对手的选择取决于企业自身，企业自认为最大的竞争者并不一定是市场上的主导者，故未免带有主观性。在知识经济和全球化时代，产品生命周期大大缩短，技术更新迅速，新产品不断涌现，企业竞争变数加大，竞争对手可能会经常改变，不利于企业制定长远战略。

第四，波士顿矩阵对扩展、维持还是放弃某项业务或产品的决策依据是市场增长率和市场占有率，但实际运作中市场占有率高或增长率高的产品或业务不一定利润就高，没有利润作保证，这些数据再高对企业也毫无实际意义。

鉴于波士顿矩阵分析方法的局限性，企业在运用时应该灵活把握，对决策所依据的量化分析因素进行适当调整，比如相对市场占有率调整为针对细分市场或特定市场进行统计，固定分界点调整为以行业平均市场增长率作为评价高低的分界点。同时，将多种方法结合运用，取长补短，从而获得最佳分析效果。

第四节　通用矩阵分析法

一、通用矩阵的基本原理

通用矩阵是美国通用电气公司与麦肯锡公司针对解决波士顿矩阵的局限性而共同开发的业务组合分析工具。该矩阵又称为九盒矩阵法、行业吸引力矩阵、GE-麦肯锡矩阵。

通用矩阵的基本原理是以横轴表示经营业务的竞争能力，纵轴表示行业吸引力，从这两个维度考察经营单位在矩阵上的位置，每个维度分为强、中、弱三级，共划分为九个区域，表示两个维度上的各种组合，以说明不同经营单位或业务所处的地位和状态，根据不同类型的经营单位或业务采取不同的战略，使企业更为有效地分配有限的资源。

二、通用矩阵分析步骤

（一）确定需要进行分析的经营单位或业务

对企业的经营活动或业务进行划分，找出需要分析的经营单位或业务。

（二）确定评价因素及其权重

在内部外部环境分析基础上，围绕行业吸引力和企业竞争力找出关键因素，确定主要评价指标及其所占权重。由于不同行业的关键因素不尽相同，所以没有通用的指标，必须根据行业特点、企业发展阶段以及行业竞争状况等来确定评价指标。

（三）对经营单位或业务按评价因素进行评分

对各经营单位或业务的市场吸引力和竞争力各项指标进行评分，并加权求和，计算出最终得分。

（四）根据最终得分将经营单位或业务标入 GE 矩阵

用圆圈代表经营单位或业务，圆圈大小表示其规模大小，也可用扇形表示其市场占有率。

（五）依经营单位或业务在矩阵中的位置来确定战略

每个经营单位或业务在 GE 矩阵上的不同位置是决定采用什么战略的依据，图7-2 中，处于 ABC 位置的经营单位或业务内外部条件都比较好，应采

	高	中	低
高	A	B	D
中	C	E	G
低	F	H	I

图 7-2　通用矩阵（GE 矩阵）

取增长与发展战略，优先安排资源。处于 DEF 位置的经营单位或业务为中位状况，行业吸引力高的竞争能力不行，竞争能力强的行业吸引力又不行，故应谨慎投资，选择条件较好者予以维持，条件差者则放弃。处于 GHI 位置的经营单位或业务，其行业吸引力和竞争能力都比较弱，适宜采取停止、转移、撤退战略。在确定采取何种战略的决策中应系统阐述其战略思想。

三、对通用矩阵的简要评价

（一）优点

通用矩阵解决了波士顿矩阵单一指标的问题，用多个指标反应产业吸引力和企业竞争地位，同时增加了中间等级；通用矩阵设置了 9 个象限，比 4 个象限的波士顿矩阵结构更为复杂；由于使用多因素和增加了象限，可以通过增减某些因素或改变其重点所在，来评估战略经营单位的现状和前景，从而提高了分析的准确性。

通用矩阵以环境分析为基础，战略匹配注重内外环境优势的相互适应，而且关注投资回报率，而不是现金流，这也是通用矩阵的重要意义所在。

（二）局限性

由于通用矩阵比波士顿矩阵复杂得多，对分析人员的素质和水平要求更高，在关键因素的选择、权重的设定、指标聚合等方面难度较大，影响其准确性。另外，通用矩阵也忽略了企业战略经营单元之间相互作用的关系，从而影响战略的匹配性。

阅读案例

通用（GE）矩阵的运用步骤——以某石油勘探集团公司为例
一、将勘探领域的业务分为七大类
（1）工程技术服务业；（2）供水、供电、通信业；（3）机修、运输业；（4）物资采办业；（5）物业服务业；（6）全民多种经营业；（7）合作开发业。

二、找出市场吸引力和企业内部竞争实力的影响因素

表 7-1 所列两个维度上的影响因素，是在综合考虑四个市场的情况下得出的，即油田本地市场、集团总公司市场、社会市场和国际市场。

表 7-1　　　　　　　　　企业影响因素分析

影响市场吸引力的外部因素	影响企业竞争实力的内部因素
总体市场大小	市场份额
年市场成长率	份额成长
历史毛利率	产品质量
竞争密集程度	品牌知名度
技术要求	分销网
通货膨胀	促销效率
能源要求	生产能力
环境要求	生产效率
社会/政治/法律	单位成长
	物资供应
	开发研究绩效
	管理人员

三、把每个因素的影响大小和实力的强弱分为五个档次并确定权重

1. 分为五个档次

（1）很弱；（2）较弱；（3）中等；（4）较强；（5）很强（评分相应为 1~5 分）。

2. 给每个因素加上权重

赋予权重以示各因素对企业实际影响的不等。权重的确定方法很多，这里应用三点估计法，由各个专家对企业外部和内部因素的重要程度分别确定三个估计值，即最大值、最可能值和最小值，再应用 Beta 分布计算每个目标的期望值，然后根据所有目标的优先估计值，求每个目标的组合权重。用每个因素的权重值乘以评定值就得到这个因素影响企业的真实值。

四、计算各因素的最终评定坐标值

将各项业务的市场吸引力和企业竞争实力的真实值加权平均，求

得该业务的最终评定坐标值。计算结果如表 7-2 所示。

表 7-2　　　　　勘探局工程技术服务各因素分析值

	外部因素	权重	评分（1~5）	真实值
市场吸引力	总体市场大小	0.20	4	0.80
	年市场成长率	0.20	5	1.00
	历史毛利率	0.15	4	0.60
	竞争密集程度	0.15	2	0.30
	技术要求	0.15	4	0.60
	通货膨胀	0.05	3	0.15
	能源要求	0.05	3	0.10
	环境要求	0.05	4	0.15
	社会/政治/法律	1	必须是可接受的最终评定坐标值	3.70
	内部因素	权重	评分（1~5）	真实值
竞争实力	市场份额	0.10	4	0.40
	份额成长	0.15	2	0.30
	产品质量	0.10	4	0.40
	品牌知名度	0.10	5	0.50
	分销网	0.05	4	0.20
	促销效率	0.05	3	0.15
	生产能力	0.05	3	0.15
	生产效率	0.05	2	0.10
	单位成长	0.15	3	0.45
	物资供应	0.05	5	0.25
	开发研究绩效	0.10	3	0.30
	管理人员	0.05	4	0.20
		1	最终评定坐标值	3.40

　　勘探公司第一项业务即工程技术服务的市场吸引力最终评定坐标值为 3.07，竞争实力最终评定坐标值为 3.40，都没有达到最高分 5。在矩阵上用小圆圈标出该项业务的战略位置，如图 7-1 所

示。显然这项业务在该矩阵中处于有相当吸引力的区域。

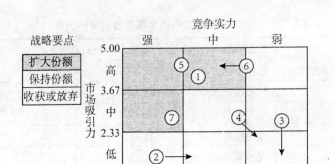

图 7-1　GE 矩阵模型

五、用同样方法测算出勘探公司其他业务最终评定坐标值

各项业务最终评定坐标值如表 7-3 所示。

表 7-3　　　　　　　　勘探局各业务最终评定坐标值

序号	业务种类	市场吸引力	业务优势
1	工程技术服务业	3.80	3.40
2	供水、供电、通信业	1.50	4.71
3	机修、运输业	2.47	1.43
4	物质采办业	2.53	2.10
5	物业服务业	4.55	3.70
6	全民多种经营业	4.13	2.11
7	合作开发业	2.54	4.0

六、依次在 GE 矩阵图上用相应数字的小圆圈标出各项业务的战略位置

GE 矩阵分为 9 个格子，每个变量分列 3 个区，如图 7-1 所示。图中左上角的 3 个格子表示最强的战略业务单位，公司应该采取投资或成长战略。左下角到右上角的对角线上的 3 个格子表示战

略业务单位的市场吸引力处于中等状态，公司应该采取选择或盈利战略。右下角的 3 个格子表示战略业务单位的吸引力很低，公司应该采取收获或放弃战略。例如机修和运输业（矩阵中的圆圈3）就属于市场吸引力不大，业务优势不高的业务单位，故对其应采取收获或放弃战略。

表 7-4　　　　　　　　　　GE 矩阵相应战略选择表

序号	业务种类	市场吸引力	业务优势	建议采取的战略
1	工程技术服务	高	中	投资建设： 1. 先市场领先者挑战；2. 有选择加强力量；3. 加强薄弱环节
2	供水、供电、通信业	低	强	固守和调整： 1. 设法保持现有收入；2. 集中力量于有吸引力的部门；3. 保存防御力量
3	机修、运输业	中	低	有限发展和缩减： 1. 寻找风险小的发展办法；2. 否则尽量减少投资，合理经营
4	物资采办业	中	中	选择或设法保持： 1. 保护现有计划；2. 再获利能力强、风险相对低的部门集中投资
5	物业服务业	高	强	保持优势： 1. 以最快可行的速度投资发展；2. 集中努力保持力量

续表

序号	业务种类	市场吸引力	业务优势	建议采取的战略
6	全民多种经营	高	低	有选择发展： 1. 集中有限力量；2. 努力克服缺点；3. 如无明显增长就放弃
7	合作开发	中	中	选择发展： 1. 在最有吸引力处重点投资；2. 加强合作、增强竞争力；3. 提高生产力和活力能力

七、预测发展趋势

预测外部因素的发展趋势和各项业务在 3~5 年内的预期战略位置。分析每项业务所处的生命周期，分析预期竞争对手的战略、新技术、经济事件等因素，将综合预测结果在矩阵中用矢量的长度与方向表示出来。如物资采办业务（图 7-1 中的圆圈 4）预计市场吸引力将缓慢下降，供电、供水、通讯业务（图 7-1 中的圆圈 2）在公司业务能力的地位将急剧下降。

根据 GE 矩阵相应战略选择表 7-4 和图 7-1，确定勘探公司 7 类业务的战略发展方向，形成表 7-5。①

---

① 林振锦. GE 矩阵在战略制定中的运用［J］. 中国石油企业，2005（4）：44-46.（本书有改动）

表 7-5　　　　　　　　　　　　勘探局战略

序号	业务种类	实际采取的战略
1	工程技术服务	1. 压缩总量。以油田地区市场的需求为依据,按110%配备能力,把过剩能力减下来; 2. 加快更新。压缩总量的前提,根据市场需求和投产出能力,加强设备改造,提高主营业务的核心竞争能力; 3. 持续组合、整合主营业务。对业务相同的单位逐步整合,适度集中,向集约化过渡; 4. 培育质量优势和技术优势,增强企业的竞争能力
2	供水、供电、通信业	1. 长期稳定发展供水供电; 2. 控制发展通信产业,适当的时候并入公网
3	机修、运输业	1. 放弃经营,逐步退出
4	物质采办业	1. 控制发展
5	物业服务业	1. 推进企业化经营,实现物业单位自负盈亏; 2. 扩展服务领域,增加服务项目
6	全民多种经营	1. 国有资产逐步退出
7	合作开发	1. 加大力度开发与现有业务相关的产品; 2. 保证投入,与合作伙伴长期合作

从该案例可见,通用（GE）矩阵在多元化集团业务战略制定中的运用有着深远的指导意义。

第五节　产品/市场演变矩阵分析法

产品-市场演变矩阵又称为霍夫矩阵。美国查尔斯·霍夫（C. W. Hofer）教授对波士顿矩阵和通用矩阵做了修正和扩展,将评价指标中的业务增长率和行业吸引力因素转换成产品-市场发展阶段,提出用 15 个方格的矩阵来评价企业的经营状况。

一、产品—市场演变矩阵的基本原理与分析过程

产品-市场演变矩阵是以企业经营业务或产品市场发展阶段为纵坐标,按照产品生命周期分为开发期、增长期、成熟期、饱和期和衰退期五个阶段。以企业经营业务或产品的市场竞争地位为横坐标,分为强、中、弱三档。用圆圈代表企业业务或产品所处行业的规模或产品/细分市场。圆圈内的扇形部分则表示企业各项经营业务或产品的市场占有率。这就形成 15 个象限,用来分析企业各经营业务或产品的战略位置。如图 7-2 所示。

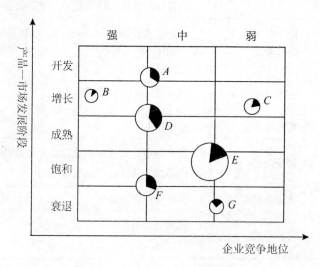

图 7-2　产品—市场演变矩阵模型

（1）业务单位 A 处于高速增长期,市场份额相对较大,而且处于产品-市场的开发阶段,有潜力获得较强的竞争地位,企业对 A 寄予厚望,往往会给予较多的资金支持。

（2）业务单位 B 与 A 有一定程度的相似,处于增长期,但是 B 的市场份额却比较小,对 B 是否予以资金支持和给予多大支持要视情况而定。因此,B 应当采取战略改变其市场份额较低的状况,以争取更多的投资。

（3）业务单位 C 所处的行业增长相对较小,所占市场份额也比较小,而且竞争地位较弱。为了将其资源运用于 A 或 B,帮助 A、B 更好发展,企业很可能清退 C。

（4）业务单位 D 处于一个高速扩张时期，不仅市场份额较大，而且处于相对比较强的竞争地位。对 D 应当进行必要的投资以保持其相对强的竞争地位。从长期看，D 应当成为一头"现金牛"。

（5）业务单位 E 和 F 是企业的"现金牛"产品，应当用来创造现金，为产品 A、B 提供发展所需要的资金。

（6）业务单位 G 处于产品-市场的衰退期，市场竞争地位较弱，是"瘦狗"产品。从长期来看，G 更有可能被施以清算战略。

二、产品—市场演变矩阵的完善和发展

希尔和琼斯两位学者在产品-市场演变矩阵图中做了一些改进（如图 7-4 所示），将企业对各个业务或产品应该采用的战略直接写入矩阵中的各个区域，使人直观的看见不同类型的业务所适用的战略，从而更明确地指导企业的经营实践。

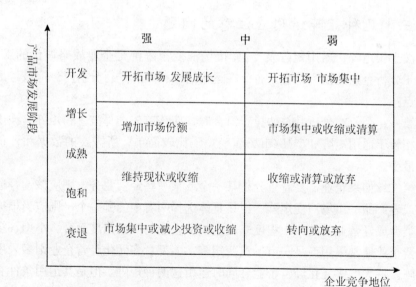

图7-3　产品-市场演变矩阵的战略选择

将图 7-2 和图 7-3 比较，可以看出霍夫所列出的矩阵图中，将竞争地位这一评价指标划分为强、中、弱三档，而希尔和琼斯改良后的产品-市场演变矩阵将竞争地位这一评价指标只划分为强、弱两档，同时继续沿用了产品生命周

期的概念。

从图 7-3 中可以看出，如果企业经营业务或产品所处的竞争地位比较弱，那么该业务或产品通常要提前考虑收缩战略或撤退战略。如果竞争地位比较弱的业务单位或产品处于产品生命周期中的成长阶段，那么应该走集中化路线，在比较小的细分市场里寻求发展；如果该业务或产品所处的行业进入扩张阶段，那么企业就应该考虑放弃或清算战略了。

产品—市场演变矩阵与波士顿矩阵和通用矩阵相比有自己明显的特点：第一，产品—市场演变矩阵以产品-市场发展阶段为考量指标，考虑了企业经营的业务或产品的生命周期状态，因此，它一方面反映了企业经营业务或产品目前的战略位置，另一方面还预示着该业务或产品未来的发展方向。第二，产品—市场演变矩阵按照产品—市场发展阶段将坐标图分为 5 个等级，形成 15个象限，因此，产品—市场演变矩阵对于企业经营业务或产品战略位置的划分更为精细化。

三、几种矩阵运用应注意的问题

波士顿矩阵、通用矩阵及产品/市场演变矩阵都是企业战略评价的工具，可用于分析企业的投资组合。企业在运用这三种矩阵进行分析时，应该考虑以下几点：

第一，企业在分析其总体投资组合时，应该首先选择波士顿矩阵。波士顿矩阵相较于通用矩阵和产品/市场演变矩阵比较简单，所需要的数据和评价指标也最少。

第二，如果企业需要着重分析某一个或某一些经营业务，则应该选择通用矩阵或者产品—市场演变矩阵。但是具体选择两者中的哪一个，则应当根据企业的类型或经营业务的集中程度来决定。从企业的类型角度而言，小型、多元化经营企业通常采用产品—市场演变矩阵，大型、多元化经营企业则多采用通用矩阵。特大型多元化经营企业会同时运用这两种矩阵。但是其运用条件有所不同。特大型多元化经营企业在分析企业内部各个战略经营单位的经营状况时多半采用通用矩阵，在分析说明每个战略经营单位中各个产品/细分市场的经营状况时则多半采用产品—市场演变矩阵则。从企业经营业务的集中程度角度而言，如果企业经营的各个业务之间处于松散的状态，则应该运用通用矩阵确定企业的经营状况。如果企业大部分经营业务集中在少数几个密切相关的产品或者细分市场上，则应该选择产品—市场演变矩阵。

第三，刚刚开始进行多元化经营的企业和主副业务关系紧密的企业，不适合运用这三个矩阵来分析企业的总体战略。对刚刚进行多元化经营的企业而言，其以前所从事的业务与刚刚开展的业务在业务规模上、受重视程度上都不稳定，企业难以通过这三种矩阵分析法充分显示各经营业务之间的关系。而对于主副业务关系紧密的企业来说，其主业务与副业务在资源配置、竞争优势和协同作用上都不尽相同，因此应当分别进行研究。这类企业并没有执行多元化战略，因此不适合运用这三种矩阵进行经营分析。

本章小结

在制定战略之前，企业应该先对所有相关的要素进行充分、细致的分析，根据实际情况选择战略。本章介绍了几种战略评价方法，分别为：SWOT 分析法、波士顿矩阵分析法、通用矩阵分析法、产品/市场演变矩阵分析法。这几种战略评价分析方法都是企业经营实践中常用的分析方法，各有特色与长处。

SWOT 分析法要求企业根据自身的既定内在条件进行分析，找出企业的优势、劣势及核心竞争力之所在，同时要对企业所处的外部机会和威胁进行分析，将四方面因素结合起来选择企业的战略方案。

波士顿矩阵分析法将企业的业务或产品从销售增长率和市场占有率两个角度进行划分和再组合。在波士顿矩阵中，纵轴表示市场增长增长率，横轴表示市场占有率，将坐标图划分为四个象限，表示"问题业务"、"明星业务"、"现金牛业务"、"瘦狗业务"。对明星产品采用发展战略；对现金牛产品采用维护战略；对问号产品采取选择性投资战略；对瘦狗产品采用撤退战略。

通用矩阵以横轴表示经营业务的竞争能力，纵轴表示行业吸引力，并增加中间等级，用多个指标来反映这两个维度的状况，解决了波士顿矩阵单一指标的问题，提高了分析评估战略经营单位的现状和前景的准确性。

产品-市场演变矩阵修正和扩展了波士顿矩阵和通用矩阵两种战略的评价指标和选择方法，将波士顿矩阵和通用矩阵评价指标中的业务增长率和行业吸引力因素转换成产品–市场发展阶段因素，以 15 个方格的矩阵来评价企业的经营状况，便于企业明了处于不同区域的业务或产品所应采取的战略。

思考题

1. SWOT 分析法中四个字母分别代表什么？
2. SWOT 分析有哪几种不同类型的组合？
3. 波士顿矩阵分析法决定产品结构的基本因素有哪几个？
4. 波士顿矩阵分析法对于不同业务分别采用什么战略？
5. 通用矩阵的基本原理是什么？
6. 通用矩阵解决了波士顿矩阵的什么问题？
7. 影响企业战略制订与评价的基本因素有哪些？
8. 产品–市场演变矩阵中各种业务根据什么因素来定位？
9. 试分析几种矩阵的优势和局限性。
10. 结合前几章的内容和管理实践，谈谈你对制定战略的看法。

案例分析及理论归纳

沃尔玛（Wal-Mart）SWOT 分析

沃尔玛公司（Wal-Mart Stores, Inc.）是一家美国的世界性连锁企业，以营业额计算为全球最大的公司，其控股人为沃尔顿家族。总部位于美国阿肯色州的本顿维尔。沃尔玛主要涉足零售业，是世界上雇员最多的企业，连续三年在美国《财富》杂志全球 500 强企业中居首。

思考问题：

搜集沃尔玛相关信息，用 SWOT 模型对其进行分析。

分析：

优势（Strengths）

1. 沃尔玛是著名的零售业品牌，它以物美价廉、货物繁多和一站式购物而闻名。

2. 沃尔玛的销售额在近年内有明显增长，并且在全球化的范围内进行扩张（例如，它收购了英国的零售商 ASDA）。

3. 沃尔玛的一个核心竞争力是由先进的信息技术所支持的国际化物流系统。例如，在该系统支持下，每一件商品在全国范围内的每一间卖场的运输、销售、储存等物流信息都可以清晰地看到。信息技术同时也加强了沃尔玛高效的采购过程。

4. 沃尔玛的一个焦点战略是人力资源的开发和管理。优秀的人才是沃尔玛在商业上成功的关键因素，为此沃尔玛投入时间和金钱对优秀员工进行培训并建立忠诚度。

劣势（Weaknesses）

1. 沃尔玛建立了世界上最大的食品零售帝国。尽管它在信息技术上拥有优势，但因为其巨大的业务拓展，这可能导致对某些领域的控制力不够强。

2. 因为沃尔玛的商品涵盖了服装、食品等多个部门，它可能在适应性上比起更加专注于某一领域的竞争对手存在劣势。

3. 该公司是全球化的，但是目前只开拓了少数几个国家的市场。

机会（Opportunities）

1. 采取收购、合并或者战略联盟的方式与其他国际零售商合作，专注于欧洲或者大中华区等特定市场。

2. 沃尔玛的卖场当前只开设在少数几个国家内。因此，拓展市场（如中国、印度）可以带来大量的机会。

3. 沃尔玛可以通过新的商场地点和商场形式来获得市场开发的机会。更接近消费者的商场和建立在购物中心内部的商店可以使过去仅仅是大型超市的经营方式变得多样化。

4. 沃尔玛的机会存在于对现有大型超市战略的坚持。

威胁（Threats）

1. 沃尔玛在零售业的领头羊地位使其成为所有竞争对手的赶超目标。

2. 沃尔玛的全球化战略使其可能在其业务国家遇到政治上的问题。

3. 多种消费品的成本趋向下降，原因是制造成本的降低。造成制造成本降低的主要原因是生产外包向了世界上的低成本地区。这导致了价格竞争，并在一些领域内造成了通货紧缩。恶性价格竞争是一个威胁。①

归纳： 战略评价，SWOT

---

① SWOT 分析模型 . MBA 智库百科 http：//wiki. mbalib. com/wiki/SWOT% E5% 88% 86% E6% 9E% 90% E6% A8% A1% E5% 9E% 8B 2013. 06. 20.

第 **8** 章 企业战略的实施

学习要点

- ■战略实施的基本模式
- ■企业战略资源的配置
- ■企业组织结构的概念及类型
- ■战略与企业文化的关系

导引案例

案例1：星巴克咖啡的战略实施

2001 年史密斯担任公司 CEO 时提出了"第三空间"的战略定位，即不想回家，不想去办公室，那么来星巴克吧。为了实现这一战略定位，史密斯做了以下工作：加速全球化扩展，在美国、加拿大开设了 300 家店，在奥地利、瑞士等咖啡店相对饱和的国家开设分店。为顾客营造"第三空间"的环境和气氛，增加软椅和壁炉等设备，提高了食物和其他产品的比例。2001 年 11 月引入了一种预付卡，开始提供金融服务，顾客只要提前向卡内存入 5 美元至 500 美元后，就可以通过高速因特网连接，在 1000 多个连锁店内刷卡消费。2002 年 8 月底，与惠普等公司合作开展了无线上网服务，顾客利用笔记本和掌上电脑可以在店内检查电子邮件、上网冲浪，观看网上视频节目和下载文件等。2004 年 3 月 16 日推出了店内音乐服务活动，顾客一边喝咖啡，一边可以戴耳机利用惠普的平板计算机选择自己喜欢的音乐。每周走进星巴克的顾客有 3000 万人，2003 年公司的营业额上升了 24%，达到 41 亿美元。①

思考问题：星巴克营业额上升主要得益于什么？

案例2：三星的战略实施

几年前三星还是索尼的追随者，但几年后，三星电子已经成为行业的领军人物。1999 年在三星 30 周年庆典之际，三星提出了"数字三星"的概念，宣布在未来要成为数字融合革命的一个领导者的战略计划。这一战略的目标是将消费电子、信息、电信产品、电视机、PC 机等在线和离线的世界融合起来。为此，三星在战略实施上作了很多努力：（1）公司进行了超强度的机构改革，裁撤了那些不稳定的企业，员工由 47000 人削减到 38000 人；（2）设计了自上而下的市场营销策略，为配合数码高附加价值这一新定位和品牌形象，三星选择高档的欧洲和美国市场作为一级市场，以一整套的营销策略配合公司新的战略；（3）对员工进行培训，为新雇员设计了长达近 400 页的电子课程，帮助员工了解营销背景知识、市场战略和品牌原则；（4）公司设计了一套新的数码科技的商业执行原则：要能够抢先观察市场变化，比竞争对手先动手研发，压制竞争对手，抢先占领市场。②

思考问题：三星的案例说明了什么问题？

第一节　战略实施的基本模式

战略实施有不同的模式可循，每种模式有不同的特点和使用条件，西方管

---

① 百度文库．第 8 章战略评价与实施［DB/OL］．PPT：16. http：//wenku. baidu. com/view/a92d91c158f5f61fb73666c8. html 2012. 04. 18.

② 案例来源：百度文库．第 8 章战略评价与实施［DB/OL］．PPT：17. http：//wenku. baidu. com/view/a92d91c158f5f61fb73666c8. html 2012. 04. 18.

理学者总结出了五种基本实施模式,分别为:指挥型、变革型、合作型、文化型、增长型。

一、指挥型

指挥型模式是由高层管理者制定战略,强制下层管理者执行战略的一种模式。该模式的运用有几个约束条件。

第一,企业高层领导或管理者具有较高权威,战略的实施依靠其权威来推动。

第二,战略环境和资源比较稳定、宽松。指挥型模式不适应高速变化的环境。

第三,组织结构和体制集中度高,制定者与执行者目标一致。战略对企业现行运作系统不会构成威胁。

第四,多元化程度较低,企业处于强有力的竞争地位。

第五,信息量足够充分。企业能够准确有效的收集信息并及时汇总到企业高层。

指挥型模式的缺点是把战略制定者与执行者分开,易使下层管理者缺少执行战略的动力和创造精神,甚至会拒绝执行战略。

二、变革型

变革型指战略的实施是以企业变革为基础的模式。该模式的运用需要对企业进行一系列的变革。例如:

第一,建立新的组织机构和信息系统以及变更人事,以顺畅传递战略重点。

第二,合并经营范围,以满足企业战略实施的需要。

第三,构建战略规划系统、效益评价系统,采用各项激励政策,调动企业全员的积极性,以支持战略的实施。

变革型模式相较于指挥型模式实施起来往往更加有效,但也存在问题和缺陷。例如:

第一,信息的准确性难以把握。

第二,部门和个人利益对战略的影响使战略实施缺乏动力。

第三,新建立的组织机构及控制系统在支持战略实施的同时也容易失去战略的灵活性,当外界环境变化时战略更难以随之变化。因此,在企业环境尚不确定时，应避免采用变革型模式。

三、合作型

合作型是指在战略的制定和实施中高层每个领导或管理者都参与其中的模式。从战略一开始就贡献各自的聪明才智，充分发挥集体智慧，承担起有关的战略责任。

合作型模式的关键是组织好一支高协调性的战略实施管理团队。例如成立有各职能部门领导参加的"战略研究小组"，收集战略问题的不同观点，进行研究分析，求得统一认识，在此基础上制定出战略实施的具体措施。

合作型模式克服了指挥型模式和变革模式存在的两大局限性，第一，合作型模式使企业领导或高层管理者接近一线管理人员，获得比较准确的信息。第二，战略建立在集体研讨和认识一致的基础上，从而提高了战略实施的成功概率。

合作型模式的缺点是，第一，不同观点、不同目的的参与者协商制定战略，免不了会使战略成为折中的产物，其经济合理性有所降低。第二，讨论过程中，善于表述意见者会形成一定的强势，致使战略实施方案也带有一定的倾向性。第三，战略研讨制定期相对过长，可能会使企业错过面临的机遇。第四，战略制定者与执行者的区别依然存在，未能充分调动全体管理人员的智慧和积极性。

四、文化型

文化型指基于企业文化，动员全体员工参与战略实施的模式。

运用企业文化手段，向全体成员灌输战略思想，建立共同的价值观和行为准则，使所有成员在共同的文化基础上参与战略的制订和实施活动。

文化型模式打破了战略制定者与执行者的界限，使企业各部人员都在共同的战略目标下工作，能使企业战略实施迅速，减少风险，促进企业迅速发展。

文化型模式的局限性表现为，第一，对企业员工的学识和素质要求较高。文化型模式建立在企业职工都是有学识的假设基础上，但现实中企业职工因文化程度及素质的局限，很难达到战略程度的共识，故参与程度会受到限制。第二，过于强烈的企业文化特色，可能会掩饰企业中存在的某些问题，也难以接受外界的新生事物。第三，人力和时间耗费较多，还可能因高层不愿出让控制权，致使职工参与战略制定和实施流于形式。

五、增长型

增长型指以企业效益增长为核心，自下而上提出战略及实施方案的模式。

这种模式可以调动下属的积极性，企业高层对下层管理者提出的方案，只要符合企业战略发展方向，且基本可行，就予以批准执行。高层只是做出判断，不会把自己意见强加进去。

这种模式的运用，第一，必须放权，营造相对宽松的环境，激励下层管理者提出更多更有利于企业发展的经营决策方案。第二，高层需要做的事情是努力减少集体决策的不利因素，使集体智慧充分发挥出来。第三，避免了大型企业高管难以真正全面了解众多部门战略问题和作业问题的局限性。中下层人员直接面对企业机会，利于及时把握时机，协调并顺利实施战略。

由于上述五种模式在制定和实施战略上的侧重点不同，从而使领导者也担当着不同的角色。如表 8-1 所示。

表 8-1　　　　　　　　　　战略实施模式与领导的角色

类型	关键问题	企业领导角色
指挥型	应如何制定出最佳战略	理性行为者
变革型	战略已经形成，应如何着手实施	设计者
合作型	如何使战略管理者从一开始就对战略承担起自己的责任	协调者
文化型	如何使整个企业都保证战略的实施	指导者
增长型	如何激励战略管理者和全体员工去执行完美的战略	评判者

第二节　企业战略资源的配置

资源配置对战略的实施有着极为重要的作用。战略实施中不仅整体战略对资源有需求，各具体职能战略对资源也有需求，因此，在有限的资源分配中既要保持总体平衡，又要满足各个层面的需要。企业要想保证战略的成功，就必须在战略实施过程中优化配置企业资源。从根本上说，企业的竞争实力和竞争优势源于对各种战略资源的合理应用和有效整合。

一、企业战略资源

（一）企业战略资源的内涵

企业战略资源是指企业用于战略行动及其计划推行的人力、财力、物力、时间及信息等资源的总和。尤其是时间与信息，虽然是无形的，但在某种条件下可能会成为影响企业战略实施的关键性战略资源。这些资源是企业战略有效实施的前提条件和物资保证。应从以下几方面深刻理解企业战略资源的内涵。

1. 企业采购能力。包括企业与供应厂家的关系；在供应关系中的地位；企业采购渠道的保障；企业采购价格等。

2. 企业生产能力。包括企业的生产规模（是否合理）；生产设备、生产工艺、工人；企业产品的结构、质量、性能、竞争力等。

3. 企业市场营销能力。包括销售队伍的质量；企业市场开拓能力；企业市场策略等。

4. 企业财务能力。包括主要利润的来源；企业盈利能力及其在行业中的排列；企业经济结构分布及趋势；企业有无负债；企业融资能力等。

5. 企业人力资源质量。包括企业高层管理者和核心技术人员的专业素养、能力、职业道德水平、知识结构、经验技能及其对企业的作用；企业内部凝聚力和向心力等。

6. 企业技术开发能力。包括企业研究和开发新产品的能力；技术改造的实力；在教学科研领域的合作程度；技术储备在所处行业中的地位等。

7. 企业经营管理能力。包括企业组织结构；分工与合作；企业内部管理体系的运行效率；企业对新鲜事物的反应度；企业文化等。

8. 企业对无形资源的把握能力。包括对信息的掌控（能否充分、及时、高效获取、储备和应用）；对时间的管理等。

（二）企业战略资源的特点

（1）具有一定的从属性。资源的流动速度和方向由战略规划决定。

（2）具有一定的不确定性。在实施战略的过程中，任何情况都有可能出现，企业资源的结构和稀缺程度等都会发生各种变化。

（3）具有可替代性。有些企业资源在战略上是等价的、可以替换的。

（4）无形战略资源的影响程度具有难以评估性。例如时间、信息等无形资源是难以准确评估其价值和影响程度的。因此，在实施战略时为了保证战略的有效运行，必须对时间、信息等无形战略资源的内在特质进行充分了解，并有适当的预案。

二、战略与资源的关系

（一）资源是战略实施的基础

企业战略是以一定资源为保证的。在资源的基础上才能够明确将哪一部分资源分配到哪一个战略环节或哪一个部门。有一定的财力、物力、人力等资源作支持，企业的战略才能够有效实施。在制定战略的时候，需要对资源的需求进行预测，并确保资源的持续有效供应。只有做好资源的积累和储备，才能保证战略的顺利实施。

（二）战略使资源得到有效利用

企业战略的实施也是对资源进行合理分配与利用的过程。战略可以使资源的潜在能力得到最大限度发挥。战略选择的好坏，将影响到企业资源的利用效率。企业虽然拥有大量资源，但战略选择失误，就会造成资源的浪费或闲置。战略选择正确，符合企业自身的优劣态势，才能更好、更有效地充分、合理利用资源。

（三）战略促进资源合理储备

企业的外部环境在不断发生变化，内部资源也应随之不断有所调整。在战略实施过程中也会不断产生新的资源，如资金的增长、新产品的出现、生产能力的提高等，这些资源又会成为下一次战略制定和实施的基础。因此，对战略进行调整，也是对资源进行合理储备的过程，有利于企业长期可持续发展。

三、企业战略资源的分配

（一）企业战略资源分配原则

鉴于战略资源的稀缺性，在分配中必须把握几个基本原则。一是根据各业务单位或项目对整个战略的重要性来设置资源分配的优先权，以实现资源的高效利用。二是把握轻重缓急，实现资源配置的整体平衡。三是开发资金在各经营单位或业务间的潜在协同功能，实现最佳配置。

（二）企业战略资源分配方式

企业战略资源的分配主要从两个层面考虑，一是公司层面，二是经营层面。在实践中，这两个层面的资源配置是同时进行的。

公司层的资源配置是为实现公司战略目标而将资源分配给不同业务部门和职能部门。有以下三种情况：

一是资源总数没有变化。在这种情况下，应避免比较极端的两种分配方式，一种是公式化分配，这样分配会在出现适用性问题。二是自由讨价还价分配，这样分配会出现合适度的控制问题。因此，必须以战略导向为原则进行分配，既要适应短期战略需要又要有利于长期战略发展。

二是资源总数在增长。在这种情况下，可以将新资源有选择地在企业内部进行分配。也可以通过公开竞价的形式来分配，但竞价必须在公司制定的标准和约束的范围内进行。

三是资源总数在下降。在这种情况下，企业可能正面临着很多问题，需要减少某些领域的投资，以维持其他领域的资源供给或支持新的发展。如关闭某些生产线、工厂，或将某些领域单位合并，以减少资源的耗用量。

经营层的资源配置则需要把握两个问题，一是对战略成功实施最为重要的价值活动，把有限的资源用在最需要的地方。二是满足价值链的资源需求，如价值链之间的联系、销售渠道或顾客的价值链等，保证资源配置的整体合理。

（三）企业战略资源分配内容

在企业战略资源的分配中，人力资源和资金的分配是最为重要的。人力资源的分配主要是按战略需要设置岗位，为岗位选配合适人才。同时还要注意战略实施进度，根据需要对人力资源配置进行调整。资源的分配则要求与战略调整同步。一般采取预算方法来分配资金，其方法有零基预算、规划预算、灵活预算、产品生命周期预算等。

四、战略与资源的动态组合

任何企业都处在不断变化着的环境中，随着外部环境的变化，企业所拥有的资源也会发生变化，企业战略也需要进行调整。在修订战略的过程中，需要考虑未来环境的变化、资源的损耗、资源的合理再分配等。因此，企业战略资源的配置实质上是战略与资源的相辅相成的动态组合。

（一）资金的动态组合

资金是维持企业日常运营的重要因素，尤其是流动资金，对企业来说至关重要。资金的动态组合要求企业具有多种类型资金流动的产品和市场领域，以保证资金投入与回收的平衡。

对于实行多元化发展战略的企业来说，在投资的每个领域都需要相应的流动资金，这会使企业面临资金紧缺的困境。解决这一难题，就需要解决资金积蓄问题，因此，企业需要有一定的现金储备，之后再进行投资，以应对未来战略的资金需求。资金在不同时间点也存在不同的状态，有时需要大量资金，有时资金又可顺利回流企业，这就需要企业同时具备多种类型资金流动的产品和市场，以维护资金的动态平衡。

（二）实物的动态组合

随着内外部环境的不断变化，企业原有的物资储备也需要随之有所调整。现有战略中的物资储备在未来的战略实施中可能会起到一定的作用，因此，在规划产品和市场的时候，企业应考虑现有资源的未来应用，关注与未来战略联系较多的实物产品。例如，在创立一个新的产品线时，应考虑这一产品线在未来能否用于其他的生产，若不可用，就需要做好相应的准备。在激烈的市场竞争中，目前的产品线在未来可能不适应市场的发展，在不久的将来，还需要花费一定的成本，对原有的这一产品线所涉及的人力、设备等方面进行更新改造，使之最终跟上市场发展的步伐。

第三节　企业战略实施的组织保障

企业战略的顺利实施靠的是与战略相协调的组织结构。只有战略与组织结构相互适应、有效结合，企业才能更好地生存和发展。

企业战略的改变通常会要求组织结构相应地变化，组织结构调整到与战略协调一致，就能帮助战略得到更好的执行。两者相协调，组织结构就是战略实施的保障，如果不协调，组织结构就成为战略实施的障碍。

战略的制定和执行、组织结构的设计是任何企业都重视的问题，但两者的协调与配合往往容易被忽视。

一、企业组织结构的概念及类型

(一) 企业组织结构的概念

企业组织结构是企业组织内部的构成方式。通过确定企业组织内部各层次、各系统、各部门之间的排列组合方式，来确定工作任务的分工、分组与协调合作。其实质是一种分工协作体系，其作用是为实现组织的战略目标服务。因此，合适的组织结构对战略的有效实施起着非常重要的作用，组织结构也必须随着组织的重大战略调整而作出相应的调整。

组织结构的目的是实现组织的战略目标，因此，企业在选择及确定组织结构类型时应当考虑几个基本因素，第一，以战略需要为前提。应从战略需要出发来设计和选择组织结构，以保证实现企业的战略目标。第二，注重企业外部环境。企业所处的外部环境不同，适合的组织结构类型也有所不同。如果企业所处环境比较稳定则可以采取程式化的组织结构，如果企业所处环境相对复杂则应设计和采用比较灵活的组织结构。第三，考虑企业文化。企业组织结构是一种分工协作体系，既然是分工协作就离不开人的因素，离不开企业文化因素。

(二) 企业组织结构的类型

主要类型有创业型组织结构、职能制组织结构、事业部制组织结构、矩阵制组织结构。

1. 创业型组织结构

创业型组织结构是企业所有者或管理者对下属实施直接控制，由下属执行一系列工作任务的组织结构模式。这种模式中创业者或企业管理者是企业的核心人物，企业的各级战略规划和设计，所有重要的经营决策都由他们完成，并直接指挥企业中下属员工执行一系列战略方案。

这种结构在企业处于初创时期还能适应，工作人员比较少，业务量不大或者有限，组织机构比较简单，容易达成共识，企业的权力相对集中于创业者或企业管理者。但随着企业的发展，业务的扩大，组织规模也会不断扩大，组织关系也会更复杂，这种结构就不能适应企业需要了。因为，创业型组织结构过分依赖于核心人物的个人能力，弹性比较小，缺乏专业分工。在创业后期，单纯依靠创业者或管理者个人智慧和能力，已经无法解决企业遇到的问题。所以，这种组织结构模式容易使企业陷入"领导危机"，这时企业就应当向职能制组织结构调整和转变。

2. 职能制组织结构

职能制组织结构是按业务活动或技能要求分设专门的管理部门而形成的组织结构。如图 8-1 所示。由直线制结构发展而来。随着企业的发展和扩张，组织规模的扩大，员工人数的增加，企业的产量、产值、利润增加，不同部门、不同单元就需要专业的管理人员，这就促进了职能制结构的形成。专业管理职位的人选来源一般有两种途径，第一，来自于企业内部。创业者或企业的管理者通过实践不断磨炼提升，成为有效的管理者。第二，从企业外部引进专门管理人才。职能制组织结构比创业型组织结构更为专业、规范，是一种非常典型的组织结构模式。

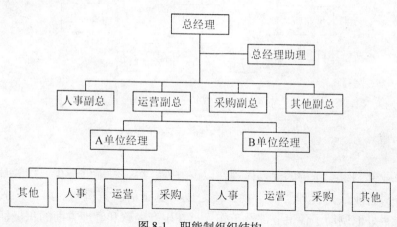

图 8-1　职能制组织结构

职能制组织结构的优越性在于，第一，能有效实现统一指挥、统一领导，不会出现多头领导、政出多门。第二，职能部门的管理者是专业人员，能发挥参谋、辅助作用，弥补企业最高管理者在知识、能力、经验等职能管理领域的不足。但必须注意协调各部门之间的关系，防止各个部门争功诿过，踢皮球，影响管理效率。

3. 事业部制组织结构

大型企业会把生产经营活动按照产品或地区进行划分，建立不同的事业部，形成企业集中决策，事业部独立经营的管理模式。如图 8-2 所示。企业的整体方针政策、总目标和长期战略规划由企业的最高管理层负责研究和制定，每个事业部都是企业的一个利润中心，承担着完成利润计划的责任，实行独立核算，自负盈亏，为实现企业的总体目标贡献力量。一个事业部就是一个独立的基本经济单位，因此各事业部可以根据自己生产经营的实际需要独立设置组织结构，对本事业部的人、财、物和产、供、销等活动实行独立管理，企业只对各事业部保留人事决策、财务控制、价格管理、规定利润额或销售额等方面的管理权。

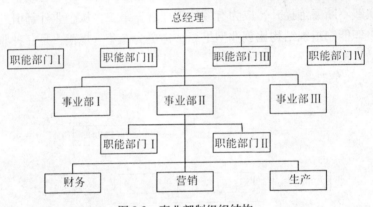

图 8-2 事业部制组织结构

事业部制组织结构的优点体现在以下方面，第一，能够减少或摆脱日常行政事务对企业最高管理层的干扰，使之成为真正的决策机构。第二，适当分权，能很好地调动了各事业部及工作人员在生产经营和管理方面的积极性。一方面有利于增强各事业部的市场适应能力，促使各事业部开拓市场，从整体上使整个企业的经济效益得到提高。另一方面有利于培养和考核各层管理人员，提高管理人员的素质，增强管理人员的责任心。

事业部制组织结构的缺点是，第一，出现职能机构重叠的情况，导致管理人员多，管理支出大，企业资源浪费。第二，各事业部是同一级别，只对自己和上级负责，容易出现本位主义，相互之间难以协调，从而影响企业的整体利益。

4. 矩阵制组织结构

企业为了完成某项专门任务，需要从各相关职能部门中抽调部分工作人员，由他们联合组成专门任务小组。专项任务小组由专人负责，小组里的工作人员受原职能部门和任务小组的双重领导，在该专项任务完成后，各自回原所在部门。如图 8-3 所示。如果企业中这样的专项任务小组有若干个，这种专项任务小组的横向关系与原来职能部门的纵向关系就组成了一个矩阵，这种组织结构称为矩阵制结构。矩阵制组织结构适用于以科技开发为主的企业，或者创新任务较多、生产经营复杂多变的企业。

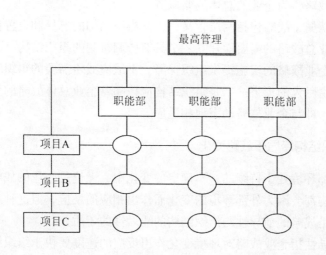

图 8-3　矩阵制组织结构图

　　矩阵制结构中专项小组的成员是从各职能部门择优选出的专业人员，因此，该组织模式具有几个明显的优点。第一，能提高完成某一专项任务的工作效率。通过各个专业人员相互间的有效分工与合作，集思广益，提升完成任务的速度和质量。第二，有助于提高管理人员的素质，培养一专多能人才。各职能机构的专业人员在工作中可以相互学习、相互促进、取长补短。第三，有利于降低成本。通过抽调组合的方式使各相关职能机构参与完成专项任务，避免了各部门的重复劳动，减少了成本支出。

　　矩阵制组织结构中专项任务小组的成员是为完成项目抽调而来的，原来的人事隶属关系不变，又新接受任务小组的领导，这就使矩阵制结构存在固有缺陷，第一，双重领导下在两方领导意见不一致时，任务小组工作人员便无所适从。第二，双重领导易导致职能不清、权责不明。第三，专项小组的临时性易使成员产生一定程度的不安全感，从而影响工作进展。

二、战略与组织结构的关系

(一) 组织结构从属于企业战略

组织结构既是企业战略实施的工具又是企业总战略的子战略，其设置与变革必须服从于战略，为企业的总体战略服务。

组织结构从属于战略包括两层含义，一是组织结构的选择和设置依据战略而定。根据企业总战略的需要而建立一个具有协调机制的组织结构，并发挥其最大功能，为企业战略的实施提供组织保障。不适应战略需要的组织结构对企业战略则会产生巨大的损害。二是组织结构应该随着企业总体战略的变化而进行必要的调整，即与企业战略动态地相适应。

(二) 组织结构滞后于战略变化

企业的外部环境处于持续的、不确定的变化中，无论是企业的战略，还是企业的组织结构都会因为外部环境的变化而作出相应的反应，但这种反应是不同步的，这就是战略的前导性与组织结构的滞后性的矛盾。

战略的前导性指企业战略对环境变化作出反应的速度要快于组织结构。当企业的外部环境和内部条件发生变化，如具有新的发展机会或产生了新的需求时，企业会第一时间着眼于战略的调整或改变，以谋求新的发展。

组织结构的滞后性指组织结构对环境变化的反应速度往往慢于企业战略的变化速度。这种滞后性来自两方面原因，第一，随战略而调整需要时间。企业战略是前导，组织结构是从属，战略变化了组织结构才随之变化，跟随调整在时间上就已经慢了节拍。第二，转换磨合需要时间。新旧结构由过渡到完全替代有一个磨合期，管理人员在原组织结构运转中形成的思维惯性，使他们一时难以抛开旧的职权和沟通渠道，难免在新战略实施中有所沿用，因此，组织结构调整后运行磨合是需要一个过程的。

(三) 组织结构对企业战略的制约

组织结构在一定程度上对战略的制定和执行起着制约作用。这种制约性表现在两方面，第一，战略的制定不可能脱离组织结构。战略制定需要在组织中进行，如果完全忽视现有的组织结构，将会导致企业组织混乱、资源分散，甚至运营停顿等不良后果。第二，信息传递离不开组织结构。企业战略的制定和执行都离不开信息的搜集、传递等工作，而组织结构提供了信息传递的方式，决定着低层决策者以什么方式和程序把信息进行汇集并传递给上级管理者。第三，战略的实施依赖于组织结构。适应战略的组织结构能提供战略顺利、成功的保障，不适应战略的组织结构则会成为战略实施的障碍和破坏战略的工具。

三、组织结构调整变革方式

（一）激进式变革

激进式变革是对组织进行超速的、大幅度的、全面的调整，其过程比较快，通过快速改变原有组织结构来达到目的。正是因为如此，激进式变革会导致组织的平稳性差，严重的时候甚至会导致组织的崩溃。在实践中把握不当，反而会加速企业的灭亡。

（二）渐进式变革

渐进式变革是对原有组织结构作局部的修补和调整。渐进式变革对组织产生的影响比激进式变革要小，所以企业可以经常性地使用渐进式变革来修正现有组织结构，直至达到目的。修修补补也给渐进式变革带来了一定的弊端，使企业容易产生路径依赖，有可能导致企业组织长期不能摆脱旧机制的束缚。

企业究竟采用哪种方式应视企业战略需要和自身条件而定，将两种变革模式综合考虑，在企业外部环境、内部条件发生较为重大的变化时，可以采取激进式组织变革以快速适应完全不同的新环境。但由于激进式变革会导致组织的平稳性差，因此不宜频繁运用。

第四节　战略实施的企业文化支撑

一、企业文化的含义及特征

（一）企业文化的概念

企业文化是企业特有的文化形象，由企业的价值观、信念、仪式、符号、处事方式等组成。企业文化是在长期经营管理实践中形成并为成员共享的稳定独特的指导思想、发展战略、文化观念、道德规范、经营精神和风格。

（二）企业文化的组成要素

（1）企业环境。指企业的各个方面，如企业的性质、企业的经营方向、企业所处的外部环境、企业的社会形象、企业的行业地位、企业在消费者心中的印象等。企业环境在很大程度上决定了企业的组织行为。

（2）价值观。指企业员工对一些事件、行为、观点的正误、好坏、善恶、是否仿效等的看法和态度。价值观是企业文化的核心，企业文化建设的目的是要形成判断行为的统一标准，这个标准就来自于统一的价值观。企业员工通过共同价值观来统一对事物的认知，并赖以选择自己的行为。

（3）英雄人物。是指在灌输企业文化中树立的鲜活样本，是企业文化的核心人物或企业文化的人格化。通过提供可效仿的榜样，使企业文化更好地传递并为员工所接受，进而影响其思想和行为。

（4）文化仪式。指企业内的各种集体活动，如各种表彰大会、奖励活动、各种形式的聚会以及文娱活动等。文化仪式把企业中发生的事情戏剧化和形象化，生动地传递企业价值观，使员工在愉快的氛围中体会并接受企业的价值观和文化，在较长时间里发挥作用。

（5）文化网络。一种非正式的信息传递渠道，其主要作用是传播文化信息。文化网络本质上是由某种非正式组织结合某一特定场合所形成的，员工喜欢通过这个网络表达或传递愿望和心态。

（三）企业文化的特征

（1）企业文化具有独特性。说到底企业文化是个性化的产物，具有鲜明的个性和特色。每家企业所处的外部环境、内部条件、生产经营管理、企业目标、发展轨迹、企业员工素质都不尽相同，因此每个企业的文化淀积也会有所不同。

（2）企业文化具有继承性。任何事物都是在一定的时空条件下产生、生存和发展的，企业文化也不例外，也是历史的产物。企业文化的继承性体现在三个方面，第一，民族文化的继承。企业文化往往继承了其所在民族的优秀精华。第二，本企业文化的继承。企业文化是不断发展的，但不论如何发展，都会吸收和继承企业之前的优秀传统。第三，外来文化的继承。文化的继承有一条宗旨，即取其精华，去其糟粕。在企业文化发展过程中，外部环境中的外来文化对企业的影响不可忽视，应该辩证的对待，继承外来企业文化中优秀的实践和研究成果，抵御不良因素的影响。

（3）企业文化具有相融性。企业文化是企业内部因素之一，应当与企业的环境相协调、相适应，如与经济环境、政治环境、文化环境以及社区环境的相融、适应。

（4）企业文化具有人本性。企业文化是以人为本的。企业文化通过重新塑造员工的理想、道德观、价值观和行为规范，来最大化的发挥员工在企业管理中的作用。这种影响可以总结为"用愿景鼓舞人，用精神凝聚人，用机制激励人，用环境培育人"。

（5）企业文化具有创新性。企业文化和所有文化一样，不会一成不变，自身需要发展，企业应注重创新。只有根据企业环境、国内外市场的变化而改革、创新、发展企业文化，才能引导企业不断前进，这样的企业文化才有生命力。

二、企业文化与战略的关系

企业文化引导企业战略定位，是企业战略实施的关键。哈佛大学商学院曾经以企业文化和企业战略的关系为主题，对企业界人士进行调查研究。研究分析结论是，企业文化和企业战略两者间没有明显的界线，并在企业经营理论上出现交叉，即企业经营理论既属于企业文化，又属于企业战略。

企业战略是企业对其经营方向、重心等方面的谋划和设想，目的是使企业能稳定、持续的发展。企业战略建立在环境分析，目标设置，优势评估的基础上，因此企业战略是对企业相关经营理论的理性反应。企业文化是重塑员工的理想、道德观、价值观和行为规范，对员工的能力、成长环境等因素进行整合，以发挥员工在企业经营中的作用，因此企业文化是对企业相关经营理论的人性反应。

企业文化是在企业相关经营理论的基础上，具体选择将要制定的战略和经营模式，而企业战略的实施又会促进企业文化的发展创新，两者之间存在着相互影响、相互促进、相互约束的关系。①

---

① 顾赵璠. 企业战略管理 [M]. 武汉：武汉大学出版社，2011：201.

三、企业文化的作用

（一）导向作用

通过对员工价值观的影响，规定了企业的价值取向，使得员工能够按照企业和高层领导的意愿、方向以及他们认定的价值观去行动，使企业更容易取得经营上的成功。

（二）约束作用

企业文化通过影响员工的价值观、道德观，同时辅以管理制度等规定，约束着员工的行为，方便企业进行管理。

（三）凝聚作用

企业文化以人为本，强调团体意识，可以在员工中形成凝聚力和向心力，可以激励员工的士气，使员工从内心将自己的荣誉、命运与企业的荣誉、命运联系在一起，保证了企业的基本步调一致。

总之，企业应建立以战略为核心的企业文化，使全体员工所信奉的价值观和信念与企业战略保持高度一致，并运用相关制度进行激励，在独有的企业文化引导下，有效实施企业战略。

本章小结

战略实施有不同的模式，每种模式有不同的特点和使用条件。西方管理学者总结出了指挥型、变革型、合作型、文化型、增长型五种实施模式。指挥模式的特点是企业高层考虑的是如何制定一个最佳战略的问题。变革模式的特点是企业高层考虑的是如何实施企业战略。合作模式的特点是企业高层考虑的是如何让其他管理者从战略实施一开始就承担有关的战略责任。文化模式的特点是企业高层考虑的是如何让每一个员工都参与战略实施活动，运用企业文化传递和灌输企业战略思想，使所有成员主动地、愉快地、协调地参与战略实施活动。增长模式的特点是如何提高基层管理者在参与战略制定方面的积极性和主动性，共同为促进企业利润增长而不懈努力。

　　企业战略资源是指企业用于战略行动及其计划推行的人力、财力、物力、时间及信息等资源的总和。资源的优化配置是企业战略有效实施的保证。

　　组织结构既是企业战略实施的工具又是企业总战略的子战略，其设置与变革必须服从于企业总体战略。适应企业战略的组织结构是战略实施保障，不适应战略的组织结构则是战略实施的障碍。

　　企业文化是企业特有的文化形象，是在长期经营管理实践中形成并为成员共享的稳定独特的指导思想、发展战略、文化观念、道德规范、经营精神和风格。企业文化引导企业战略定位，是企业战略实施的关键支撑。企业文化与企业战略是相互影响、相互促进、相互约束的关系。

思考题

　　1. 举例说明什么是企业战略资源？
　　2. 企业组织结构对战略实施有什么影响？
　　3. 企业文化对战略实施有什么影响？
　　4. 使企业人力资源和企业战略相匹配需要如何安排？
　　5. 企业战略资源分配的内容有哪些？
　　6. 简述组织结构的概念和类型。
　　7. 怎样才能使组织结构与企业战略相适应？
　　8. 试析组织结构变革的原因。
　　9. 企业文化的功能有哪些？
　　10. 试论企业文化与企业战略的关系。

案例分析及理论归纳

采购部的战略实施

　　2010 年 3 月，张某放弃了知名外企中国区电子事业部总经理的职位，接受某电子公司董事长刘某的邀请出任总经理。2009年，该公司已在国内数码宝行业排名第五，2010年正是数码宝更新换代的关键时刻，该公司希望抓住机会，一举进入行业前三。

在刘某为张某举行的欢迎宴上，志在必得的刘某仍不忘谈及公司的完美战略。在年度计划中，采购部已经决定改变过去那种大批量采购的方式，只要小批量采购的元器件能够保证到位，上半年研发部推出 7 个新品就没什么问题，这样公司冲进前三自然不在话下。对张某而言，一直是踌躇满志，现在该公司策略计划十全十美，就等着自己来好好执行和运作了。

但是，一切并不如张某想象的那么顺利。研发部门的员工反映采购部买的元器件技术参数不符合要求，质量不过关，技术支持也跟不上。研发部经理郑某抱怨说："照这样下去，我们根本不可能在 6 月以前推出 7 个新品。"

研发部提出的问题引起了张某的重视，他立刻召集郑某和采购部的经理何某开会。为了达到董事长降低库存量的要求，采购部今年的采购计划是下小单。但是今年元器件的供求市场发生了变动，对该公司下的小单，国外供应商根本不予理睬。由于采购工作没有及时跟进，所以延误了元器件的购买，以至于最后不得不转向国内供应商。但是正如郑某所反映的，国产元器件技术参数不符合要求，质量不过关，技术支持也跟不上。

为了解决问题，张某要求采购部与国产供应商协调，增强技术支持的力度。同时，张某要求采购部确认，国外供应商需要多大的订单才肯供货。

经过这次冲突，张某发现，该公司的战略虽然很美，但是执行起来很吃力。张某觉得这是因为公司各个部门的沟通不顺畅，公司内部也缺少团队合作精神。为此，张某组织公司中层参加了一个旨在增强协作的拓展培训。

但培训的成功并没有带来销售业绩的增长。直到 4 月份，研发部只推出了 1 种新品。张某脑中一片混乱，以前的外企，即使是全球战略也是说动就动，现在的公司，战略目标怎么越走越远了呢？①

思考问题： 如何解决张某的困惑？怎样保证战略的顺利执行？

分析：

1. 企业战略在实施之前只是脑海中或是文字层面的内容，只有进入到实施阶段才开始付诸实施。在很大程度上，战略实施比战略制定更为重要。

2. 战略实施是企业为了实现其战略目标而将已经制定出来的战略方案予以落实的活动。企业制定各个战略方案，结合各个因素对战略方案进行评价，从而选择最适合企业的战略予以实施。在进入战略实施阶段后，会出现很多在战略制定和评价阶段没有预想到的情况，因此战略实施阶段的主要工作是使企业行为将战略实施到位，以保证战略目标的实现。

3. 为了使企业战略有效实施，需要企业每个部门加强沟通，共同努力，尤其是研发部门和采购部门，更需要及时深入的交流。

4. 应加强团队精神的培养，通过企业文化活动，加强员工的团队意识，建立和谐独特的企业文化，培养员工主人翁意识和对企业的忠诚感，共同促进战略的有效实施。

归纳： 战略实施需要良好的沟通；团队精神能够促进战略的有效实施。

---

① 顾赵璠. 企业战略管理［M］. 武汉：武汉大学出版社，2011：184-185.

学习要点

■ 战略控制的概念与意义
■ 战略控制的层次与特征
■ 企业战略控制的过程
■ 企业战略控制的方法

导引案例

"世界米龙" 旺旺的信息化之路

"旺旺"与"康师傅"、"统一"并称为内地食品行业三大台资品牌。这个最初只是生产农产品罐头的小企业，如今已发展成为拥有遍布全国26个省市近百家分公司，涉足食品、酒类、医疗、酒店等众多行业的大集团，其产品在休闲食品市场上占据领导地位，品牌深入人心。据统计，若将旺旺集团年产的 480 亿片旺旺仙贝一片片连接起来，可绕地球 120 圈，是一条名副其实的"世界米龙"。

做传统食品行业起家的旺旺集团，以前对企业信息化重视不够，投入也相对较少。但随着公司规模越来越大，面对激烈的竞争，旺旺不得不回头解决一些最基本的管理问题。

从创业到发展，旺旺的信息沟通和管理还处于"非常传统"的方式，总部需要各个工厂的财务人员向集团财务部汇报各项信息，然后汇总形成财务报表上报，才可以了解公司当天财务状态。旺旺对 IT 部门也重视不够，投入较少，当公司规模越来越大，市场竞争越来越激烈时，旺旺不得不重新回头解决一些最基本的管理问题。

将一线营业资讯、生产、原料等信息及时准确地传递到上海集团总部，然后经过管理、分析，迅速将信息反馈到各地，这一"简单任务"就足够让财务部忙很长一段时间。在业务结构相对单一时，依靠个人能力确实能让企业抓住机遇，但是旺旺多元化战略对公司管理提出了更高的要求。除了休闲食品之外，旺旺在内地几个城市投资房地产业务，同时在长沙建立一家台资医院。虽然依靠强大的财力物力可以迅速装备现代化的管理工具，但现代化的管理方式和管理理念的转变，对于旺旺来说更为重要，当务之急就是要找到一家合适的软件厂商及借鉴更多的多元化集团管理经验。于是，旺旺集团开始了信息化过程：

2003 年启动新集团财务系统的建设；

2004 年考察数十家软件（未有完全适用于旺旺集团的系统）；

2005 年启动集团财务会计口径的统一；

2005 年曾经考虑自主开发集团财务系统；

2006 年初开始接触金蝶新一代平台级产品 EAS；

2006 年中期在集团新的 IT 规划下正式确定金蝶 EAS 为软件供应商并启动实施。

金蝶 EAS 项目小组进驻旺旺集团现场之前就对旺旺集团的管理现状做了详细的分析：

1. 财务管理分散

集团企业规模庞大，下属企业通常追求局部利益"最大化"，集团的整体利益难以达到最大化，导致企业集团内部缺乏凝聚力，削弱了集团的整体优势和综合能力。

2. 财务控制薄弱

集团的财务管理通常缺乏至关重要的事中控制和预算分析。事中的预算与经营业绩的比较也难以进行，事中控制流于空谈。

3. 财务稽核困难

由于各种原因，会计报表的真实性受到影响，企业经营风险难以得到有效控制。

经过金蝶项目小组成员与旺旺集团信息化小组关键成员的共同分析，一致认为：如何在集团经营层面整合资源，发挥集团的管理优势和资源优势，是重要而紧迫的课题。从提升管理及整合资源的角度，以强化财务管理为切入点最为适宜，因为集团管理的核心是财务管理。因此，需要共同探索这样一条道路：以规范的会计语言，统一的财务系统去塑造旺旺集团的管理灵魂。从目前的财务核算结构看，旺旺集团对下属各单位的管理还只是停留在报表合并，因为各企业都是独立账簿，集团财务不可能及时监控各企业的财务状况。而金蝶 EAS 标准财务系统的产品设计思想就是全集团一套账，避免集团"信息孤岛"，减少集团财务信息的沟通成本。

2006 年旺旺集团与金蝶软件的 EAS 标准财务信息系统正式上线实施，双方制定了明确的项目实施目标及实施策略。

项目实施目标：建立起统一规范、严格有序的会计核算和财务管理体系，集团可以清晰掌握下属各公司的经营状况。建立统一规范的财务合并报告体系，实现集团财务合并工作的规范高效，以及合并报告的真实准确。

项目实施策略：要完成实施目标，实现公司一体化管理，应紧紧围绕"一核心"、"两步骤"、"三体系"的实施策略来完成旺旺集团信息化项目的整体实施工作。"一核心"即完成以集团财务管理为核心的信息化项目建设工程。"二体系"即建立以总账为主体的财务核算管理体系，实现财务管理与监控；建立通过合并报表系统完成集团报表的归集。"三步骤"即第一步，实现集团各下属公司基于总账，报表的日常核算业务。第二步，实现集团合并报表业务。第三步，实现 EAS 集团财务数据分析、决策业务。

2007 年 3 月旺旺集团 EAS 总账、出纳系统全面验收。2007 年 7 月旺旺集团 EAS 报表系统全面验收。2007 年 9 月旺旺集团 EAS 合并报表系统全面验收。运行几个月下来集团合并报表的出具从原来的 1~10 号缩短为 1~3 号，管理分析报表时间缩短至半天。集团本部 30 多名财务人员已经开始业务转型，从原有的核算型向更高级的分析型转变。

2006 年是狗年，是旺旺集团与金蝶公司开始信息化合作之年，狗的叫声与旺旺谐音，旺旺集团的产品因此俏销。旺旺要在最红火的日子里寻找群策群力的转型之道，要让"世界米龙"真正走向世界! ①

思考问题：

1. 旺旺集团在财务控制方面存在哪些问题？

2. 旺旺集团为什么要实施信息化，其信息化实施步骤是怎样的？

第一节　战略控制的原理

一、战略控制的意义

战略控制是监督战略实施进程，及时纠正偏差，确保战略有效实施，使战略实施结果基本上符合预期计划的必要手段，是战略管理过程中的一个重要环节。在控制活动中，管理者按照战略计划标准去衡量企业所进行的各种活动的进展情况，评价战略实施后的企业绩效，并与既定的战略目标与绩效标准进行比较，发现战略差距，分析产生偏差的原因，纠正偏差，使企业战略的实施更好地与企业当前所处的内外环境、企业目标协调一致，使企业战略目标得以实现。

---

① 案例来源：比特网 http：//soft. chinabyte. com/392/7759392_ 2. shtml. 2008. 01. 08.

（一）战略控制能确保组织各项活动的实施效果

由于种种原因，企业战略的实施结果并不一定与预订的战略目标相一致。在企业战略管理过程中，组织的各项活动均按事先制订的计划实施，而当企业内外环境和条件发生了新的变化时，就会影响到计划的实施效果，这就需要根据环境的变化对计划进行修正调整，控制工作就起着及时发现、纠正工作偏差的作用，使原定企业战略能与新的环境条件相适应，以保障战略实施的效果。

在战略实施过程中，企业内部某些主客观因素的变化也会影响战略计划偏离预期目标，比如个人会因能力、动机和态度的不同在执行同样工作任务时出现不同的结果，又或者个人在执行工作时采取了错误的措施，致使战略实施结果与战略计划目标发生偏差。只有良好的控制系统才能使企业战略管理的各项职能体系朝着既定目标前进。

（二）战略控制与评价能为战略决策提供重要的反馈信息

战略控制与评价是企业战略规划中的重要环节，连续不定期的战略评价能有效监督和判断企业经营过程中各项活动的绩效水平，把评价结果与既定战略目标和企业绩效相比较，采取必要的纠偏措施。

由于战略评价是连续不断地进行，因此在控制与评价工作过程中，既能发现问题，又能促进及时分析思考，激发各级组织机构人员工作的积极性与创造性，实现有效信息反馈，对组织活动产生的新计划、新目标和新的控制标准予以新的审视。

控制与评价工作，使管理过程形成了一个相对封闭的系统，在这个系统中，控制与评价不断地审视潜在的战略基础，衡量计划的执行进度，度量企业绩效，分析产生偏差的原因，指明纠正措施，这个过程既结束了一个管理过程，同时又开启了一个新的管理过程。战略控制工作能作出因环境变化对战略计划目标的必要调整，防止计划在执行过程中产生的偏差，保证工作的有序进行。

（三）战略控制有利于促进企业文化的建设

企业文化是组织成员在工作实践中逐渐形成的一种价值观念，这种观念具有一定的稳定性。通过学习与引导这种观念逐渐转化成组织成员共同的价值观念和行为规范，企业文化对组织成员的行为具有无形而强烈的约束力。在战略实施中，个人因认知、能力、态度和掌握信息程度的不同，或者个人目标和企业目标不一致等原因，使企业高层管理者和其他人员会出现一些不符合战略要求的行为，因此如何通过调整和改革来对人的行为进行科学控制，是战略控制的一项重要内容。

如何有效地开展控制工作，保障组织目标的实现，是企业每位成员都应主动思考的问题。在战略控制的管理活动中，既要求企业高层管理者能指挥和带领好被领导者，同时也要求企业的其他各级管理者和工作人员能广泛参与其中，全员能满怀热情地为实现组织目标努力奋斗。因此，企业文化有利于统一组织认识，使企业的每个成员能自觉地克服和纠正与实现企业目标不一致的行为偏差，保证战略的有效实施。

二、战略控制的机理

战略控制的机理是指战略控制系统结构中各要素的内在工作方式以及诸要素在一定环境条件下相互联系、相互作用的运行规则和原理。

企业内外部环境的变化是一个复杂多变的系统，企业战略的形成过程、实施过程、控制过程都与内外部环境的变化有着密切联系，实施的结果并不一定与预定的战略目标相一致，为保证战略管理活动的连续性、动态适应性，一个完整的战略管理过程必须具有控制环节，及时纠正在执行过程中产生的偏差。

有效的战略控制首先要分析战略是否按计划在进行，其次需要分析战略是否取得了预期的效果。这一切都是在战略实施的过程中进行，而不能等到战略实施完毕以后才进行。因此，战略控制更多的是行为问题，各种控制能够按企业预定的方向影响行为时，才真正有效用。

企业战略管理具有内部复杂性、外部复杂性以及内外部之间交互作用的复杂性，变化的环境要求控制系统能够与之相适应，即实施有效控制就必须建立适应性控制系统。这个系统要求领导与战略相适应——这是对领导者的行为的要求，必须负责研究和执行战略；组织与战略相适应——战略要求有合适的组织结构相匹配；执行计划与战略相适应——战略必须有起作用的行动计划来支持；资源分配与战略相适应——资源配置必须支持战略目标的实现；企业文化与战略相适应——企业文化、人员心理必须与执行战略相适应；适应战略控制的预警机制——能够及时提示与防范战略实施中出现的问题和偏差，以便及时调整纠偏。

三、战略控制的方式

根据战略实施的过程，可以将战略控制划分为事前控制、事中控制和事后控制。

（一）事前控制

事前控制又称为前馈控制，是一种以未来为导向的控制方法，其原理是企业在战略行动实施之前对可能出现的偏差进行预测和估计，提前采取纠正措施，使战略不偏离原定计划，保证企业战略目标的实现。事前控制的一个重要特点是建立在事先预测的基础上，把计划所要达到的目标同预测目标相比较，并采取措施修改计划目标使新的预测结果成为计划目标。事前控制系统是相当复杂的，不仅要建立该系统的物理模型或因果关系分析图，还要随时对系统输入影响战略变量的各种因素，使系统更加符合实际。虽然事前控制有许多优点，但要注意的是预测本身就具有一定的不确定性，各种变化也会扰乱预测，所以向事前控制系统及时输入准确的信息是十分必要的，这有助于组织分析变量，采取相应的纠偏措施。

（二）事中控制

事中控制又称为现场控制，是指在战略实施过程中，按照控制标准检查战略行动，对出现的偏差及时采取纠正措施。事中控制主要包括以下几种具体方法。

1. 直接指导

管理者亲自深入现场检查、指导和控制下级的活动，及时发现偏差并采取纠正措施。在事中控制过程中，管理者需具备较高的素质，因为在很多情况下都需要管理人员凭借自身的知识、能力和经验当场判断、立即解决。

2. 自我调整

自我调整是执行者通过非正式的协调与沟通，按照既定的标准自行调整自己的行为，解决战略执行中出现的偏差。

3. 愿景激励

共同愿景是组织中的所有成员对战略目标、任务、事业和使命认识相一致，在战略执行过程中能够使全体成员紧紧地连在一起，激发组织成员强大的行为动力，从而实现组织目标。

4. 技能标准化

技能标准化是对从业人员工作能力水平的规范性要求，是衡量从业者能力的重要尺度，定期加以检查，有助于从业人员素质和企业竞争力的提高，确保实现控制目标。

5. 过程标准化

组织生产过程中需要大量的过程标准，如生产工艺规程、产品设计规范等，建立健全各项规程、规章、制度等，能督促、检查、控制执行者的行动，确保各项工作有序进行。

6. 成果标准化

管理者只规定了最终目标，而对达到目标的具体措施、方法和过程不作具体规定，只要工作成果符合标准，个人行动就符合战略目标要求。

（三）事后控制

事后控制又称为反馈控制，这类控制是将战略执行的结果与控制标准相比较，发现偏差，并根据偏差的大小及发生的原因，对战略行动采取纠正措施，以使最终结果能符合既定标准。事后控制的工作重点是把注意力集中在结果上，以此来指导未来行动。事后控制的优点是，可以对员工的战略行动进行评价与控制，这种方法可以让员工比较容易接受并进一步明确企业战略，使个人行为方向与组织目标接轨。通过参与评价工作业绩，一方面可以增强员工的积极性，另一方面个人通过评价绩效的信息，可以看到自己的成绩与不足，依据反馈信息修正战略实施行动，避免偏差继续发展。事后控制具有一定的滞后性，往往在获取信息时，损失和失误就已经发生了，在实际战略控制工作中，将事前控制、事中控制和事后控制相结合运用，更高能提高和改善控制的效果。

四、战略控制的层次

企业战略管理中的一个基本矛盾是企业的战略计划与变化的环境之间的矛盾。为保证战略控制的实施效果符合预先制定的目标要求，企业要将每一阶段、每一层次、每一方面的战略实施效果与预期目标进行比较，分析偏差原因，采取必要措施对原战略目标或方案进行相应的调整。在战略控制系统中，不同层次具有各自特殊的控制内容，一般分为三个层次，即战略控制系统、业务控制系统和作业控制系统。

（一）战略控制系统

战略控制系统，是以企业高层领导为主体，从企业总体考虑，依据企业外部情况和内部条件制定战略方案，对适用的资源进行选择，为组织设定目标并进行全局监督，随时准备在适当的时候对预先制定的目标和方案进行复审和修正，着重于企业长期的业绩。

（二）业务控制系统

战略业务控制系统，是企业战略经营单位和职能部门按照职能筹措和分配资源，制定各种制度和标准实施管理，检查是否达到了企业战略为它们指定的目标，着重关注企业短期的业绩。

（三）作业控制系统

作业控制系统，是企业基层主管负责人对生产流程、流通活动进行具体的控制，包括根据规章使用资源情况，检查评价作业人员履行规定的职责及完成目标任务的绩效，以处理近期活动为主，关注企业近期的业绩。

五、战略控制的特征

（一）客观性

战略控制的客观性主要表现在，控制标准是从定量的角度来分析评价实际进程对预期计划的偏离以及个人绩效。控制标准是衡量和评价工作业绩的重要依据，控制标准的可度量性能为组织纠正偏差提供客观的依据。

评审方式要客观，客观评价有益于企业制定可行的对策措施，确保企业战略在正常的轨道上推行。评审者不仅需具有完备的综合知识和严谨的分析能力，更要有实事求是的态度以及敏锐的预见性能力。评审主体除了要依据控制指标认真检查和衡量工作绩效，还要深入调查，广泛收集多方面的信息，避免主观臆断。评审者的评价结果往往关系到战略执行者的个人工作成效，错误的判断会给组织成员带来不必要的压力，在一定程度上也阻碍了战略实施的进展。

（二）交互性

现代企业所面临的环境是复杂多变的，企业除了要对自身的绩效作出评价，还要与其他的竞争对手进行比较。广泛地与外界相互交流，才能获得有价值的信息，从中发现企业的优势和劣势，为接下来的战略计划打好基础。每一家企业的优势都是暂时的，在动态的竞争环境下，企业随时都面临着被淘汰。良好的企业控制系统应能适应不断调整、不断变化的态势。

从全局来看企业须依据战略需求来确定信息搜集的内容和范围，如公开出版的资料、实地调查的方式都是加工信息的有效途径。最后企业应对收集起来的资料进行类比、评估、分析，对战略实施的进展情况予以检验和反馈。[1]

（三）动态性

控制系统与环境之间存在着密切的交互作用。动态性主要表现在：（1）战略控制系统不等同于机器的自动控制系统，在管理中战略控制又具有新的特点。企业面对的是一个完全动态的市场，市场供求条件也是在不断地发生变化。从外部看，企业要随时跟踪监测竞争的行动，分析竞争者为何调整某些战略，竞争对手的优势与弱点是否发生了变化，技术的更新与市场需求的变化是否要进一步调整企业的战略计划。从内部看，企业预先设计的战略计划可能并不完美，在战略实施中难以实现原先制定的目标。另外，在现实中企业不可能每年以同样的数量去制造产品，也不可能以同样的方式去组织企业经营，因此这些变化必然要求企业及时调整控制的标准和方法，这就使得控制具有了需要适应环境变化而不断调整的动态性特征。（2）企业的各项活动都要靠人来完成，然而组织成员不是机械，他们存在着工作能力的差异，这种差异性会导致他们对战略计划理解不一致，在实际工作中不能完全按照计划要求去做，而某个环节的偏离都会对整个企业的战略实施带来威胁，因而控制也就具有了动态性特征。

（四）目的性

战略控制是围绕组织的目标而进行的，控制的意义就在于通过纠偏行动使组织活动朝着计划目标计划前进。战略计划是未来的框架，选择和确定了组织的目标、战略、政策。为保证计划目标的实现，企业必须在计划实施的不同阶段制定相应的控制标准，管理科学的先驱者法约尔指出："一个企业，控制就是要证实一下是否各项工作都与已定计划相符合。"实践证明，面对复杂多变

---

① 姚莉. 企业战略管理［M］. 武汉：武汉大学出版社，2010：267-268.

的环境，企业离开了信息的反馈就失去了评估比较的对象和依据，控制的目的性就得不到实现。控制存在于管理活动的全过程，是与战略计划相辅相成的，企业战略计划越明确、全面和完整，控制系统的效率就越高、能力越强，企业没有了控制标准就失去了评价战略执行效果的重要依据。

（五）创新性

控制系统中良好的反馈机制为主管人员提供了有用信息，施控者能及时了解执行进度与执行中出现的偏差，分析偏差产生的原因。从情况检查到纠正所产生的偏差行动，管理人员能在控制活动中得到启发，有所创新，使组织不断地适应变化着的环境，更好地发展，由此管理过程实现了"螺旋上升"。

第二节　战略控制的过程

为使企业战略的实施效果尽量符合制定的预期目标，控制过程一般分为三个具有内在逻辑联系的基本步骤，即确定控制标准、评价工作绩效、反馈纠偏。

一、确定控制标准

战略控制的职能就是保证组织的活动能按照预期计划进行，实现企业的目标。实施控制必然需要制定标准，没有一套完整的标准，企业在衡量绩效和纠正偏差时就失去了客观依据。在实际工作中，计划也不可能对组织运行的各个方面都制定出非常具体的工作标准，因此必须在计划的基础上建立起一套科学的控制标准，避免在战略实施中的随意性和盲目性。

（一）确定控制对象

在确定控制标准之前，首先要明确控制的对象。在一个企业里，各层次、各部门的目标和任务都不尽相同，让管理人员对组织工作的全部因素进行控制是不现实的。企业的控制重点应放在对那些实现组织目标成果有重大影响的因素进行重点控制。影响组织工作目标实现的主要因素有：

1. 环境的变化

企业战略管理的第一个环节是环境分析，这是制定战略的开端。企业环境包含所能够影响企业战略成效的组织内部和外部因素。环境分析就是要企业能认识到内外部环境的变化对组织的影响，对企业经营的内部作出相应的调整。在制订计划时应依据经营环境分析作为控制的对象，列出有利于企业经营环境的具体指标或标准。

2. 资源投入

企业经营成果是通过一定资源投入进行运转的，没有资源的投入，企业的经营活动就无法保质、保量的按期实现目标。如当企业产品生产质量下降、数量减少，或者长期投资和短期投资出现平衡问题时都要给予研究。

3. 组织的活动过程

人是组织各项活动的执行者，企业经营活动成果是各层次、各部门人员在各个阶段利用一定的技术和设备，对不同资源进行加工劳动而获得的，这就要求企业必须充分认识到人才是管理控制的关键。控制不仅仅是一种监督，控制的标准必须符合人的特性才能对企业员工的活动能予以指导，使员工能明确自己的工作规范，理解控制的必要性，自觉提高工作与自制能力，符合计划和预期的结果。

（二）选择控制的关键点

对企业管理者来说，注意计划中的每一个细节既是浪费时间、精力，而且也是不必要的。对于简单的经营活动，管理人员可以通过亲自观察来实行控制，然而当经营活动变得复杂，部门职能增多时，主管人员就必须选出一些关键控制点来检查绩效，确保整个组织计划的贯彻执行。美国最大的巧克力制造商好时公司关于关键控制点的选择能给我们某些启示。

好时食品公司的创始人米尔顿·好时先生从企业创立之时就始终坚持做最高标准质量的巧克力，精心筛选的原材料，加上传统的经典工艺，让好时巧克力在美国糖果业中一直保持着良好业绩。

（1）提出控制标准和措施。起初好时公司只有一个工厂，只生产一种产品，而现在已发展成能生产多种产品的美国最大糖果制造商，主要包括各类巧克力、非巧克力产品和食品杂货，优质的产品质量和良好的制造技术是好时公司发展壮大的重要保障。为确保企业产品在市场上的领导地位，好时公司还制定了评估企业产品在质量和成本方面的标准。此外，好时公司十分注重研究与开发新产品，不仅优化现有产品的质量，还不断发展生产工艺，促进生产工艺的现代化，这些控制措施都有效提高了现有和计划产品线的价值。

（2）市场地位。市场地位是指企业主营产品在市场上所占有的份额，它反映了企业的产业竞争地位，是任何一个成功企业要解决的重大课题和战略重心。在全球化背景下，好时公司对各业务单位的增长机会、经营效益加以分析、评价，并将产品推广到中国、俄罗斯、菲律宾等地。为更好地开拓中国市场，好时公司在中国多个大城市进行了广泛的市场调查，针对中国消费者的口味研发了一批全新的巧克力产品，这些新开发的产品在甜度和营养成分上更适合中国消费者的口味偏好。为适应制造成本、竞争环境和利润目标的变化，好时公司还改变了其产品的价格和重量，这些改革措施都进一步提升了产品的竞争力。

（3）盈利能力。盈利能力是企业获取利润的能力，是企业在一定时期内表现的收益数额的多少及其水平的高低。盈利能力是衡量企业经营成败的综合标志，通常用利润率来表示，利润率越高，企业盈利的能力就越强。通过对企业盈利能力分析，就能发现在经营管理环节中出现的问题。好时公司的目标就包括：每年提高3%至4%的销售额，每年将毛利提高70至80个基点，每年将息税前利润提高7%至9%和每年将每股收益提高9%至11%。

（4）企业社会责任。企业的可持续发展，除了要关注自身的财政和经营状况外，还需履行必要的社会责任，社会责任履行的好坏，直接关系到企业的社会形象和消费者的信任。增进消费者的信任和培育，维系顾客忠诚度是有利于构筑坚实市场地位的。为提高公众对企业的满意程度，好时公司不仅积极支持慈善事业，创办好时学校，还出资承办了一年一度的北美青少年运动会，此外好时公司还为消费者创造全方位的消费体验，感受好时企业文化，如建立好时主题乐园、好时时代广场专卖店、好时博物馆、好时花园、好时动物园等。

（三）制定标准的方法

1. 制定标准的方法

由于控制对象不同，所需要衡量的标准方法也不一样。一般来说，企业常用的制定标准方法有三种：统计计算法、经验估计法、工程方法。

（1）统计计算法。统计计算法是运用统计的方法，以分析企业在各个历史时期的经营状况数据为基础，对企业未来活动而建立的标准。这些数据可能来自本企业的历史统计，也可能来自其他企业的经验，具有简便易行的好处。要注意的是据此建立的标准会受到历史的局限，特别是当企业内部条件和外部环境发生剧烈变化时，这种方法对未来预测也就不准确了，难以反映发展的要求，在运用此方法时，应充分考虑行业的平均水平和竞争企业的经验。

（2）经验估计法。经验估计法是根据管理人员的经验、判断和评估来建立的控制标准。由于这种方法是依据个人价值判断建立的，因此要注意充分利用各方面的管理人员的知识和经验，综合大家的判断，确立相对先进合理的标准。

（3）工程方法。工程方法是对工作情况进行的客观定量分析，主要运用于依据生产者的产出情况来制定准确的技术参数和实测数据标准，较低层次的战略控制指标有：产品工时，工作效率、废品数、优质品率、库存量等。

以上三种制定标准的方法各有优劣，企业应根据有利于实现组织目标的总要求来制定具体工作的衡量标准，开展有效控制。

（四）制定标准的要求

制定标准是为实现有效的控制，根据控制工作的特点，好的标准应具有以下特征。

1. 可衡量性

可量化的指标要能反映出企业的变化及其在行业中的竞争地位。可衡量的指标能便于管理人员在实施控制时发现偏差，找到相应的责任单位与人员。如投资收益率就是能全面反映企业经营活动的状况的综合性指标，体现了企业投资决策是否正确及企业利用其资产获得利润的程度。

2. 可实现性

指标既是可以定性的，也是可以定量的，制定的标准要能较好地协助管理人员行使其控制职能，对组织和个人能起到一定的激励作用。

3. 灵活性

指定的标准应能适应环境等各种因素的变化，在特殊情况下要有随机应变的控制方式和方法。

4. 整体性

制定的标准应与企业的未来发展相结合，标准的整体性有助于主管人员从全局利益出发来实施控制，使组织有序发展。

二、评价工作绩效

评价工作绩效是指将实际工作成效与确立的评价标准相比较，掌握两者之间的差距并分析产生差距的原因。这一阶段的工作任务要解决三个基本问题，第一，战略实施过程中是否存在问题和存在什么问题；第二，如何衡量，如何及时掌握偏差信息;第三,对衡量结果怎样评价,如何为接下来的纠偏行动提供有用信息。管理者在衡量工作成绩的过程中应注意以下几个问题。

(一)怎样衡量

衡量的过程是一个用预定标准对实际工作成效和进度进行检查、衡量和比较。通常管理人员可以通过亲自观察、分析统计数据、听取执行者口头或书面汇报、抽样调查等方式开展工作。评价工作绩效的过程其实也是对标准的客观性和有效性进行检验的过程,通过对标准执行情况的测量来辨别剔除不能为有效控制提供必要信息,废除容易产生误导的不适宜标准。比如,直接观察可以获得对实际工作最直接和最深入的第一手资料,但由于个人时间和精力有限,主管人员不可能对所有工作活动都亲自观察。还有分析统计数据的方式是了解工作进展情况常用的方法,但它提供的信息也有一定的局限性,忽略了其他许多重要因素,如分析企业在一定时期内的产品数量是否达到计划目标,就不能充分判定企业的盈利程度。另外由于组织中许多类型的活动是无法直接测量的,建立标准就显得比较困难。

(二)怎样评价衡量结果

评价是将反馈的结果与标准进行比较。发现偏差后首先要分析偏差的性质,判定偏差程度如何,如果偏差不大或对企业最终的结果不会有较大影响,那么就无须实施纠偏行动。因为有些偏差可能是由于计划本身的问题,在预期时不能做到很周全、详尽。还有些偏差可能是偶然或暂时因素引起的,不会对整体活动造成重要影响,管理者在采取纠偏措施时,一定要认真和全面分析偏差产生的原因。

(三)衡量频度是否适宜

企业要根据所评价问题的性质及对战略实施的重要程度来确定适宜的衡量频度。企业进行有效控制,要把握好控制过多或控制不足的问题。衡量频度不仅体现在控制对象数目的选择上,而且还表现在对同一标准的衡量次数或频度上。对控制对象或要素的衡量频度过高,不仅是浪费时间和精力,而且还会增加控制的费用,消耗许多资源,对组织目标的实现产生负面影响。检查和衡量的次数减少,可能会使许多重大的偏差得不到及时发现,导致采取纠偏措施迟缓,影响计划的完成。以什么样的频度衡量这取决于被控制活动的性质,如为提供充分而及时的信息，就应当采取经常性地评价，对产品质量的控制就需要以小时、日等较小的时间单位来进行。

（四）建立信息反馈系统

建立信息反馈系统，是为了保证管理人员能及时掌握实际工作情况，发现与预期工作绩效之间偏差信息，及时采取有效纠正措施。组织建立的信息反馈系统应能有效加工、检索和传递信息，能针对每个部门、每个管理层提供相应的需求分析，辨别哪些信息是各部门都需要的重叠信息，哪些又是冗余信息。这样被控制活动有关的部门和个人就能及时掌握自己的工作状况，有针对地改进，保证预订计划的实施。

三、反馈纠偏

反馈纠偏就是在衡量工作成效的基础上，分析偏差产生的原因，制定实施必要的纠正措施，这项工作使得整个战略控制过程得以完整。制订了评价标准，而且也进行了评价工作绩效，但未能采取恰当的行动，那么企业的控制工作也不能取得真正实效。为保证纠偏措施的针对性和有效性，管理者应在制订和实施纠偏措施过程中注意以下几个问题，为纠偏措施的制定提供指导方向。

（一）找出偏差产生的主要原因

不同的偏差对企业产生的影响程度也不同，在采取任何纠正措施以前，必须首先对反映偏差的信息进行评估和分析。偏差过大会对组织的活动效率造成冲击，这就值得企业去分析原因，采取纠正措施，而有些偏差是暂时和区域性的因素引起的，或者没有超出管理者可接受的范围，不一定会对组织活动的最终结果产生重要影响，那么就不必采取纠偏行动，有时最好的方案也许就是不采取任何行动。

其次，企业要通过表面现象探寻造成偏差的深层原因，为纠偏措施的制定提供指导方向。实际工作成绩与评价标准发生偏差的原因有很多，如战略目标不现实；实施战略的组织结构错误；从事该项工作的职工玩忽职守；缺乏适当激励；配置资源不合理；战略的子系统发生问题；企业内部缺乏信息沟通等。

（二）确定纠偏措施的实施对象

纠正行动也可以是对企业活动计划或衡量这些活动的标准，这是因为：一原先制订的计划或标准并不科学，在执行过程中发现了问题，需要及时调整；二由于客观环境本身发生了不可预测的变化，原先制订的计划和标准不再适应新形势的需要，管理者需要主动修订计划和行动准则。如企业产品销售量的下降，有可能是因为消费者的需求偏好发生了转移，即使企业产品质量再高，价格再低，也不可能改变企业销售量下降的现状，带来期望利润。

（三）选择恰当的纠偏措施

针对产生偏差的主要原因，来制订相应改进工作或调整计划与标准的纠正方案。纠偏措施的选择和实施过程中要注意下述问题，第一要判断偏差的严重程度，如果偏差没有超出管理者可接受范围，就不需要采取行动。对企业来讲，采取纠偏行动应是以经济性为前提，通过成本—收益的比较再来考虑是否采取纠偏行动。如果纠偏行动的成本费用超过偏差带来的损失，此时最好的选择就是不采取任何行动。

第二要充分考虑纠偏行动对原先计划实施的影响。由于主客观情况发生了变化，采取的纠偏行动有可能会导致对原先计划与决策的否定，使原决策中的错误转向正确的决策，这种调整也被称为追踪决策。追踪决策是相对于初始决策而言的，不是以原决策的起点为起点，而是以发生变化的企业外部环境和内部条件为起点，对所面临的问题重新进行的一次决策，需要对决策计划或方案作较大改变。在制订和选择追踪方案时，要充分考虑人力、财力、物力和资源的消耗，以及这种消耗对周围环境产生的实际影响。

第三节　战略控制的方法

为实施有效控制，在战略控制系统中需要正确地运用多种现代化的控制方法。本节将介绍几种常用的战略控制方法。

一、目标管理

目标管理是组织中的上级和下级根据组织的使命来共同协商一定时期内组织各经营单位的工作目标，并据此评价组织和个人取得的工作成效。美国管理大师彼得·德鲁克在其名著《管理实践》中最先提出了"目标管理"的概念，他认为"企业的使命和任务，必须转化为目标"，目前目标管理已被广泛应用在企业管理领域。

企业目标可分为战略性目标、策略性目标以及各方案、任务等。各层次的管理人员都应根据需要来决定上、下级的责任和目标，并把这些目标作为评价每个经营单位或个人工作成效及贡献的标准。目标管理设计中，组织的整体目标被逐级分解，转换为各单位、各部门以及个人的分目标。这种参与性强，自我控制的管理制度，有利于把整个团队的思想和行动统一到同一个目标上来，是提高组织效率，实现快速发展的有效手段之一。推行管理目标时应注意制定的目标要与工作性质相结合，分解和量化在企业的能力范围之内，并能被目标实施者所接受。

二、预算控制

预算控制是应用最为广泛的一种控制方法，是用财务指标或数量指标来表明有关预期的结果，有助于管理者对企业进行更合理地控制，作出更好的计划和协调。具体表现形式有财务报表、人力资源计划、存货管理成本指标等。预算是一种转化为控制标准的数量化的计划，对企业的内部资源起着分配作用。通过预算各层级的主管人员能清楚地知道资金的使用和费用的开支情况，对主管人员的管理活动具有一定的指导和约束作用。预算的编制与控制过程是密切联系的，通过比较预算与实际的差异来分析原因，采取相应的处理措施，使确定目标和拟定标准的计划工作得到改进。

预算控制也存在一定的局限性。首先，这种方法只能反映企业可计量的，特别是以用货币单位计量的业务活动，对于不能计量的企业活动，如企业文化、企业形象、企业研究计划等则无法予以足够的重视。其次，要恰当地掌握预算控制的度，预算过细过繁会使主管人员丧失一定的管理主动权。例如对极细微的支出也作出琐细的规定，就不利于主管人员开展各项工作。还有当企业管理者只让自己部门的开支控制在预算规定内，而没有积极地将企业的总目标视为自己首要的职责，这样也会使得预算控制背离其目的走向反面。另外，企业活动的外部环境是不断变化的，预算控制中的长期预算就对环境变化快的企业和时期缺乏灵活性与适应性。

三、审计控制

审计控制是指根据预定的审计目标和既定的环境条件，客观地收集并评价有关被审计单位的经济运行状态，其目的在于确定被审计单位的经济活动与已确立的标准之间的符合程度，及时调整偏差，提高经济效益。审计控制是依据企业的战略目标对战略实施成果的衡量，控制的内容不仅仅是财务活动，而是组织的整个业务活动。战略审计人员不仅要清楚企业财务状况，而且还需要对企业文化、组织发展的政策、资源利用的效率、市场地位、组织工作程序与计划的遵循程度进行全面、客观地了解和评估，提出合理的改进建议。

审计可分为内部审计和外部审计。内部审计是由组织的内部审计机构对组织的会计、财务和其他业务活动所作的监督与审查。内部审计不仅要评估组织的财务运行情况，还要对检查和改进现有现有控制系统的效能提供对策建议，保证组织更有效地实现组织目标。要注意的是内部审计成本较高，不宜频繁进行，一般每年进行一次或两三年进行一次。审计人员的业务技能要过硬，避免因主观偏向而造成的不真实审查。

外部审计是由组织外部机构的审计人员对组织的财务报表及反映的财务状况进行的审查和监督。由于审计人员与组织不存在行政上的依附关系，因而在一定程度上可以保证审计具有独立性和公正性，但外部审计也有一些缺陷，外部审计人员并不了解组织内部的实际情况，在审计中发现问题有一定的难度，而且考察时间有限容易造成片面的审计结果。

四、平衡计分卡方法

（一）平衡计分卡的概念

平衡计分卡（Balanced Score Card）是由哈佛大学教授罗伯·柯普郎（Robert Kaplan）与诺朗顿研究院（Nolan Norton Institute）的执行院长大卫·诺顿（David Norton）共同研究提出的一种衡量企业战略管理绩效的工具。平衡计分卡从财务、顾客、内部经营过程、到员工的学习和成长四个维度来考核企业的绩效，是全面衡量企业战略管理绩效、进行战略控制的重要工具和方法。

（二）平衡计分卡的作用

1. 平衡计分卡是加强企业战略执行力的战略管理工具

平衡计分卡将组织的愿景转变为一组由财务、客户、内部运营过程、学习与成长组成的绩效指标架构，这四项指标将企业的使命和策略转变为一套前后连续的系统绩效考评体系，改变了企业以往只关注财务指标的考核体系的缺陷，有助于平衡兼顾企业的长期目标与短期目标的持续发展。

2. 使企业战略目标与部门子目标得以建立因果链接

平衡计分卡是依据企业的总体战略，由一系列因果链贯穿起来的整体，部门产生的子目标或评价指标可以根据因果关系，继续划分形成可以指导个人行动的绩效指标。例如企业发现资本回报率指标未达到预期目标，便可根据因果关系，层层分析引起这项指标变动的其他指标是否合格，在提高业务，资产利润以及员工能力等方面上开展工作，达到市场预期的运营回报。

3. 提高企业整体管理效率和激励作用

平衡计分卡所涉及的四项内容将企业的各部门和个人目标联系起来，使企业有了更多地交流与学习机会，全体员工都将在评价指标指向下按照企业总体的远景规划，采取能够实现战略目标的具体行动。这个过程不仅扩大了员工的参与意识，而且还提高了组织管理的整体效率，为企业实现目标奠定了坚实基础。

4. 加强战略的反馈与适应性

这是平衡计分卡管理中最为重要的一项作用，它可以帮助企业高层管理人员获得战略反馈，对组织内外部环境的变化予以监督，在必要时对战略作根本性改进。这一反馈分析过程不仅研究了业务过去的成绩，而且对企业战略未来的要求有了更进一步地认识，充分体现了战略管理的动态特征。

（三）平衡计分卡的控制指标

1. 财务方面

一套平衡计分卡应从长远的财务目标开始，充分反映企业战略的全貌。传统的业绩衡量系统是建立在传统会计数据基础上的，不适应今天快速多变的企业经营环境。平衡计分卡中的财务衡量不仅仅是一个单独的衡量方面，而且是其他几个衡量方面的出发点和落脚点。财务衡量可以显示出企业的战略实施是否对改善企业盈利做出贡献。衡量指标主要有三个方面，销售收入增长及组合指标；降低成本及提高生产能力指标；资产利用及投资策略指标。

2. 客户方面

在客户方面，关键绩效指标主要包括以下五个方面：市场份额、客户满意度、客户保持率、客户获得率、客户盈利率，这些指标相互之间又存在着因果关系。客户满意度是一个综合性指标，是客户对企业产品功能、质量、价格的综合性评价。客户满意度决定了客户获得率和客户保持率，而新客户的获得率、客户保持率以及市场份额等指标又共同决定了企业的销售利润率。

3. 内部经营过程方面

管理者要确认组织关键的内部流程，作为持续改进的主要目标，这些流程可以帮助组织吸引和留住目标细分市场的客户，并满足股东对财务回报的期望。平衡计分卡与传统绩效评价系统相比，是从满足客户需要衍生出对内部绩效的要求，创造出全新的管理流程，使企业所提供的产品和服务更好地满足目标顾客的需要。

4. 学习与成长方面

企业学习和成长的关键因素来自于三个方面：员工、信息系统以及组织程序。为促进企业的学习和成长，企业必须理顺日常工作，改善企业内部的沟通渠道，不断加强员工技术再造能力的培养。衡量指标有培训支出、员工满意度、员工保持率、员工建议采纳数、员工建议采纳后的激励、个人与组织的配合度等。①

本章小结

战略控制是监督战略实施进程，及时纠正偏差，确保战略有效实施，使战略实施结果基本上符合预期计划的必要手段，是战略管理过程中的一个重要环节。

企业战略控制是一个动态的过程，具有客观性、交互性、动态性、目的性和创新性的特征，一般分为事前控制、事中控制、事后控制。

为使企业战略的实施效果尽量符合制定的预期目标，控制过程一般分为三个具有内在逻辑联系的基本步骤，一是确定评价标准，为实现企业的目标，实施控制必然需要制定标准；二是评价工作绩效，将实际工作成效与确立的评价标准相比较，掌握两者之间的差距并分析产生差距的原因；三是反馈纠偏，在衡量工作成效的基础上，分析偏差产生的原因，并制定实施必要的纠正措施。

为实施有效控制，在战略控制系统中需要正确地运用多种现

---

① 潘福林，张智利. 管理学原理［M］. 北京：中国铁道出版社，2010：288-289.

代化的控制方法。四种常用的战略控制方法，分别是目标管理、预算控制、审计控制、平衡计分卡方法。

思考题

1. 什么叫战略控制？
2. 战略控制的意义是什么？
3. 战略控制的特征有哪些？
4. 企业为什么要进行战略控制？
5. 战略控制有哪几种类型？
6. 事后控制的优点和缺点各是什么？
7. 战略控制的一般过程是什么？
8. 战略控制的方法主要有哪些？
9. 评价工作绩效应注意哪些问题？
10. 平衡计分卡的作用有哪些？

案例分析及理论归纳

宝洁公司的战略实施与控制系统

宝洁是一家美国消费日用品生产商，也是目前全球最大的日用品公司之一。总部位于美国俄亥俄州辛辛那提，在全球 80 多个国家设有工厂及分公司，所经营的 300 多个品牌的产品畅销 160 多个国家和地区，其中包括织物及家居护理、美发美容、婴儿及家庭护理、健康护理、食品及饮料等。

历史

1837 年，宝洁公司由威廉·波克特与詹姆斯·甘保创立，在辛辛那提市他们共同生产销售肥皂和蜡烛。1879 年研制生产的象牙肥皂受到市场欢迎，从此公司开始发展壮大起来。1946 年，公司推出了汰渍洗衣粉，该产品采用了新的配方，洗涤效果比市场上所有其他产品都好，对公司来说又是一次巨大的成功。到 1980 年，宝洁公司已发展成为全美最大的跨国公司之一。为充分发挥跨国公司的优势，宝洁建立了全球性的研究开发网络，研究中心遍布美国、欧洲、日本、拉美等地。2005 年，宝洁公司收购了 Gillete，开辟了男士剃须用品市场，这也是宝洁公司历史上最大的一次收购。2010 年，宝洁公司最大研发中心在北京成立。

品牌

该公司拥有众多深受信赖的优质领先品牌，包括帮宝适、汰渍、碧浪、好自在、护舒宝、潘婷、品客、兰诺、Iams（R）、佳洁士、欧乐-B、金霸王、玉兰油、海飞丝、威娜、吉利、博朗等。

管理

公司的管理人员、股东和董事会成员实行共同协作，雇员是长期的投资者。前 GE 公司 CEO 杰克·韦尔奇曾说过，"健康向上的宝洁公司企业文化是一个企业战无不胜的动力之源"，其企业文化影响到公司的方方面面。在宝洁公司文化中注入"对卓越产品的关注"，就很好地诠释了企业的目标就是为全世界的消费者提供优质的产品与服务。

宝洁公司的原则是：尊重每一位员工，坚信宝洁的所有员工始终是公司最为宝贵的财富，在全球的任何一个分公司都始终坚持这个核心价值观原则。公司会选拔那些认同本企业文化的员工，并不断将企业文化灌输给每一位员工，使得有不同背景和性格各异的员工能依照公司的核心价值观团结合作，为实现企业目标开拓奋进。

为迎合不同市场细分需求，宝洁公司采用多品牌战略。从功能、价格、包装等各方面划分出多个市场，来满足不同层次、不同需要的各类顾客的需求，给竞争对手形成全面压力，在消费者心目中树立起实力雄厚的企业形象。公司关注每个品牌的效益，采取优胜劣汰法，淘汰效益不高的品牌，降低企业的经营风险。在宝洁公司内部竞争法的原则是：如果某一个种类的市场还有空间，最好那些"其他品牌"也是宝洁公司的产品。宝洁公司善于运用知识营销来开拓市场，例如洗发水系列的海飞丝品牌个性在于去头屑，潘婷品牌在于营养，飘柔则是关注头发的光滑柔顺。在营销中注入这些概念，能有效提升消费者对商品的认知度，培养顾客的忠诚度。

公司使用监控系统，获得当年的快速分布，找出消费者尚未满足的喜好。根据每天装运报告，销售基础产品情况和客户的每周、每月尼尔森数据，来分析品牌与销售接下来可采取的行动。通过财务充分对账，获得品牌获利预估。在执行追踪及发展计划方面，公司要求每年一次向经理进行直接报告，经理再根据内部的优势和弱势设定未来发展计划。在宝洁公司发布的 2012 财年年度报告中，其实现营业收入 836.80 亿美元，同比增长 3.18%；营业利润 132.92 亿美元，同比下降 14.22%；净利润（归属于股东的净利润），107.56 亿美元，同比下降 8.83%。

未来

2010 年，宝洁公司公布了一项长期环境可持续发展愿景，宝洁董事长、总裁兼首席执行官麦睿博表示："加快宝洁对于环境可持续性的承诺是公司实行中的目标激发型增长战略的关键组成，该战略旨在更全面地提升全球更多地区更多消费者的生活。我们之所以公布这项愿景和这些目标是因为我们相信宝洁目标的实力以及我们作为世界上一个善行力量的公司的责任。"宝洁公司计划在未来 5 年内花费 10 亿美元来改善营销效率，为全球的客户创造一对一、实时并且终身的品牌关系。①

思考问题：

1. 宝洁公司主要采取了哪些战略控制方法？
2. 控制系统是如何促进宝洁公司成为世界著名制造商的？

分析：

宝洁公司采取多品牌战略有效占领了各个细分市场。公司寻求在同类产品中以不同品牌的个性和价值利益点为消费者提供最佳价值，满足了不同层次、不同需要的各类顾客的需求，给竞争对手形成全面压力，在消费者心目中树立起实力雄厚的企业形象。

---

① 案例来源：精品资料网 http：//www. cnshu. cn/qygl/336012. html. 2010. 10. 26.

公司关注每个品牌的效益，采取优胜劣汰法，淘汰效益不高的品牌。在宝洁公司内部竞争法的原则是：如果某一个种类的市场还有空间，最好那些"其他品牌"也是宝洁公司的产品。当一个品牌出现不利局面时，其他品牌可以不受影响，有效降低了企业的经营风险。

通过控制系统，公司可获得每天装运报告，销售基础产品情况以及客户的每周、每月尼尔森数据。这种直接监督与定期考评，能积极、全面地了解消费者对产品的需求和喜好，更加准确的设定未来发展计划。

企业文化是企业发展的力量源泉，宝洁公司的原则是：尊重每一位员工，公司与个人的利益休戚相关。在这一信念的指导下，宝洁公司内部形成了一整套以尊重人为宗旨的企业制度，有效实现了对组织各个层面的控制。

归纳：战略控制确保战略目标的实现和战略计划的完成。

第 **10** 章　企业战略变革

学习要点

- ■ 战略变革的含义
- ■ 战略变革的动因
- ■ 战略变革模式和过程
- ■ 战略变革管理

导引案例

透视三星变革战略

2009 年，金融危机后，许多市场都露出疲态，而三星却在逆境中脱颖而出。三星胜出的原因在于，从战略到策略，再到技术、到营销实现全面主动变革。与其说服别人改变，不如自己改变，这是三星近几年来一直努力尝试并做到的。历经了 20 世纪 90 年代末的一轮变革，三星迅速由一家制造公司脱胎换骨为一家集成技术和设计领先的公司，抢在所有手机制造商之前，推出了 MP3 手机、高像素摄像手机和最轻薄手机，满足了追逐时尚潮流的消费群体。为什么三星能够迅速崛起，成为继索尼之后又一家全球最有价值的消费电子品牌？一切都归功于变革和创新。三星的变革战略，使自己始终走在市场前沿，三星的创新能力，使自己在竞争中始终处于主动地位。三星在技术研发上的投入资金，已逾百亿美元；公司的技术研发人员，已超过 4 万多人；公司不但拥有高尖端的技术研发人才，更拥有亚洲最大的研发中心。

三星锁定时尚路线不断创新，全力赶超竞争对手，如今已成为全球第二手机品牌。从原本单纯的产品开发，到现在的产品研究，三星已经完成了它的另一大变革。本着走在市场前端的宗旨，三星通过技术和产品创新，已经开始主导消费电子产品市场潮流，从手机到各类电子产品，始终处于市场的领军地位，一步步扩大市场，吸引了更多的消费者。三星另一个迅速发展的原因在于，主要产品的全部电子部件，几乎都是自己制造。生产一款新产品对三星来讲，只是将这些部件进行新的组合。这不但节省了时间成本，更大大地节省了人员成本，带动三星不断深入更多新的产品领域。

三星在手机和家用电器的营销上，进行了一场"时尚"变革试验。十年来，三星手机在千篇一律的手机产品制式中，以自己独特的设计方式，走出了一条时尚之路，并用这种设计思路，颠覆了"手机是耐用消费品"的既有市场格局，走出了一条三星手机独有的时尚路线。通过三星时尚产品一代又一代的演绎，让手机这个"耐用消费品"，彻底演变成为人们手中的"时尚消费品"。2010 年盛夏，三星手机又推出了"澜"系列产品。一个"澜"字，颇具中国传统文化色彩，将三星手机魔焕炫屏即将引发的一场手机色彩革命，真实地带到了消费者面前。三星的这个创意，也引起了专家的关注，著名策划家、"一字定位法"创始人张道奎这样评价："三星'澜'系列手机，在屏幕色彩和使用功能上的创新，给人带来了全新的视觉冲击。用'魔焕炫屏'来形容这款产品，当之无愧。""时尚三星"在竞争激烈的消费环境中，或许已经成为消费者的最好选择，而它带给三星的，自然是市场占有率的大幅提升。

三星的快速成长，不是偶然因素造成的。敢于变革，先于变革，是这个企业一直保持稳健成长的直接动因。2010 年 5 月 12 日，三星公布了一个针对新产业的多元投资计划，到 2020 年，将在包括 LED（显示材料）、环保能源、医疗健康等领域投资 23.3 兆韩元（1 兆韩元约合 60.4 亿元人民币）。这个决策，是李健熙重返三星董事会主席职位 50 天内作出的。这一举措，被业界视为三星历史上的第二次重大变革。按照李健熙的说法，未来十年，三星将淘汰目前的大部分业务和产品，在其他全球性企业还在犹豫不决时抓住机遇。这次变革会给三星带来什么变化？业界对李健熙领导下的这次大变革，充满了关注和期待。①

思考问题：

1. 怎样理解三星的战略变革？
2. 三星电子的崛起对我国 IT 企业的发展有何启示？

第一节　战略变革动因

企业战略变革是指企业通过改变战略内容，使企业战略能够动态的协调企业和客观环境，获得企业竞争优势的目的，它包括了企业对其实施的战略的修改调整，以及从原战略转移到新战略的实施。战略变革与企业内外部环境有关，为适应组织外部环境和内部条件的变化，组织必须适时进行变革才能应对未来的挑战。战略变革的动因是指推动变革的驱动力，战略变革的因素可以分为外部原因和内部原因。

一、外部原因

（一）社会经济环境的变化

美国著名的管理学教授斯蒂芬·P. 罗宾斯认为，环境是指对组织绩效起着潜在影响的外部机构或力量。经济政策的调整，经济体制的改变以及市场需求的变化等，都将引起整个社会环境的变化，为适应组织的外部环境，组织必

---

① 案例来源：和讯网　http：//news. hexun. com/2010-12-30/126503896. html. 2010. 12. 30.

然要对内部进行深层次的调整与变革。

（二）科技进步的影响

在知识经济社会中，科学技术飞速进步，新产品、新工艺、新技术、新方法的出现会对企业的经营管理带来巨大冲击。一方面，高新技术推动了一系列相关的新兴产业的发展，另一方面由于现代高新技术的推广应用，不仅影响了组织活动的效果和效率，而且对企业的组织结构也产生相当程度的影响，给企业的变革带来强有力的挑战。

（三）相关法律和政策的变动

任何一个组织的生产经营与运作都是在国家有关法律和法规框架内进行的。为适应新的变化，组织应依据政府政策、法律制度的改变来调整和修正战略以及目标。

（四）市场竞争激烈程度

全球化的市场竞争越来越激烈，组织要想适应激烈的竞争要求，就必须在竞争观念和竞争方式上进行一定的调整。企业战略制胜的关键就是通过变革，争取主动，使组织在竞争中始终处于有利地位。

二、内部原因

（一）提高企业效率的要求

企业在成长过程中，需要不断地对其战略形式和内容作出相应的调整。企业的绩效下降、与相关组织、合作伙伴关系改变等，都是组织产生战略变革的动力，企业只有及时变革才能进一步制止效率下降的趋势。

（二）组织成员价值观的变化

随着受教育水平的提高以及个人自身发展的需要，组织成员希望组织能在晋升、培训、学习、奖酬、授权等方面的制度作出相应的调整。组织在发展过程中为提高整体管理水平，达到新的战略目标，也必须在人员教育、培训、价值观念和人际关系等方面作出相应的改善。

（三）企业的成长阶段

企业在成长的不同时期和不同阶段，所面临的问题以及依赖的资源和管理方式均有差异，所采用的战略类型也不尽相同。每当企业由一个阶段进入到另一个新的成长阶段时，必然要对其战略类型进行调整。丘吉尔和刘易斯从企业规模和管理因素两个维度描述了企业各个发展阶段的特征，提出了一个五阶段成长模型，即企业生命周期包括创立阶段、生存阶段、发展阶段、起飞阶段和成熟阶段。企业在成长的每一个阶段都会出现新的矛盾，如企业经济效益下滑、技术落后等，根据企业生命周期理论，企业在不同的周期应及时调整管理的重点和模式，采取不同的战略，从而进入下一个发展阶段。

第二节　战略变革模式

由于企业所处的环境、内部条件以及企业战略管理者素质的差异性，导致了企业的战略变革呈现出各种不同的模式。

一、渐进式

渐进式变革通常发生在企业已有的企业结构或管理流程中，是对组织进行小幅度的局部调整，来实现初态组织模式向目标组织模式的转变。变革过程通常只影响组织的某些组成部分，不会破坏组织的整体平衡状态，具有缓慢、微小、循序渐进的发展特点。20 世纪 90 年代初期，在汽车工业竞争激烈的状况下，为赢得竞争优势，福特汽车公司决定变革组织模式，在对外部环境进行分析的基础上，对内引进了责任中心制，使产品在质量、性能、安全性上有了显著提升。

二、激进式

激进式变革是由企业危机引发的迅速而又剧烈的战略变革，是组织应对难以预测的动荡环境而产生的一种变革形式。激进式变革不同于渐进式变革，是一种彻底的战略变革，对组织的调整是大幅度的、全面的。它打破了企业原有的框架，需要重新建构组织，创新管理流程，以适应组织外部环境的急剧变化和组织自身的发展，其变革的过程较快。要注意的是由于快速和大幅度的调整，激进式变革往往会导致组织的平稳性较差，严重的时候甚至会导致组织崩溃。企业在进行激进式变革时，要明确提高组织效能才是变革的最终目的，否则得不偿失。

三、动态均衡式

动态均衡式是企业为维持内部各种变量的力量均衡状态而实施的变革，以保证企业的可持续发展。动态均衡分析是将时间作为一种连续不断的变量，把变革的过程当做一个连续的过程来看待，其目的是研究环境发生变化时，企业各系统是如何偏离均衡位置的，又是如何恢复均衡的问题。

第三节　战略变革过程

企业战略变革是一项循环往复周而复始的系统工程，从开端、发生、到反馈整个过程形成了一个完整的企业战略变革，是一个有明确目的性和配套政策的过程。在大量的实践经验基础上，我们将战略变革的过程划分为：准备、实施、跟踪与改进三个阶段。

一、变革前的准备

准备阶段是企业战略变革过程的最初阶段。组织通过对内外部环境现状的分析、评价和研究，发现对组织有利和不利的因素，分析目前组织存在的问题，确定是否作出战略调整。企业战略变革作为战略发展的重要途径，总是伴随着各种不确定性和风险，任何企业的战略变革都不可避免地会带来各种各样的阻力。如何克服变革的抵制或阻力，充分发挥促进因素的影响力，最终成功实施战略变革，是企业战略变革前准备阶段要解决的十分现实和重要的问题。在变革前的准备阶段，工作重点应放在加强沟通上。通过会议、讨论等方式，将新使命的陈述和变革的原因传达给组织的每个员工，帮助组织员工认识到变革的紧迫性，减少变革的心理障碍，促使全体员工积极参与到变革中，为变革打下坚实的基础。

二、变革的实施

企业要依据内外部条件的变化，结合自身的发展状况，开始推行一系列变革的方法与措施。在战略变革实施阶段中，组织要分析研究组织的生产、工作技术、管理技术、战略与运作技术等方面的变革是否适应企业内、外部的资源和环境的变动。变革通常是由组织最高管理层由上至下推行的，拥有对组织的控制权，承担了变革过程中的管理责任，是实施变革的有效力量。作为组织变革的推动者应具备一定的前瞻性战略眼光，在问题处于潜伏期时，主动推行变革，促进企业更好、更快的发展。实施战略变革过程当中，还应注意处理好行政管理方面的问题，考察评价组织和管理过程是否协调、企业政策和运作机制整合情况如何，员工参与变革的积极性怎样等。

变革时期，也是新旧体制交接时期。在这个时期，旧的框架格局和运行秩序被打破，新体系和新机制还有待建设和适应，此时组织应特别关注组织成员的心理状态，鼓励全员积极参与到管理中，不断改善人际关系，提高实际沟通的质量，战略变革获得成功是离不开组织成员的认同与支持的。上述几个层面的问题，缺失任何一个都难以保证变革的成果。①

三、跟踪与改进

战略变革是一个众多变量进行转换和不断磨合的过程，企业的新战略是否适应新的内外部条件，企业运营的实际状况如何，还需要管理者对变革的结果进行总结和评价。评价指标有企业的财务资源、实物资源、技术资源、人力资源以及商誉等。对于取得理想效果的变革措施，组织应当给予有关部门或者个人以奖励，这样才能坚定变革的理想和信心，使企业永远充满活力。对于没有取得理想效果的变革措施，要认真总结和分析，坚决地放弃与企业远景规划不相适应的系统、结构和政策。

企业战略变革对企业的发展而言是重要而又复杂的，它不是一成不变的，是随着企业内外部环境的变化适时而动的，是一个连续不断反复进行的过程。从长远来看，跟踪与改进阶段的实质就是将变革精神和追求卓越的思路不断融入到企业文化中，确保企业可持续发展。

本章小结

战略变革是企业通过改变战略内容，使企业战略能够动态的协调企业和客观环境，获得企业竞争优势的目的。推动战略变革的因素可以分为外部原因和内部原因。

---

① 谭力文，李燕萍. 管理学 [M]. 武汉：武汉大学出版社，2009：254-255.

由于企业所处的环境、内部条件以及企业战略管理者素质的差异性，导致了企业的战略变革呈现出各种不同的模式，即渐进式、激进式和动态均衡式。

企业战略变革是一项循环往复周而复始的系统工程，从开端、发生、到反馈整个过程形成了一个完整的企业战略变革。战略变革的过程一般可划分为准备、实施、跟踪与改进三个阶段。

思考题

1. 什么是战略变革？
2. 推动战略变革的因素是什么？
3. 战略变革的内部原因有哪些？
4. 战略变革的过程分为哪几个阶段？
5. 战略变革的模式有哪些？
6. 渐进式变革的特点有哪些？
7. 在实施激进式变革时应注意哪些问题。
8. 如何成功实施企业战略变革？
9. 领导者在战略变革中的作用有哪些？
10. 举例说明企业在战略变革过程中会遇到什么阻力。

案例分析及理论归纳

上海大众汽车的战略变革

一、上海大众汽车的变革背景

提到中国轿车工业，上海大众功不可没。无论是建设现代化轿车装备体系，还是为中国轿车零部件工业奠定基础，上海大众都扮演了"先行者"的角色，并长期占据着国内轿车市场销量第一的位置。成立于1985年的上海大众汽车有限公司是一家中德合资企业，也是国内规模最大的现代化轿车生产基地之一。多年的经营发展，上海大众始终保持着行业老大地位的强势竞争力，然而在 2004 年，上海大众的市场占有率却急速下跌，其原因是多方面的，一是对市场变化不够敏感，与竞争对手相比，经销商对私人客户的市场推广能力不强；二是长期以来，产销分离，严重制约了市场信号的传递，生产部门不能在短期内根据市场的变化作出相应的调整；三是与丰田、日产等公司相比，车型不够丰富。

二、上海大众进行战略调整和变革

面对快速变化的市场环境和激烈的市场竞争，上海大众进行了战略调整和变革。大众将这场变革规划为三个阶段，即找强弱项；提出措施；实施变革。2005 年 3 月在全国营销服务年会上，上海大众便确定了"提升品牌、提升能力、服务营销、团队合作"的主题。执行经理叶永明则提出了上海大众今后的营销战略，他说，在营销服务领域中，上海大众的愿景是：以服务营销为宗旨，基于市场，关注经销商，关爱顾客，建立领先、高效、盈利的营销服务组织和网络，为顾客、品牌创造价值，并强调要推广上海大众服务营销品牌，建立服务营销基本架构。

2003 年大众成立了变革管理部，由变革管理部出面组织相关人员探讨，提出方案，报执管会并提交股东批准。2005 年，变动主要体现在营销体系的一线环节，机构将趋于扁平化，这样有利于市场部经理在市场年度整体计划的框架下，开展各项有特色的活动。推行产销一体化，将原来上汽销的人事、财务与上海大众完全合并，零售、网络、市场、售后服务体系的组织结构、运作流程、人员配备等进行了大幅调整。如今，通过 DMS 网络，每天哪家经销商卖了多少、库存有所少、第二天需要什么车等信息，上海大众与各地的分销中心，都一目了然。如此一来，上海大众由过去企业推动的库存式销售，真正变成了终端经销网络拉动的直销。

2005 年对上海大众而言是充满变革和调整的一年。上海大众公关部负责人指出，2005 年上半年上海大众克服了很多困难，在产销一体化变革完成的基础上迅速完成了营销体系根本转变、新产品开发与产品自主研发实力提升、企业文化建设重大转型等三大调整。产品定位由原来的产品导向转变为市场导向，更加关注对消费者的分析，根据消费群体的需求，设计开发满足这类消费者需求的产品；注重提升经销商的综合能力（直销能力、服务能力、组织能力、人力资源能力、财务能力），以便为客户提供全过程服务；在服务理念上，也从对车的关注转向对人与车的服务，并进一步提升到从客户在我身边转变为我在顾客身边。在新的企业文化下，企业内部员工信心得到了恢复和提升。

三、战略变革取得的成效

由于营销体系、研发体系和成本控制方面实施的主动变革，上海大众终端销量成绩不俗，保持在国内第一。用上海大众总经理陈志鑫的话说，"企业只有实施持续的变革创新，有组织地放弃，有组织地革新，才能充满活力"。面对 2006 年竞争更加激烈的市场形势，陈志鑫表示 2006 年上海大众的定位仍然是转型和变革。他指出："2005 年我们成功进行了立足于市场的营销体系变革；建立了以顾客为导向的产品发展机制；对产品系列的定位进行了重新梳理；对内部流程进行了优化和改造，一个健康有效的运作机制已经形成。上海大众将进一步巩固、推进今年的变革成果，同时我们也将进一步深化变革，为未来上海大众的多品牌战略和下一个 20 年发展积蓄力量。"有理由相信，上海大众品牌将更加贴近消费者的服务，赢得更多中国消费者的人心。①

思考问题：

1. 上海大众汽车的战略变革背景是什么？
2. 上海大众汽车采取了哪些变革措施？

分析：

2004 年，上海大众的市场占有率急速下跌，其原因是多方面的：一是对市场变化不够敏感，经销商对私人客户的市场推广能力不强；二是长期以来，产销分离，严重制约了市场信号的传递，生产部门不能在短期内根据市场的变化作出相应的调整；三是与

---

① 案例来源：百度文库-专业资料 http://wenku.baidu.com/view/ae3614e8aeaad1f346933fee.html. 2012.05.15.

竞争对手相比，车型不够丰富。

　　上海大众汽车有限公司的变革领导者能仔细审视市场竞争环境的危机与机遇，树立紧迫感，对企业发展制定了远景目标，改变了与远景规划不相适应的体制、结构和政策。产品定位也由原来的产品导向转变为市场导向，更加关注对消费者的分析。不仅如此，上汽公司迅速完成了营销体系的根本转变，进一步了提升经销商的综合能力，变革后的营销模式更趋于成熟，企业竞争优势也变得更加明显。

归纳：战略变革是组织发展的客观规律，是企业为适应内外部条件变化所做的调整。

应用型创新人才培养电子商务系列规划教材

- 企业战略管理
- 管理学（第二版）
- 会计学原理
- 统计学
- 市场营销
- 管理信息系统
- 电子商务概论
- 在线支付与电子银行
- 电子商务系统分析与设计
- 电子商务网站建设
- 电子商务安全
- 移动商务
- IT项目管理
- 网络营销
- 物流与供应链管理

　　欢迎广大教师和读者就系列教材的内容、结构、设计以及使用情况等，提出您宝贵的意见、建议和要求，我们将继续提供优质的售后服务。

联系人：田红恩

电　话：137 2030 4986

E-mail：113391595@qq.com

 武汉大学出版社（全国优秀出版社）

图书在版编目(CIP)数据

企业战略管理/谭白英,熊莎莎主编;曹雨,赵晶副主编.—武汉:武汉
大学出版社,2014.1
应用型创新人才培养电子商务系列规划教材
ISBN 978-7-307-12273-4

Ⅰ.企⋯ Ⅱ.①谭⋯ ②熊⋯ ③曹⋯ ④赵⋯ Ⅲ.企业战略—
战略管理 Ⅳ.F272

中国版本图书馆 CIP 数据核字(2013)第 285415 号

责任编辑:田红恩 责任校对:鄢春梅 版式设计:马 佳

出版发行:**武汉大学出版社** (430072 武昌 珞珈山)
(电子邮件:cbs22@whu.edu.cn 网址:www.wdp.whu.edu.cn)
印刷:崇阳县天人印刷有限责任公司
开本:720×1000 1/16 印张:17.5 字数:298 千字 插页:1
版次:2014 年 1 月第 1 版 2014 年 1 月第 1 次印刷
ISBN 978-7-307-12273-4 定价:36.00 元